U0089356

古代歷史文化研究輯刊

十二編

王 明 蓀 主編

第 15 冊

宋元明清雷州歷史文化研究

曾 國 富 著

國家圖書館出版品預行編目資料

宋元明清雷州歷史文化研究／曾國富 著 -- 初版 -- 新北市：花
木蘭文化出版社，2014〔民103〕

目 2+238 面；19×26 公分

（古代歷史文化研究輯刊 十二編：第 15 冊）

ISBN 978-986-322-895-0（精裝）

1.歷史 2.廣東省雷州市

618   103013901

ISBN-978-986-322-895-0

古代歷史文化研究輯刊
十二編　第十五冊　　　　　　　ISBN：978-986-322-895-0

宋元明清雷州歷史文化研究

作　　者	曾國富
主　　編	王明蓀
總 編 輯	杜潔祥
副總編輯	楊嘉樂
編　　輯	許郁翎
出　　版	花木蘭文化出版社
社　　長	高小娟
聯絡地址	235 新北市中和區中安街七二號十三樓
	電話：02-2923-1455／傳真：02-2923-1452
網　　址	http://www.huamulan.tw 信箱 hml 810518@gmail.com
印　　刷	普羅文化出版廣告事業
初　　版	2014 年 9 月
定　　價	十二編 20 冊（精裝）新台幣 38,000 元

版權所有·請勿翻印

宋元明清雷州歷史文化研究

曾國富　著

作者簡介

曾國富（1962～），漢族，廣東信宜人。1984年畢業於中山大學歷史系，歷史學學士。1986年9月～1988年2月，在江西大學（今南昌大學）歷史系中國古代史助教班進修一年半。1996年12月被評聘爲歷史學副教授。在湛江師範學院從事《中國古代史》、《史學概論》、《中國教育史》、《廣東地方史》等課程的教學和中國古代史（五代十國段）、廣東地方史的研究。在《中國史研究》、《中國史研究動態》、《民族研究》、《孔子研究》、《宗教學研究》、《黑龍江民族叢刊》、《學術研究》、《廣東社會科學》、《廣西社會科學》等學術刊物上發表史學論文80餘篇，其中五代史論文50餘篇、地方史30餘篇。參編《新國學三十講》（鳳凰出版社）、《中外歷史與文化概論》（中央民族大學出版社）、《廣東地方史‧古代部分》（廣東高等教育出版社）等著作、教材4部；出版專著3部：《五代史研究（上）》、《五代史研究（中）》、《五代史研究（下）》，臺灣花木蘭文化出版社2013年9月出版。

提　　要

　　雷州半島古稱「雷州」、「雷陽」，地處中國大陸最南端，遠離政治中心，經濟、文化、教育發展落後，故長期默默無聞。自宋代始，隨著北方人口的大量南遷，雷州人口猛增，雷州歷史文化才揭開了新的一頁。宋代，朝廷在雷州築城駐軍，加強了對雷州的軍事防禦，同時重視選拔委派清廉賢能之官治理雷州，在經濟上推行耕者有其田的政策，重視水利設施的興建，使雷州的政治、經濟、教育文化都得到了較大的發展。雷州雖地處邊陲，山高皇帝遠，但元代統治者並未因此而輕視雷州；相反，在軍事設置、政治治理方面都給予了重視，使雷州地區水利得到興修，經濟發展，交通開闢，學校教育也得到持續發展。明清兩代，雷州地區長期處於動亂之中，有邊疆地區少數民族的反叛，有海盜、倭寇的作亂，有改朝換代的激烈爭奪，還有官逼民反的鬥爭。然而，雷州人民雖然歷經磨難，仍然不屈不撓，不離不棄，堅守本土，竭力奉獻。雷州在明清兩代教育事業蓬勃發展，成效顯著，有「海濱鄒魯」之美譽，人才輩出。雷州籍官員政績顯著，官風清廉，其中尤以清代封疆大吏陳瑸爲典型代表，被譽爲「天下第一清官」。

　　本書15篇論文，是作者最近耗費幾年時光，從未經整理，無標點無分段的地方志影印本中，爬梳史料，自行標點，對地方志中記載較詳、史料較豐富的雷州地區自宋元至明清時段的若干歷史文化問題展開了深入、細緻的探討研究。所有論文都是開拓性研究，是言人之所未言，見人之所未見；因而，錯誤、偏頗也可能在所難免。

目次

前　言

　　中國是一個幅員遼闊、民族眾多的國家。國內各個地區，從自然方面講，地理條件、氣候條件以及自然資源都有明顯的差異；從社會方面說，風俗習慣、語言和社會生產力的發展水平不盡相同，所謂「百里不同風，千里不同俗」。因此，在中國的歷史長河中，便逐漸形成了各個地域之間的政治、經濟和文化發展的不平衡性以及各自的特點，形成了中原文化、齊魯文化、荊楚文化、嶺南文化等區域文化。中國通史，只能概括性地敘述以中原地區為主的中國歷史發展的大趨勢，以及各個地區之間共性的內容，而無法顧及各個地域特殊的歷史發展規律及具有鮮明個性的內容。例如，在中國古代，由於嶺南地區開發遲，經濟發展緩慢、落後，加之距離中原較遠，又有崇山峻嶺阻隔，歷代戰火難以波及，歷史發展平緩，可謂「波瀾不驚」，因此，中國古代史對嶺南地區的歷史發展就著墨不多。雷州更是由於地處偏僻，文化落後，又近海，自然災害多，民眾貧困，人口稀少，故雷州地區的歷史對於中國的歷史（尤其是古代史）影響甚微，正史中幾乎難以找到雷州地區的歷史記錄；只是到了明清時期，才編修了幾部雷州府志和遂溪、海康、徐聞縣志（府志和縣志均未經整理，無標點，且多漫漶不清）。因此，有關邊疆雷州地區歷史文化的研究成果較少。

　　有鑒於此，有見識的學者，都提倡學習研究地方歷史。梁啓超在《中國歷史研究法》「補篇」中的「總論」第三章「五種專史概論」中說：「如欲徹底的瞭解全國，非一地一地分開來研究不可。普通說中國如何如何，不過政治中心的狀況，不是全國一致的狀況。所以有作分地的專史之必要。」從國際學術潮流來看，區域文化研究已經成為當今學術的主流，如著名的法國年

鑒派就提倡區域文化的總體研究。

雷州是南粵大地上一顆璀璨的明珠，也是全國 99 個歷史文化名城之一。它三面環海，歷史文化底蘊深厚，文化古蹟遍佈城鄉，旅遊資源極其豐富。雷州現有國家級文物保護單位 1 處，省級文物保護單位 8 處，湛江市文物保護單位 31 處。雷州文化是中華民族優秀文化中的一塊瑰寶；但是，由於雷州地處邊疆，遠離政治中心，經濟文化落後，故長期默默無聞。因而，雷州地區的歷史與文化研究，在學術界就向來是個薄弱環節。2011 年，8 月，中共中央政治局委員、廣東省委書記汪洋及省文化廳、省博物館的領導人到雷州開展調研活動時，都一致認為，雷州文化的研究，相對於廣東的廣府文化、潮汕文化、客家文化來說，都遠遠落後，因此，作出了要加強對雷州地區歷史與文化研究以及要高度重視並發展雷州文化的批示。筆者正是在這種背景之下將雷州歷史文化納入自己學術研究領域的。

雷州歷史文化研究既是地方史研究，又是邊疆史研究，具有重要的學術意義。在研究中，筆者注重創新性，選取若干未經他人關注、未見相關研究成果的課題開展學術探討。這些研究成果或許還顯得膚淺，不成熟，但畢竟是自己的心血所得，因此難免敝掃自珍；就像一個母親，十月懷胎，一朝分娩，即使分娩出來的是帶有缺陷的嬰兒，也極珍惜之，不願捨棄。現承蒙花木蘭文化出版社不棄，將十五篇有關古代雷州歷史文化的研究成果結集出版，既有利於自己學術成果的保存及隨時翻檢修正，同時也有利於讀者的批評指正。

本課題的研究是一項開拓性研究，不僅可以彌補學界研究之不足，填補一些空白；更重要的是，通過這方面的研究，也許可以拋磚引玉，帶動整個雷州地區歷史與文化研究的深入開展。這是筆者的期望。

一、嘉慶《雷州府志・藝文志》糾謬二則

一

萬曆《雷州府志》卷十《學校志》述及「遂溪儒學」時云：「遂溪縣儒學自宋始建，在縣西郭，地卑而濕。乾道四年遷於縣（治）傍，制仍狹隘。寶慶元年再遷縣西登俊坊。元因之。皇慶元年，教諭周孔孫重修……」「皇慶」為元代年號，皇慶元年即 1312 年。據此，知周孔孫為元代人。

周孔孫寫有一篇記事文章《新收田記》，敘述遂溪縣豪民陳氏與鄧氏兩家爭奪土地，惹起官司，經地方官府審理，將部分土地沒收歸官，暫作學田使用，收入用以「贍學」，作為生員的「廩餼」之事。但嘉慶《雷州府志》將周孔孫此文收入卷十八《藝文志》時，不是置之於「元」時段，而是置之於「明」時段，題為《周孔孫新收遂溪學田記》，並於題下小字標注「天順八年」，表明此文作於明代天順八年（1464）。據此，則周孔孫成了明代人了。

那麼，周孔孫到底是元代人還是明代人？他所寫的《新收遂溪學田記》（或《新收田記》）反映的地方豪強爭奪土地及地方官府判土地歸為學田之事到底是發生在元代還是明代？這就讓人產生疑惑了。一個歷史人物經歷兩個朝代，既在前一朝代任職，又在後一朝代有所表現，因而在兩個朝代都留下歷史記錄，似乎並不奇怪，這樣的人大有人在；但周孔孫顯然不是這樣的人物。因為，周孔孫在元皇慶元年（1312）前後任遂溪儒學教諭，姑且算他此時 30 歲，那麼，到了明代天順八年（1464）還活著並寫下以上文章，那

他豈不是享年 180 歲以上？這顯然是不可能的，此中必定有錯誤。

我們搞歷史研究，首先要弄清楚史料的確切時間，即史料反映的是什麼時候的情況，否則，用前期（朝）史料來論證後期（朝）歷史，或反之，用後期（朝）史料來論證前期（朝）歷史，均會導致謬誤。因此，必須對此問題做一番考證，以便將問題弄明白。

由於查找不到周孔孫此人更多的信息，故要判明其到底是哪個朝代人，唯一的途徑似乎只能從其所作文章本身入手。這大約也是最有力的證據。爲便於論證說明，茲將萬曆《雷州府志》卷十《學校志》所收錄的《周孔孫新收田記》全文迻錄於下（原文爲無標點影印本，此處標點爲筆者所斷，或許有錯誤）：

> 海濱之邑多曠土荒野。東南十餘里，地名「那頓射」，早（旱？）田一局，公私無涉，力農墾耕成田。鄧萬英圖爲（己）業，包買陳益宗田於其南，稅只一文，改二丘爲二段而併吞之。陳蘭卿素知鄧之冒食，政和戊辰，復求吳應丙荒田於其北，承稅僅八文。越南至車路小江，廣包巧計而奪之。陳訟於邑（縣），鄧訟於郡。委縣尹孫從仕職問。於是，履畝正界，勘契驗實，釐析陳、鄧所置之田，各招準業外，新墾田計種三十餘石，東至嶺脊；西至大江，接連小江；南至鄧萬英買陳益宗那頓射並鄧元鳳等；北至陳蘭卿買吳應丙那頓射荒田、車路小江爲界，未墾之田，陂暨塘皆在焉。東抵西三百餘丈，南距北五百餘丈，盡沒於官。時會僉憲張公亞中偕搖陳時、成愷分按，議給前田贍學，縣尹孫逢辰欣然行命。典史胡謙力於贊成。命教諭殷槐卿募佃派租，歲（入）不止百石計，學之廩（餼）視昔綽如也。士既得其養矣，猶當加琢磨以養其志，以應科舉之明詔，毋但爲養身之計，抑當毋忘乎養士之當道。曰：養士者誰？僉憲是也。天順年壬申冬月記。

古人寫文章，通常在文後署明寫作時間，以便讓後人讀了明白作者此文章寫於何時，文中所寫是什麼時候的事情。這是我們判斷作者生活時代及史料的時代性的最有力的依據。但問題常常也出在這裡。因爲，文獻在流傳過程中，會因各種原因（如抄寫、印刷等）出現錯誤，如果文末所記時間出現錯誤，就會導致我們判斷的失誤。就以以上周孔孫文章來說，「天順年壬申」具體是哪一朝代的哪一年？查《中國歷史年號・干支與公元紀年對照表》（可在網上

查閱，網址：http://www.zhlsw.cn/uploadfile/2007610154242278.doc）元代有「天順」年號，但只有一年，干支紀年是「戊辰」，而不是「壬申」；明代也有「天順」年號，共有八年，干支紀年有「壬午」、「甲申」，而沒有「壬申」。可見「天順年壬申」有誤。估計嘉慶《雷州府志》的編纂者發現了錯誤，但卻未作細究就主觀認定「天順年壬申」大約是「天順年甲申（八年）」之誤，因此將此文的寫作時間改定為「天順八年」，作為明代的文獻編入了《藝文志》中。

既然文章中的時間記錄有誤，無法幫助我們解決疑問，則可再從文章來看。文章寫的是什麼時候發生的事情？是元代的事情！根據是：萬曆《雷州府志》卷十《學校志‧遂溪儒學》附錄了《王景賢記》，云：

> 至元六年（1269），邑（遂溪縣）民陳蘭卿輒（擅自）入學僕
> 碑，占田為己物，又轉售之鄧子光，同惡相濟。至元六年（1341），
> 本道廉（訪）副（使）按臨茲邑，文學掾陳國順具實以聞，即督邑
> 令劉仁究陳、鄧輩退租斷遣，田乃復歸於學。是為記。

將《王景賢記》與《周孔孫新收田記》對照，可知兩文所記是同一事，只是前者略，後者詳。王景賢是元代海康人，登鄉薦為邕州路（治宣化縣，即今廣西南寧）教授，後致仕還鄉，萬曆《雷州府志》卷十七《鄉賢志》有傳。文中紀年已將事件發生的時間表述得十分明確。周孔孫的文章既以「新」字入題，說明寫的是最近的事；如果是在明代天順八年追記一個半世紀以前的往事，「新」字就失去來由了。由此可證，王景賢與周孔孫同是元代人，所記錄的是元代的史事。

仔細研讀《周孔孫新收田記》，可以發現有兩處記時有誤：一是「政和戊辰」有誤。文中所述的是元朝的事情，按理，年號應是元代的；但經查閱《中國歷史年號‧干支與公元紀年對照表》，元代並無此年號，只有北宋有此年號，但這是風牛馬不相及了（即使北宋政和年間也沒有「戊辰」之年），可知此處必誤。誤在哪？元代有「致和」年號，致和年間有「戊辰」。因此，筆者認為，「政和戊辰」當是「致和戊辰」之誤：「政」、「致」二字形近而誤。二是「天順年壬申」有誤。誤在哪？元「天順」只一年，此年是「戊辰」而非「壬申」；元至順三年（1332）干支紀年即為「壬申」。因此，筆者認為「天順年壬申」應是「至順年壬申」之誤：「天順」、「至順」，音近而誤（而且這兩個年號緊密相連）。

糾正以上兩處記時錯誤後，事情的來龍去脈就基本清楚了：至元六年

（1269），遂溪縣豪民陳蘭卿乘宋、元改朝換代，天下大亂之機，通過移動碑石的手段，強佔遂溪縣儒學之田爲己有，後又轉售於鄧氏；後陳氏不甘心被鄧氏蠶食兼併，於致和戊辰（1328）「復求吳應丙荒田於其北」，兩家爲爭奪土地而打起官司；地方官受理此事，將部分無理掠奪的土地「盡沒於官」，並「議給前田贍學」，使縣儒學得到經濟保障；至順壬申（1332）周孔孫懷著喜悅和感激的心情寫下了《新收田記》；但這只是地方官的「議給」，是暫時性措施；至正元年（1341），官府才正式將陳、鄧兩家所奪原學田判歸遂溪縣儒學。此事經歷了大半個世紀，歷程漫長。之所以如此，是因爲陳、鄧兩家買通、勾結地方官府，這從他們占田大片而「稅只一文」、「承稅僅八文」即可推知。「至元六年（1341），本道廉（訪）副（使）按臨茲邑，文學掾陳國順具實以聞」，事情才得到眞正解決。

綜上所述，周孔孫是元代人，曾在元皇慶元年（1312）前後任遂溪縣儒學教諭，並於至順壬申（1332）寫了《新收田記》一文，如實記錄了縣儒學學田失而復得的過程。嘉慶《雷州府志》的編纂者將此文編入《藝文志》中的「明」時段及標注作文時間是「天順八年」是錯誤的。明乎此，我們在研究雷州地方歷史時，可以引用文中史料論述元代的社會生活及學校教育，而不能以之論述明代的社會生活及學校教育。

以上看法未知合理否。懇請地方史志專家不吝指教。

二

嘉慶《雷州府志‧藝文志》在「明」時段收錄了《薛直夫渠堤記》，記述了雷州「東洋之田，雲連萬頃，東南有海潮之害，西北有湖塘之利……」，爲了興利除害，官府組織民力開渠築堤，並完善管理制度，使雷州農業得以保豐收的過程。志書在此文標題之下小字標注寫作時間是「嘉靖四年」。據此看來，薛直夫是明代人，開渠築堤是明代之事。事實果眞如此？

熟悉雷州地方歷史者都知道，南宋時期，雷州有一位傑出的郡守，姓名即爲「薛直夫」。萬曆《雷州府志》卷六《秩官志》在「宋‧知雷州軍事」一欄即有「薛直夫」，任知雷州軍事時在「嘉熙」年間，是「永嘉人」；卷十五《名宦志》薛直夫傳云：「薛直夫，字愚叟，永嘉人，嘉熙元年知州事，始開試闈，增置貢士莊，立二蘇祠，修理渠堤，建橋設市，振舉廢墜……」難道事有湊巧，明代也有一位以「修理渠堤」而著稱的「薛直夫」？

　　再查萬曆《雷州府志》卷三《地理志一·堤岸》，其中，收錄了《宋薛直夫渠堤記》一文，與嘉慶《雷州府志·藝文志》的《薛直夫渠堤記》幾乎完全一致，只是前文題目中多一「宋」字，文後有「嘉熙四年記」五字；而後文題目少一「宋」字，將文後寫作時間刪去，移至文章題目之下，小字標注；不料這一移動竟然出了差錯，將「嘉熙」錯成了「嘉靖」（也許是覺得「嘉靖」與題目的「宋」字有矛盾，故刪之）。志書編纂者不察，於是一錯再錯，將此文章編入了「明」時段。

　　研究者如果不細心，引用了嘉慶《雷州府志·藝文志》的《薛直夫渠堤記》的材料去論證明代嘉靖年間雷州的水利建設，豈不大謬！勿謂筆者杞人憂天，竟然還真有學者被嘉慶《雷州府志·藝文志》這篇錯列的《薛直夫渠堤記》矇騙了！廣東高等教育出版社 2007 年出版的方志欽、蔣祖緣主編的《廣東通史·古代下冊》第五章「明中後期農業的迅猛發展」，第一節第一條是「農田水利建設」，其中總結了「明中後期，廣東的水利建設還注重採取以下措施」，第四是「加強水利工程管理」。其中舉例說：「雷州府的堤岸設統管，河渠設塘長，三年一任，堤岸稍有損壞，條文約定由統管負責組織『食利戶』修築；河渠稍有湮塞，由塘長負責督促用水戶疏濬。如果統管不負責任，造成損失，官府將沒收統管的家產，『以謝被害之家』。特侶塘在嘉靖四年（1525）重新疏濬後，官府專委進士王應容充任塘長。三年任期屆滿之後，再任居住在特侶唐附近的『南門外士友或上戶』充任，便於『近便朝夕究心，以爲永久之計』。」注釋史料出處是「嘉慶《雷州府志》卷十八」（310頁）。殊不知作者在這裡是引用了南宋時期的史料來論述明代的歷史，張冠李戴了。

　　可見，志書中的錯誤不可不考辨，否則害人不淺。

二、唐宋時期雷州的政治與經濟

摘　要

　　唐宋兩代統治者開始重視對邊陲雷州的統治。唐前期，朝廷委任土著人陳文玉爲雷州刺史，使雷州納入了朝廷的直接統治之下；宋代，朝廷對雷州的治理更重視，突出表現在兩個方面：一是築城駐軍，加強對雷州的軍事防禦；二是重視選拔清廉賢能之官治理雷州。宋代，雷州經濟有了更大的進步，落後狀態得以改觀。究其原因，首先是推行耕者有其田政策，這是雷州農業在宋代得到較大發展的一個重要原因；其次，重視水利設施的興建；再次，北方戰亂，人口大量南移，使雷州人口大增，先進生產技術也隨之傳入。

關鍵詞：唐宋時期；雷州；政治；經濟

　　雷州半島，古稱「雷州」、「雷陽」〔註1〕，地處我國大陸最南端，雖偏僻遙遠，文化與中州（原）差距較大，然而，在歷史上，雷州並非乏善可陳。萬曆《雷州府志·志敘》云：「雷（州）偏在東粵南陲，視廣（州）、肇（慶）諸郡地差（略）狹，所轄邑不能以半。然吞吐渤澥，跨瓊（州）翼廉（州），實東南一要郡也。土衍（平坦）而沃，嵐瘴轉微，風俗淳樸，二百年來人文迭興，科第往往不絕，視他郡稱雄長焉。其間守令名賢，揆（度量，考察）諸兩漢，未可多讓，奇蹤勝事，灼在耳目。」因此，筆者認為，克服史料的缺乏，充分利用地方史志〔註2〕，開展對雷州歷史，尤其是雷州古代歷史的研究，有著重要的意義。

一、唐宋以前雷州地區歷史沿革

　　雷州與我國其他地區一樣，歷史悠久。早在其七、八千年前的原始時期，雷州已有人類居住，生活，並與中原地區先民有了經濟、文化的聯繫。這有大量考古文物為證〔註3〕。進入階級社會，夏禹立國，「芒芒禹迹，劃為九州」。雷州屬揚州，「為南徼方服」；春秋戰國時期，南方楚國勢力強大，一度稱霸，為春秋五霸之一，雷州與嶺南一樣歸屬楚國〔註4〕。

　　秦始皇滅六國，統一中國，乘勝進軍嶺南，將嶺南併入一統國家的版圖，設南海、桂林、象三郡進行治理。雷州時屬象郡（治臨塵縣，即今廣西崇左縣，西漢元鳳五年廢）。秦末漢初，中原戰亂，南海郡（治番禺，今廣州）尉趙佗乘機倔起，兼併嶺南三郡，仍以番禺為首府，稱「南越武王」，建立南越國。雷州屬南越國統治。

　　武帝元鼎六年（前111年），西漢遣伏波將軍路博德率軍十萬平南粵，設

〔註1〕屈大均《廣東新語》卷一《天語·雷風》云：「東粵之地，陰陽二氣恒不得其和，而雷、瓊二州尤甚。雷州在海北，多陰。雷生於陰之極，故雷州多雷。……雷出於山者陽雷，出於澤者陰雷。……雷州在山中，其雷多陽。」這大約是古代雷州又名「雷陽」之故。

〔註2〕本專題研究所主要依據的萬曆《雷州府志》、嘉慶《雷州府志》、嘉慶《海康縣志》、民國《海康縣續志》、宣統《徐聞縣志》）、道光《遂溪縣志》等，皆為無標點的影印本。本文所引上述史志資料，標點均為筆者所斷。

〔註3〕參見王曾權《雷州先民變遷初探 —— 兼論中原文化對雷州的影響》，《廣東史志》1991年第1期。

〔註4〕關於先秦時期嶺南是否曾隸屬於楚國，學術界頗有爭議。此從萬曆《雷州府志》所述。

七郡（或增至九郡）治理。其中，在雷州半島設徐聞縣，隸屬於合浦郡。西漢時，政府組織官辦商船隊開展對外貿易，以徐聞港爲出海港口，由此開闢了海上絲綢之路，並且發兵自徐聞渡海，征服海南，將海南納入國家版圖。西漢時已在雷州半島駐軍守備，有東、西「侯官」。

　　東漢時，爲加強對地方的控制，朝廷採用武帝時以州督郡的措置，在嶺南設交州（又稱交阯）。徐聞縣（仍轄整個雷州半島）仍屬合浦郡，督於交州。期間，嶺南發生徵側、徵貳二女子發動的武裝叛亂，叛亂勢力「據九眞、日南、合浦三郡，兵勢張甚」〔註5〕。

　　整個嶺南爲之震動。東漢政府命伏波將軍馬援督師平亂。馬援率領的漢軍曾略地至雷州。經過兩年的苦戰，終於將叛亂平定。平叛後，雷州人民感念馬援之功，奉之爲「伏波神」。「伏波神，爲漢新昔侯馬援。侯有大功德於越，越人祀之於海康、徐聞」〔註6〕。

　　三國時，吳國據有東南，雷州在吳國治下。永安七年（264），吳國將嶺南劃分爲交州與廣州，雷州屬交州。吳赤烏五年（242），在雷州置朱崖郡，治所在徐聞縣（今徐聞縣南）。

　　南朝爲加強對嶺南「俚人」社會的統治，採取「以俚治俚」政策，在嶺南劃分出眾多州、郡、縣，以任命俚人「渠帥」（首領）爲地方官。交、廣二州之外，又設越州，並升徐聞縣爲郡。雷州時屬越州。齊朝時，又從徐聞郡分置出齊康郡（取齊朝安康之意）。梁朝時，雷州屬南合州，陳、隋兩朝不變。至隋初，雷州半島曾分置八縣，縣名分別爲隋康、扇沙、椹縣、模落、羅阿、雷川、鐵耙（把、杷）、海康。

　　隋朝統一後，在地方的行政改革之一是將南朝濫設的郡縣進行裁併，亦有增置者。其中，在雷州半島，將模落、羅阿、雷川三縣合併入新置的海康縣（取海疆安康意，海康縣設自此）；增鐵耙縣；改齊康爲「隋康」；改椹縣爲椹川縣。煬帝即位，廢州爲郡，將南合州復改爲合浦郡。雷州半島爲海康、隋康、扇沙、鐵耙四縣，隸於徐聞郡，郡治在海康縣。

二、唐宋時期在雷州的封建統治

　　唐朝建立後，迅速平定嶺南，雷州隨嶺南歸入唐朝版圖。唐朝實行州、

〔註5〕屈大均《廣東新語》卷8，《女語》。
〔註6〕屈大均《廣東新語》卷6，《神語》。

縣兩級制。高祖武德四年（621），撤銷徐聞郡，改合浦郡爲合州，雷州屬焉。
貞觀元年（627），將合州改名東合州，將「隋康」改名復舊爲徐聞縣。貞觀
八年（634），唐朝廷應東合州刺史陳文玉的疏請，改東合州爲「雷州」〔註7〕。
「雷州」之稱始此。唐中期，在嶺南設嶺南道，爲州上一級軍政機構。至德
二年（757），廢鐵杷、扇沙兩縣，改置遂溪縣（取「溪水合流，民利遂之」
之意，遂溪縣設自此）。雷州領屬海康、遂溪、徐聞三縣格局自此形成。五代
時期，南漢割據政權統治嶺南半個多世紀。雷州行政設置無大變化。宋太祖
開寶四年（971）宋軍滅南漢，改雷州爲「軍」，隸屬於廣南西路。

　　雷州自古荒涼落後，又環境惡劣，颶風驚雷頻作，被人視爲「危地」〔註8〕，
故人口稀少。雖自秦代起已歸屬於中央政權治下，但畢竟「山高皇帝遠」。由
於遠離政治中心，封建統治鞭長莫及，因此，自唐朝貞觀以前，朝廷對雷州
的統治基本上屬於「羈縻」式的，即任用地方少數民族首領爲官，擁有較大
的獨立性。如唐武德五年（622），高州總管馮盎（冼夫人後代）以高、雷之
地降唐，唐朝拜馮盎子馮智戴爲東合州刺史。馮氏在高、雷地區的統治與「土
司」無異，與中央缺少溝通，自行其是，以致被人告以「謀反」。唐太宗曾計
劃出兵高、雷征討，爲魏徵諫止。也正因爲如此，朝廷對雷州瞭解甚少，官、
私正史、野史對於雷州的記述也極罕見。萬曆《雷州府志》卷二十一《古蹟
志》云：「雷州自魏晉前無聞，聞乃在（陳）文玉始」。

　　陳文玉，雷州白院村人，出身於捕獵人家，曾涉獵經史。唐貞觀五年
（631）出就薦辟，任本州（東合州）刺史。據史載，當時雷州是個少數民
族雜居，且社會秩序動蕩、混亂的地區。陳文玉任州刺史後，由於他處理民
族關係有方，政績突出，地方社會秩序趨於穩定，「猺（瑤）、獞（壯）、峒
（侗）、獠與黎諸賊皆懼，歸峒遠去、自是雷（州）無賊患。」〔註9〕貞觀八
年（634），陳文玉疏請改東合州爲「雷州」，獲得批准。史載陳文玉還致力
於州城的建設，用了幾年時間，鞏固了城防。傳說，州城修築完畢，陳文玉
即飛升離世。有感於陳文玉對雷州治理的傑出貢獻，唐朝廷允准地方立廟祀
之，此即雷祖祠〔註10〕。

〔註7〕「雷州」名稱的由來，眾說紛紜。或云緣自雷州多雷；或云緣自雷州有擎雷
　　　　山、擎雷水。
〔註8〕《廣東新語》卷一，《天語・雷風》。
〔註9〕梁成久、陳景棻等《民國海康縣續志（一）》卷六《壇廟》。
〔註10〕關於雷祖祠的建立時間，各有關史志多採取模糊記法。《湛江兩千年》載：貞

　　唐末五代時期，中原戰亂。雷州在南漢割據政權統治下。南漢由於政治腐敗，統治集團內爭激烈，對雷州的統治也呈鬆弛態勢。似乎一些原已退至山區的少數民族又再捲土重來；而且「盜賊」活動又趨於頻繁。雷州再度陷於動亂之中。有二傳說為證：一是「雷神」助官軍戰敗「黎賊」發符孟喜等倡亂。據史載，「至後梁開平四年（910），黎賊發符孟喜等倡亂。都知司馬陳襄奉命討伐，駐師於（雷祖）廟，屢戰不勝。因虔禱出榜招兵，故名英榜山。次日復戰，（陳）襄遠見雷祖與漢太尉、將軍李諱廣旗纛，協助陰兵，遂大勝，仍未獲賊。至夜，襄夢雷祖曰：『賊來降我，收在廟，化為石人。』黎明起視，果見石人五齊跪廟庭，一（石人）殺頭落地。賊以平。」〔註11〕二是寧國夫人禦寇的傳說。五代時期的雷州，「聲教不暨（及），以強凌弱」，地方豪強仗勢橫行，寇盜充斥。傳說，雷州「郡有一女子，或云姓李，勇敢強力，眾咸信服，相與築城禦寇，女子為之帥。南漢歸順（北宋），餘黨剽掠，皆為女子所敗，一方賴之。及歿，眾號為『寧國夫人』，立廟祀焉」，廟在郡城之南〔註12〕。

　　地方史志對於宋代在雷州的統治有較詳細的記載。綜合這些記載可知，宋時，雷州儘管仍然荒涼落後，人口稀少，「闔（合）境生聚僅三萬」〔註13〕，但統治者並未因此而輕視對雷州的統治。其突出表現在兩個方面：

　　一是築城駐軍，加強對雷州的軍事防禦。

　　萬曆《雷州府志》卷十二《兵防志一》云：「方內郡邑繡錯，文以董（治理）之，武以震之，兩者未可偏廢」；又云，「雷地邊海，需武尤急」。築城防守及海防駐軍遂成為宋朝統治雷州的當務之急。

　　宋開寶四年（971），潘美率軍平南漢，始置雷州軍，並於城東平隅設立澄海、清化兩翼指揮，統兵鎮守。紹興己卯（1159），廣西（時雷州屬廣南西路）提刑王孝先請於南門外置經略水軍寨，以制沿海寇賊。另外，自五代至宋代，雷州沿海地區海寇活動頻繁，築城防守成為禦寇的重要措置。

　　據載，宋至道丙申（996），郡守楊維新始築雷州子城，周圍一百四十步，

　　　觀十六年（642），雷州人在海康縣城西北立廟以祀陳文玉，廟名「雷祖祠」。
　　　而據宋人樂史《太平寰宇記》海康縣下云：雷公廟（雷祖祠）在州西南七里，
　　　唐咸通十二年（871）置。
〔註11〕梁成久、陳景棻等《民國海康縣續志（一）》卷六《壇廟》。
〔註12〕萬曆《雷州府志》卷11，《秩祀志》。
〔註13〕萬曆《雷州府志》卷20，《藝文志‧宋張紘思亭記》。

高一丈七尺，下闊一丈三尺，上闊九尺。後郡守王趯復築外城，作女牆，闢四門，工未竣而離任。紹興八年（1137）二月，海盜陳旺領眾攻雷州城。因外城未築就，未能有效打退海寇；賴子城堅固，軍民退守子城，海盜才未能攻陷州城。嘉慶《雷州府志》卷十四《勳烈志》記載了此次戰爭詳細情況：

> 虞輔國、李憲，俱宋時任澄海將軍。紹興八年，海寇陳旺攻郡南城，輔國、憲與郡守議曰：「今賊勢方熾，宜力戰以折之。守則禍深，戰則禍淺。盍（何不）戰諸？！」郡守難之。再三復以死請。遂開南門而出。自朝至午，戰數十合。輔國歿焉。憲奮屬，戰至暮亦歿。寇不得入，乃縱火而去。郡城獲全。

此役使統治者認識到，外城之築刻不容緩。紹興十五年（1145），郡守王趯續築外城，由那盧至西湖暨東嶺；同時築南、北、西三城，又包東嶺，塹英祿山為東城，周圍五里二百八十步，高二丈五尺，上闊一丈，下闊三丈，濠廣五丈五尺，深一丈四尺。城外環築女牆，闢四門。紹興壬申（1152），黃勳代為郡守，視城，發現土築不堅，乃砌以磚甓。明年，南北城修築竣工，合長四百二十二丈；東西城未竣工，黃勳又代去。越明年，趙伯樫繼為郡守，視察東西城，乃命工匠益砌以陶磚，自西壁凡三百四十丈，東壁半之；又於東北壁塹山削城，凡一百八十丈，逾年功成。

　　嘉定四年（1211），颶風大作，水潦彌月，內外二城崩毀者半。郡守王給組織民夫重修內、外二城。淳祐庚戌（1250），郡守儲擢復修二城，造四樓。雷州郡城之所以要反覆修築，是因為，雷州近海，颶風暴雨對城牆破壞嚴重。南宋名臣文天祥對此深有體會。他在文中說：「凡並（依傍）海而為州者皆有颶風，而雷（州）為甚。中州多山，地氣固密，城郭公府苟無水火兵革之難，雖數十百年存焉可也。南方歲有颶風，拔蜚（飛）大屋以為常，矧（況且）雷（州）三面際海，當風之衝，豈獨城樓難哉！」〔註14〕

　　駐軍防禦及築城守險，對於維持封建統治及雷州地方治安取得了顯著的成效。宋人秦侃在有關記載中云：

> 雷（州）之為郡，南望瓊崖，控諸黎，東附高（州）、化（州），西薄欽（州）、廉（州）而接安南郡（治今越南河內，轄境包括今雲南、廣西部分地區），往來皆一海之便，黎、僚出沒，盜賊猖獗，無歲無之。於紹興間，經、曹兩司申請於朝，置水寨軍一，屯三百士，

〔註14〕萬曆《雷州府志》卷8，《建置志》。

將之副者一，準備者一，郡副訓練者二，訓練部隊，將員至三十，大鈴小轄，各有等級。閫（全）寨軍將而總於一人，曰「統領」，朝夕教閱，彈壓本路沿海盜賊，駐紮於州之城南。自置立本軍後，海盜倚之以寧，其間或有竊發，則軍船一出，彼皆斂形退遁，至有授首就擒。前後調遣，獲捷者不知其幾。間有差出戍，邕（廣西）之邊□蠻峒僚帖然心服。水軍之號，爲廣右精兵。沿海之民所以享安靖之福，皆本於軍彈壓之功也。

作此記的秦侃曾奉旨爲該水軍副將、統領，其治軍思想是正確的，治軍績效也是突出的，其記中云：治軍「宜以忠信存心，廉平處事，威而不猛，寬而不貸，臨敵無顧家之虞，向前有必勝之志，有功雖仇而必賞，有過雖親而必誅（懲罰）。視小敵不敢輕，遇大敵不可懼。常與士卒同其甘苦，則行伍整肅，心一于忠，人百其勇，皆風屬於拱揖指揮之下。」因將領治軍得法，故使這支雷州水軍「將佐明於法令，士卒諳於紀律」。〔註15〕

南宋末年，元軍攻勢咄咄逼人。南宋朝廷向廣東退卻。當此之時，宋朝廷仍命將領曾淵子開督府於雷州。宋衛王趙昺祥興元年（1278），元將史格克雷州據之。宋太傅張世傑遣師出征，欲收復雷州，但未能如願。於此仍可見宋統治者對雷州的重視。

二是重視選拔清廉賢能之官治理雷州。

正因爲如此，唐宋時期曾蒞臨雷州爲刺史、郡守（史志常稱爲「邦伯」）的官員中，湧現了不少以民爲本，盡職盡責，爲雷州民眾深切感念甚至立祠祀之的清明賢良之官。除前述陳文玉之外，萬曆《雷州府志》卷十五《名宦志》還對他們治理雷州的政績多有記載，雖簡略，卻可管中窺豹。諸如：

陳聽思，唐咸通（860～874）初爲雷州刺史，「臨政善斷，以才能稱，常密遣人隨海舶往來於閩，得海夷（盜）情形，閱兵防禦，間攻其無備。寇不敢至，雷（州）民安之。」

楊維新，宋至道丙申二年（996）以太子洗馬出知雷州，「慮郡濱海無備，始築子城」。正因爲有子城可供防守，使海盜進攻未能得逞，「士民追頌其功」。修史者評論說：「子城，雷（州）未有也。楊公（維新）創始，卒之民賴以保。其開惠於雷（州）大矣。」

〔註15〕 萬曆《雷州府志》卷21，《古蹟志》。

　　張紘，至和元年（1054）來知州事。先是，海南黎族人鬧事，因雷州僅一海峽之隔，統治者擔心雷州受到侵擾，欲擇能幹者出知雷州。眾大臣共推張紘「熟兵事」。於是，朝廷緊急派遣張紘至雷州。張紘蒞任後，黎人騷亂已基本平息。但張紘未因此而鬆懈警備。他「增城壘，巡行阡陌，雷民德之。」

　　王趯，紹興十五年（1145）知州事，「盡心民務，慮舊子城未固，創築外城備禦，雷民賴之。」

　　趙伯檉，紹興二十四年（1154）知州事，「鋤強植（扶）弱，櫛垢爬癢，民獲奠安」。趙伯檉還在前郡守黃勳以磚築雷州南、北二城的基礎上，又以陶、磚結合增築東、西二城，「合之堅固高廣，海濱保障」。

　　朱熠，「淳熙（1174～1189）時守雷，秉公飭法，秋毫不染於民，令嚴事集（成功），政教兼舉，以廉明著稱。」

　　李皎，嘉泰四年（1201～1204）知雷州，「政尚寬簡，民樂趨令，節儉自持而用度恒足。常捐俸修大成殿，建雲章閣，學校稱（興起）之」。

　　薛直夫，嘉熙元年（1237）知州事，「始闢試闈（考場），增置貢士莊，立二蘇祠，修理渠堤，建橋設市，振舉廢墜……有仁者之政。去日，民建生祠祀之。」

　　虞應龍，咸淳（1265～1274）中知雷州，「修學校，興水利，蒐（尋找）軍實，申律令，平冤疏滯，獲盜賊殺之無赦，竅（核實）丁籍以別老壯，寬賦稅以恤孤娺。」

　　即使是偏僻的徐聞縣，「而官斯土者代有其人」，「開疆以來吏奉其法，盡有賢聲，洵不一而足耳」〔註16〕。

　　一些在官場鬥爭中失勢而被貶至雷州的官員，他們在雷州的時間可能不長，但他們仍留心於雷州的政治民生。他們或開倉賑民，或向朝廷上奏減免雷州民眾賦役，甚得民心。如王琇，唐貞元（785～805）中為戶部侍郎、判諸道鹽鐵榷酒，不事橫斂而軍旅獲濟，名亞唐代理財名臣劉晏；後為他官誣陷，被貶至雷州任司戶參軍。「既至，會計倉糧，賑救荒歉，民甚德之」〔註17〕。蘇洸，南宋時為名臣張浚舉為廉吏，擢知雷州，「秩滿赴闕，面陳三箚，一請折納徐聞丁米以便民；一請藉（登記）海舟以緝盜；一請戒廣西軍寨不得差人回

〔註16〕王輔之修，駱克良等纂《宣統徐聞縣志》卷8，《名宦志》序。
〔註17〕萬曆《雷州府志》卷16，《流寓志》。

易」。正因為時刻以民生、社會為念，故蘇洸「所至人皆德之」〔註18〕。

徐應龍，在雷州「蒞群寬簡，時稱長者，興學校，修橋梁，廣堤渠，創公署，郡人德之」。

在封建時代，這樣的「父母官」實不多見。這是唐宋朝廷重視雷州官員選任的結果。官員廉能得民心，這也許是唐宋時期雷州民眾安居樂業，反叛者少的一個重要原因。他們為官一方，造福一方。他們的事迹記載在地方史志中；他們的英名永遠留在雷州人民的心中！

三、唐宋時期雷州經濟的發展

《湛江兩千年》云：唐貞觀年間，「本地民間手工業發展較快。海康、鐵耙縣的人民創辦糖寮，用牛拉石轆榨糖取汁，鐵鍋蒸煮，瓦器分蜜，製造土塊糖。海康居民創建陶窯爐，製出青黃釉冰裂碗、缽、豆等陶瓷產品。」〔註19〕宋代，雷州經濟有了更大的進步。北宋文學家蘇轍曾貶雷州，在《和子瞻次韻陶淵明勸農詩》中，有詩句描寫其在雷州所見，云：「我行四方，稻麥黍稷，果蔬蒲荷，百種咸植。」〔註20〕萬曆《雷州府志》卷二十《藝文志·宋張紘思亭記》也記載，「擎雷（雷州）去上都（京師）幾萬里，海隅風氣與中華迥異，然而田疇盈眺，綠陰蔽野，民居其間，鑿井耕田以食以養，日晡為市，市間有廊，各貿有無，交易而退。」南宋嘉熙元年（1237），薛直夫知雷州，「建橋立市，以便遷貿往來」〔註21〕。這些史料，概略地反映了唐宋時期雷州經濟發展的面貌，從中可見雷州農業、手工業、商業均已有所發展。過去那種「雷俗質樸，業工商者鄉不二三人，大抵非農則士，士亦無非從田間來者」〔註22〕的落後狀態已有了較大的改觀。

首先，耕者有其田，這是雷州農業在唐宋時期尤其是宋代得到較大發展的一個重要原因。

宋代自北宋立國，即推行「不抑兼併」的土地政策，使富商大賈、豪強地主得以肆意兼併土地。農民失去土地，成為無以為生的流民。勞動力與土地的分離，不僅不利於經濟的發展，還成為社會動亂的一個重要因素。北宋

〔註18〕萬曆《雷州府志》卷15，《名宦志》。
〔註19〕湛江市志總編室編《湛江兩千年》，廣東高等教育出版社1993年，第8頁。
〔註20〕民國《海康縣續志》卷37，《藝文志十三》。
〔註21〕郭棐《粵大記》卷11，《宦迹類·薛直夫》。
〔註22〕嘉慶《雷州府志》卷2，《地理志》序。

王小波、李順於蜀中起義即是土地高度集中的結果。在雷州，也曾發生過失去土地的農民起事，並造成極大震動的事件。

據萬曆《雷州府志》卷二十《藝文志・陸升之平賊碑》的記載，紹興三十年（1160）夏，雷州發生吳文精發動領導的一場較大的反叛官府的事件，「姦人一呼，醜類響應，盜賊剟出，兇焰日煽，屠遂溪、吳川二邑，睥睨三郡（雷州、高州、化州）。」官軍平叛，初期形勢不利，連死二尉。告急於府。府告急於朝。朝廷從桂邑（廣西）調兵前來征討，仍師出不利，一裨將又死。「賊（罷）張甚」。朝廷又「箚三司招捕轉運判官、右朝奉大夫兩與鄧公冒瘴暑，逾千二百里視師，號令始震」，終於將叛亂平定，「縛兩酋檻送府下，俘馘三百，縱其萬人給之田。雷、高、化三州罷警，民大悅。」「民大悅」不僅僅是因為叛亂平定，社會恢復了和平安定的秩序，更是因為官府給參與反叛的農民分配了土地，使耕者有其田。其實，失去土地是農民反叛的原因，「給之田」正是從根本上解決問題的良策。從此後未再見農民反叛事件發生，以及未見廣占田園的地方豪強橫行鄉里的記載，可以推知，在雷州，大約土地兼併的問題得到了較好的解決。

其次，重視水利設施的興建，是唐宋時期雷州農業獲得較大發展的另一個重要條件。

雷州「地盡瀛堧，醮渠絕少。高原隴畝僅有溪流灌滋，間遇旱澇，兩地（高、低之地）以蓄泄稍偏，群鬥互訟，延數世而懷讎不解。其瀕海之地則焚輪（颶風）間作，鹹潮湧溢，不獨田為鯤壑，且懼人作波臣（溺斃）。所恃海堤堅，庶幾永為保障」〔註23〕。萬曆《雷州府志》卷九《食貨志》亦云：「雷（州）處海濤，潮深土瘠，不病涸即病溢。」由此可見，雷州地區農業能否得到發展，與水利密切相關，可謂「成也水也，敗也水（鹹潮、洪澇、乾旱）也。」

有作為的雷州地方官對此有著清醒的認識。他們治雷期間，將主要的精力放在發展雷州農業經濟上。他們的具體措施主要有二：一是開鑿水渠，引水灌田；二是修築海堤，阻擋海潮對農田及民居的侵襲。

1、水渠的開鑿

萬曆《雷州府志》卷十五《名宦志・何庾傳》載：何庾，南宋紹興二十六年（1156）知雷州事，下車即講求民隱，急於興（利）除（弊）。郡東洋田

〔註23〕嘉慶《雷州府志》卷10，《地理志》序。

萬頃，無水灌溉。（何）庾相地宜，比豬（儲積）特侶塘水，瀦之南下；導西湖水東注，開渠疏流。二水灌溉，變赤鹵爲沃壤。歲事豐登，民名其渠爲何公渠，以誌永思。」

雷州西湖，原名羅湖，在城西半里許。其水源發於拱辰諸坡嶺，合西山溪澗諸泉而統注之，屈曲南趨入於海。宋以前，只灌溉近旁之田；東洋廣大洋田則因遠隔而未能沾灌溉之利。南宋紹興年間，郡守何庾始築堤瀦水，並建東西二閘引水由西山坡坎灌白沙之田，閘上置橋名曰「惠濟」；東閘引水南流，至通濟橋，轉與特侶塘水匯合，灌東洋之田。二閘以時啓閉，民田利之。乾道五年（1169），郡守戴之邵復以東閘水下流不能灌溉東面之田，乃鑿渠入城，而導湖水東流，彌補了何公渠之不足。

特侶塘，廣四十八頃，在遂溪縣南一百八十里。宋郡守何庾開渠築堤建閘導流，灌東洋田四千餘頃；後郡守戴之邵重修。《特侶塘修築石閘張應中記》云：「夫雷（州）之有東洋萬頃，眞沃壤哉！所藉灌溉而不患於旱潦者，特侶一塘實萬頃田之司命也。塘受一方之水，值恒雨則溢，值恒暘則涸，是必時（依時）蓄泄乃有利無害。前人於東南卑下隅建立十一閘，其利綦（極）深，其（關）係綦重。」〔註24〕

2、海堤的修築

雷州三面環海。其對當地經濟破壞最大者爲颶風。萬曆《雷州府志》卷二《星候志》云：「海郡多風，而雷（州）爲甚。其變而大者爲颶風。颶者具也，具四方之風，而飈忽莫測也。發在夏秋間。將發時，或濤聲倏吼，或海鳥交翔，或天腳暈若半虹，俗呼曰『破蓬』。不數日則輪風震地，萬籟驚號，更挾以雷雨，則勢彌暴，拔木揚沙，壞垣破屋，牛馬縮栗，行人顛僕，是爲『鐵颶』。又颶之來，潮輒乘之。雷地卑迫海，無山谷之限」，颶風裹挾海潮，對近海民居、民田毀壞極嚴重，不僅沖毀房屋，溺斃民人，而且，「禾稼盡傷，潮味鹹，一歲罹害，越三歲乃可種也。」雷州三縣，遂溪、海康兩縣受海潮影響最大，所謂「遂溪之潮，利害無異海康」。徐聞雖也濱海，但「其地稍亢（高），暴潮不能深入田園，……罕鹹鹵患。」因此，對於雷州地方官而言，欲發展地方經濟，使雷民安居樂業，築堤防潮是當務之急。

南宋紹興年間，經界司始委胡簿於沿海築堤以禦海潮。堤起始於海康白

院渡，延袤至於遂溪進得村。乾道五年（1169），郡守戴之邵考察胡簿所築前堤尚隘，復於堤外增築海堤，盡包濱海斥鹵之地，高廣比前堤增加一倍。堤築成後，近海之民得墾田百餘頃。其後，提刑張琮、通判趙希呂、郡守薛直夫、孟安仁等均相繼修築。

引水灌溉與築堤防潮雙管齊下，對於維持遂溪、海康兩縣近海田地的農業生產意義重大。正如史臣所曰：雷州「東洋延袤數十里，恢恢乎廣矣大矣，資灌溉於特侶諸渠，藉捍禦於長堤」。〔註25〕何庚、戴之邵因為在雷州興修水利，大有功於雷州民眾，均被祀於「四德堂」。史臣對何、戴二郡守評價也甚高，謂：「余讀薛直夫《渠堤記》而深歎何、戴二公大有造（成就）於雷也。洋田萬頃，一望茫茫，內無泉脈之陰滋，外有鹹潮之暴湧，（假）使無渠以瀋源，無堤以捍鹵，則萬頃沙礫耳。夫洋田豐則合郡飽，歉則合郡饑，所關至重耳。自二公開渠築堤，始歲歲尢尢滿籌滿車，雷民至今有飽無饑。生聚教訓，非二公家賜戶給之哉！法施於民則祀，有功德於民則祀。二公功德宏遠矣，祠之四德（堂），不亦宜乎！」〔註26〕

有學者認為，「雷州萬頃洋田工程是廣東古代規模最大、設計最完善的灌溉工程」，「全部工程包括開渠、築堤、挖塘、建閘、造橋，五者配合成套，實為宋代廣東灌溉工程的偉大創舉。」〔註27〕

除何庚、戴之邵外，雷州前後多任地方官對水利建設都極重視，投入了較大的人力財力。如趙希呂，以治中出判雷州，「慨前政廢墜，急於修舉，築壞堤，瀋湮渠，興水利，紹何（庚）、戴（之邵）之績」〔註28〕。孟安仁，寶祐二年（1254）知州事，「修築堤渠，傍堤有餘壤，給貧民墾治佃耕，歲事報豐，民感其惠。」〔註29〕南宋嘉熙年間（1237～1240），郡守薛直夫對既有堤、渠制定了嚴格的管理制度，使堤、渠能更好地發揮資助農業的作用。堤岸沒「統管」，塘（湖）渠設「塘長」，明確規定了職責及制定了相應的處罰措施。《宋薛直夫渠堤記》云：「堤岸主之統管，河渠主之塘長。堤岸稍有損壞，為統管者能拘（徵調）食利戶以修築之；河渠稍有湮塞，為塘長者能率用水戶以開瀋之。興利除害，雖千載如一日也。設（假如）為統管者徇私廢公，而

〔註25〕萬曆《雷州府志》卷3，《地理志一》「論曰」。

〔註26〕萬曆《雷州府志》卷15，《名宦志》「論曰」。

〔註27〕《廣東通史・古代上冊》，廣東高等教育出版社1996年，第811、812頁。

〔註28〕萬曆《雷州府志》卷15，《名宦志・趙希呂傳》。

〔註29〕萬曆《雷州府志》卷15，《名宦志・孟安仁傳》。

堤之損者不築；爲塘長者僥倖更替，而渠之塞者不濬，積而至於歷年之久，郡縣行移，勞民動眾，皆統管、塘長不能任責之故也。」於是，「定爲規約：自今堤岸已築，閘竇已通之後，責令諸統管認地分各任己責。如將來或鹹潮沖入，被害之人指定申州委官點視，將分地統管重新號令，籍沒家產，以謝（賠償）被害之家」。統管、塘長三年一替，獎罰分明，促使他們「朝夕究心，以爲永久之計」〔註30〕。

除上述水渠、海堤外，據萬曆《雷州府志》卷三《地理志一・陂塘》的記載，宋代，在海康、遂溪各鄉村，還開築了不少水塘，蓄水灌田。如海康縣，有那耶塘、窮源塘，均位於縣西南五里的麻扶村，宋寶祐年間（1253～1258）郡守孟安仁主持開鑿；那崔塘，在縣西四十里平原村，宋治平四年（1067）鄉人顏同翁修築；縣西七十里山仁村，宋元符（1098～1100）間鄉民開塘灌田；縣西二十里白院村，宋咸淳年間（1265～1274）鑿爲塘；縣西七十里北山村有奇塘，宋寶祐四年（1256）郡守孟安仁主持開築，周廣八畝，灌麻扶等處田；那蘊塘，在縣西四十里那蘊村，宋嘉祐八年（1063）鄉人開築；柯四苟塘，在縣東南三十里扶柳南坡，宋治平四年（1067）鄉人柯四苟開築，周廣六畝，積水灌扶柳等處田二十四頃；都悲塘，在縣西六十里都悲村，宋寶祐年間（1253～1258）開築，周廣五畝；萬塘，在縣西南六十里勤萬村，宋天禧年間（1017～1021）開築，周廣四畝許；椰子塘，在縣西南一百里良慕村，宋寶祐四年（1256）郡守孟安仁開築，周廣六十餘畝，灌田二頃餘。

遂溪縣的水利設施除特侶塘外，還有：古州塘，在縣南一百八十里古州村，宋太守俞泠主持修築，周廣十五畝，灌田十頃；張贖塘，在縣南一百八里張熟村，宋郡守何庾主持開鑿，廣四十畝，其流通萬頃閘渠，灌溉東洋田。

徐聞縣水利建設在唐宋時期則較落後，民田主要仰賴溪澗河水灌溉。

以上鄉村水塘，不少在元、明時期被進一步開拓修築成陂，蓄水更多，灌溉作用更大。

宋代雷州水利建設取得輝煌成就，既緣於歷任地方官的高度重視，也有賴於雷州民眾的辛勤勞動。雖然史臣所說「雷民至今（明代）有飽無饑」或許有誇大溢美之嫌，但雷州地區農業發展自此具備了良好的條件則是沒有疑義的。

再次，北方戰亂，人口大量南移，使雷州人口大增，這是唐宋時期雷州

〔註30〕萬曆《雷州府志》卷3，《地理志一・陂塘》。

經濟獲得大發展的第三方面的條件。

　　自唐安史之亂以後，接著是藩鎮割據、農民起義、軍閥混戰；五代半個多世紀，北方更是戰亂不已；整個宋代（包括北宋、南宋），宋與北方民族党項、契丹、女眞、蒙古等的戰爭也接連不斷。連綿的戰爭，迫使北方（包括中原地區）的人口大量南遷，形成了廣東歷史上第二次自發的移民浪潮（第一次在魏晉南北朝時期）。移民廣泛分佈於珠三角、粵東山區及高、雷、廉等州。北宋時曾被貶謫到雷州的文學家蘇轍，在《和子瞻次韻陶淵明勸農詩》小序中說：「余居海康……其耕者多閩人也。」〔註31〕據《湛江兩千年》資料，唐初雷州府戶數爲 4324，口數爲 20572。〔註32〕宋代前期，雷州「閣（全）境生聚僅三萬」；而到元代，雷州三縣，戶數已達到「九萬一千一百三十四」〔註33〕，按戶均 5 人計，已達 40 多萬，增長了十多倍。宋代雷州人口的猛增，在戰爭年代，有大量外地（尤其是北方）人口的加入是其中重要原因之一。

　　人口大增，揭開了雷州開發的新篇章。

〔註31〕民國《海康縣續志》卷 37，《藝文志十三》。
〔註32〕湛江市志總編室《湛江兩千年》，廣東高等教育出版社 1993 年版，第 8 頁。
〔註33〕萬曆《雷州府志》卷 9，《食貨志・戶口》。

三、唐宋時期雷州學校教育的興起及文明的傳播

摘　要

雷州府學設於北宋慶曆四年（1044），除府學外，遂溪、徐聞二縣也在宋代建立了縣儒學。地方官不僅一再修葺日久頹廢的府縣儒學，爲諸生創造良好的學習環境，還給學校置學田，使學校教育得到經濟上的支持。書院教學、啓蒙教育也在宋代興起。爲配合科舉考試，雷州還沒立了貢院。宋代，雷州文教事業獲得了前所來有的大發展，究其原因，一是宋代統治者對教育事業的重視，促使需州地方官重視學校教育；二是雷州地方有識之士對辦學育才的積極推動；三是地方官員對賢士的敬奉，謫官及著名學者對文明的期盼，激勵著雷州人見賢思齊，矢志發奮求學。學校教育的興起，不僅使一批年青的雷州人獲得了受教育的機會，而且其中的一些皎皎者還通過科舉之途晉身入仕，成爲國家棟梁之材，雷州落後的風俗也得到了改變。

關鍵詞：唐宋時期；雷州；學校教育；文明

　　民國《海康縣續志》卷三十二《藝文八・學校志論》云：「學校之設，崇文教也。黨有庠，閭有塾，郡縣有學，進之而有國學。凡以蒸髦士，育英才，共佐太平而食養士之報者，端必由此人倫首善之地，顧（反而，卻）可忽乎哉！」說明了學校教育不僅對於地方，而且對於國家，均具有重要意義。

　　唐代，雷州學校教育狀況如何，史志缺乏記載，難以詳知。宋初，統治者注重教育，詔天下府、州、縣皆立學，以培育人才。雷州府學設於北宋慶曆四年（1044），校址在城外西湖之東。史籍稱雷州設學（校）始於此。但從唐時任雷州刺史的柳仲郢「出所抄經書訓士」〔註1〕來看，似乎唐代雷州已有官辦學校教育。

　　雷州雖偏僻遙遠，卻風俗淳樸，人多嚮學，正如北宋名臣余靖所言：「海康瀕海之郡也，地域雖遠，風俗頗淳，聖訓涵濡，人多嚮學」，具有良好的辦學條件。但起初，府學雖設，地方官對教育卻未予足夠重視，「州邑之吏或迷於簿領，或急於進取，故於承流宣化有不至者」；「頒條者怠於誘導，無乃上格明詔，下塞群望」。北宋嘉祐八年（1063），郡守林昆重修府儒學，使府學教育走上正軌。

　　林昆，廣東揭陽人，「奕世儒家，被服文翰，既奉休命出守是邦（雷州），樂得英才而教育之，乃援前詔，廣學宮而新之」，期望通過「朝夕傳習」，「勸勤黜惰」，培養學生「以孝顯其宗，以道致其君」，「收四方秀茂之傑，益闡先皇化夷狄（按，唐宋時期中原士人仍視雷州為「夷狄」之邦）之道」。林昆還致書余靖（廣東韶州曲江人，宋名臣），請求為興學作記，以激勵諸生。余請於記中闡述了林昆郡守修學的良苦用心，期盼「諸生當體賢太守之意，以副國家崇學求賢之詔」〔註2〕。

　　戴之邵也是一位重視府學教育的郡守。戴之邵，廬陵（今江西吉安市）人。初蒞雷州，他感慨於「雷之為州，窮東嶺而並南海，士生其間，不得與中州先生長者接，於見聞為寡，而其風聲氣習亦未有能遽變者」。他認為為治之本在於改善風俗，而「所以善其俗，莫先於學校」，故急欲致力於發展雷州學校教育。他拜謁先聖祠時，發現祠「頹然在榛莽中」，這更使他意識到興學的急迫性。於是，他相定郡治之西有寺廟廢居，便撤其材，即其地而建學校，將府學遷於此。學校建成，「殿堂齋廡輪奐爽塏，凡所以為學宮備者無一不

〔註1〕 萬曆《雷州府志》卷15，《名宦志》。
〔註2〕 萬曆《雷州府志》卷10，《學校志・府學》。

具」，共用錢一千萬，「既成，則延其師長，集其子弟而語以學之故」，除自書《進學記》勸誡諸生外，還請宋代著名學者張栻作記以激勵諸生〔註3〕。雷州「嗣是人文漸盛，郡人立思戴亭」祀之〔註4〕。

其後，歷任郡守於日理萬機之際，仍不忘府學教育。靖康六年（1126），郡守李域將府學遷於天寧寺西。紹興十年（1140），郡守胡宗道復徙於寺西北。淳熙四年（1177），郡守李茆以府學日久頹壞，爲葺治一新，於府學中建明倫堂四齋，分別取名「尊聞」、「誠身」、「博學」、「志道」。嘉泰四年（1204），郡守李皎修大成殿，塑聖賢像。嘉定年間（1208～1224），郡守徐應龍及鄭溫繼之，建雲章閣，藏前代御書、經史。寶慶二年（1226），郡守陳大紀（玘）、郡丞曾宏父修殿堂、書閣等。正如李仲光所言：「雷陽（州）雖涉海，前後牧守最多循良，往往屬意庠序（學校）之教，如戴侯之邵、鮑侯同，皆以身爲率先，及李侯茆、鄭侯公明又從而侈大之，以故棟宇宏壯，頗有中州氣象。」

地方官不僅一再修葺日久頹廢的府學，爲諸生創造良好的學習環境，還給府學置學田，使府學得到經濟上的支持。如嘉定年間（1208～1224），郡守鄭公明拔田以肄州（府）學，得種二十石有奇；端平間（1234～1236），提刑張公又以馮直沒官田四十石入學。

在萬曆《雷州府志》卷十五《名宦志》中，可見唐宋時期不少雷州官員頗重視學校教育。如柳仲郢，唐元和末年進士，曾任唐朝監察御史、戶部尚書、山南西道節度使，後因事「坐貶雷州刺史。至郡，留心民隱，出所抄經書訓士」。李域，南宋建炎年間（1127～1130）知雷州事，「次第修政，惠及遠邇，尤注意學校，相學校狹隘，遷於天寧寺西，鼎（大）建宏美」。儲擢，於淳熙（1174～1189）時守雷，「修郡志，興社學，群民俊而教誨之，文風於焉丕（大）振」。

除府學外，遂溪、徐聞二縣還在宋代建立了縣儒學。遂溪縣儒學初在縣西郭，地卑而濕；乾道四年（1169），遷於縣城近傍，制仍狹隘；寶慶元年（1225）再遷於縣西登俊坊。徐聞縣儒學在舊縣討網村。海康縣因爲是州府治所所在縣，已有府學，故未建縣儒學。生徒部分入府學就讀，部分入遂溪文明書院學習。海康縣儒學始建於元代。

除府、縣學外，還有書院教學。宋代是理學興盛的時代。作爲傳播理學

〔註3〕萬曆《雷州府志》卷10，《學校志·府學》。
〔註4〕萬曆《雷州府志》卷15，《名宦志》。

重要陣地的書院教學亦於宋代興起。這時期，雷州較著名的書院有遂溪的文明書院、海康的萊泉書院等。

文明書院在遂溪縣西南樂民。宋元符庚辰（1100），蘇軾南遷，由儋州（今海南）徙廉州，道經遂溪興村，宿於淨行院，四顧山川，謂鄉民陳夢英曰：「斯地景勝，當有文明之祥。」既去月餘，瑞芝生於其地。諸儒遂即其地建書院，扁曰「文明」〔註5〕。此外，當時遂溪縣還有遂良書院，建於遂溪城內；東瀛書院，建於現湛江市郊的東海地區。「據說，當時這三間書院要數遂良書院和文明書院的規模比較大，學生也比較多，而且，在這幾所官辦書院中，文明書院最引人注目。」〔註6〕

宋丞相寇準於乾興元年（1022）被貶謫至雷州任司戶參軍。歿於雷州後，雷州民眾立祠祀之，是為寇公祠。咸淳七年（1271），郡守陳大震將祠改造為萊泉書院（元時改稱平湖書院）。舊有祭田，後改隸學宮（府學）。

此外，啟蒙教育也受到了官府的重視。儲擢於淳熙（1174～1189）時守雷，「修郡志，興社學，群民俊而教誨之，文風於焉丕（大）振」〔註7〕。社學即設於鄉社之學，教育對象為鄉社兒童。另據萬曆《雷州府志》卷十《學校志·府學》載，「嘉定四年（1211），郡守鄭公明、教授鄭煬修（府）學舍兼建小學科，設生員教俊秀」，不久廢。「淳祐庚戌（1250），郡守儲擢、教授郭夢龍復建小學」。

為配合地方科舉考試，雷州還設立了貢院。南宋寧宗慶元年間（1195～1200），郡守劉煥建貢院於蓬萊坊西。宋理宗嘉熙年間（1237～1240），改建於郡西；還建立了貢士莊，資助參加科舉考試的士人赴考。貢士莊為郡守薛直夫捐資及郡人樂助者買田百餘石而建，「凡遇舉子會試，盡所以贐」之〔註8〕。

唐代，雷州的學校教育尚寂然難考；至宋代，府學、縣學、書院、小學教育同時並起，文教事業獲得了前所來有的大發展，究其原因，主要是：

（一）宋代統治者對教育事業的重視，促使需州地方官重視學校教育

宋朝建立後，一改唐中後期以來長期的尚武風尚，大力推行「文治」。自

〔註5〕 萬曆《雷州府志》卷10，《學校志·書院》。
〔註6〕 張志誠、陳永忠《蘇東坡與樂民「文明書院」》，遂溪縣委文史資料研究委員會編《遂溪文史》第一輯。
〔註7〕 萬曆《雷州府志》卷15，《名宦志》。
〔註8〕 萬曆《雷州府志》卷21，《古蹟志》。

慶曆（1041～1048）以後，宋朝先後出現三次著名的興學運動。第一次是范仲淹在仁宗慶曆四年（1044）主持的「慶曆興學」，要求各地路、府、州、軍皆立學，縣有士子 200 人以上亦設學。教官選本地宿學碩儒充任。第二次是北宋中期王安石主持的「熙寧（1068～1085）興學」。第三次是蔡京在宋徽宗崇寧年間（1102～1106）主持的「崇寧興學」，要求全國普遍設立地方學校，規定州學置教授 2 員，縣設小學，並頒發《州縣學敕令格式》，對如何辦理地方學校進一步作了具體規定。此外，最高統治者也一再頒發詔令，敦促地方官重視興辦學校，爲國家培育人才。

（二）雷州地方有識之士對辦學育才的積極推動

地方史志稱，粵自漢唐以來，文物稱盛。南宋紹興以來，嶺南郡邑多設學校，例置學官，一道翕然，文教大振。但雷州由於「介在海瀕，薦（重複、頻繁）更寇攘，學校荒弛」，人才寥若辰星。地方有識之士無不爲此焦心憂慮，期望通過興學改變落後狀況。例如，紹興年間，郡守胡宗道蒞雷。地方有識之士即相率詣府庭，請各出私錢，自推鄉間宿學老儒以董其事，獲得批准。胡宗道要求紳民在興建學校時，毋拆民房，毋占民田，毋奪農時。於是，熱心教育事業的雷州有志之士同心協力，鳩工揀材，在府城西北隅擇得高亢開闊乾爽之地改造創建學校。結果，民間合力創建的學校「不廢公家一金，不調編戶一氓，曾不逾時而告成」。學校中建宣聖殿，東西列兩廡，繪畫先聖圖象，「前峙高址以辟之門，後架隆棟以庇堂室，峻重閣以貯經史，四隅闢四館以延師長，左右六齋以爲諸生肄業之所，庖廩器用，賓客之次備焉」。學校建成後，在落成典禮上，郡守偕同其他官員蒞臨學校，「乃升堂揖遜，溫顏以誘進之」。「於是，英髦雲蒸，弦誦洋溢，鼓篋來遊者幾二百人」，「遂使瀕海逞陬（角落）變鄒魯之風，雖文翁、常衮之化蜀、閩未若斯之盛也」〔註9〕。

遂溪文明書院的創辦，也是當地「諸儒」齊心合力的結果。

（三）地方官員對賢士的敬奉，謫官及著名學者對文明的期盼，激勵著雷州人見賢思齊，矢志發奮求學

唐宋時期，雷州成爲朝廷貶謫官員之所。這些謫官都是有知識有文化且大多是通過科舉之途晉身入仕的且在爲官過程中政績顯著，遺愛在民者。他們成了雷州民眾心目中的聖人、偶像甚至神靈，紛紛立祠祀之。故史志稱「雷

〔註9〕 萬曆《雷州府志》卷 10，《學校志·府學》。

地僻，濱於海，俗尚樸野。宋時爲名賢遷謫之鄉，聲名人物多所濡染」〔註10〕。
地方官也利用這一點，「神道設教」，促使雷州之人通過接受教育，提高道德
水平，以成爲封建王朝的「馴民」。

如，寇準逝世於雷州後，雷州人立寇公祠祀之，朝廷賜額曰「旌忠」。後
祠宇漸圮，郡守命通判、權州事吳紘修葺新之。新修之祠廟比舊規擴張三分
之一，並以蘇轍、秦觀等賢士配祀。咸淳九年（1273），郡守虞應龍建十賢堂
於西湖上，祀丞相寇準、學士蘇軾、侍郎蘇轍、丞相趙鼎、李綱、樞密王岩
叟、編修胡銓、正字秦觀、李光、正言任伯雨。在海康城西南一里許有蘇穎
濱（蘇轍）先生祠。蘇轍曾謫雷州。紹聖五年（1098），郡守毛當時即其故居
建樓祀之。嘉熙四年（1240），郡守薛直夫於後數十步貢園舊址重修祠祀之，
「其下列老蘇（蘇洵）、長蘇（蘇軾）及公（蘇轍）神主於樓之上爲三，翼以
兩廡，位以四職，更衣有舍，齋居有室，庖湢（浴室）浣濯，各有次聚，九
經百代，書備籩豆、簠簋之器，門之外堥（用磚修築）以巨沼（池），跨以長
橋，繚以垣牆，植以花竹。沼之外爲重門，登樓遐眺，則環城樓觀如拱如揖。
規模宏偉，氣象軒豁，而基址緊密」。薛直夫意猶未足，還「首捐俸二十萬買
田積園，郡僚屬及州人咸踴躍趨之，積二百萬，歲得租約三十萬。凡月朔謁
祠，春秋釋菜（祭奠）與職掌之廩、葺理之費皆給焉。」

薛直夫不惜耗費鉅資，把蘇轍祠建造得規模宏偉，供鄉人瞻仰拜祭，其
目的何在？時人黃必昌在蘇轍祠記中有明確揭示：「並建聖哲，立之風聲，此
爲治之先務」，「聚書蓄器，掌以學者，春秋之祀費替，引之使人常有興起愛
慕之心」〔註11〕。換言之，薛直夫是要給雷州之民樹立學習的典範。此外，
諸郡守興學過程中委託名人所作之記，其宣傳鼓動士人努力求學的作用也是
不可忽視的。民國《海康縣續志》卷三十二《藝文八·學校志論》即云：「雷
（州）自（宋）張栻記明倫，士知嚮學，人才盛於宋，振作於明」。

學校教育的興起，不僅使一批年青的雷州人獲得了受教育的機會，而且
其中的一些皎皎者還通過科舉之途晉身入仕，成爲國家棟梁之材。

據嘉慶《雷州府志》卷十五《選舉志》記載，宋代，雷州中進士共有八
人，分別是：陳宏甫，海康人；楊原興，海康人；楊直，海康人；紀應炎，
遂溪人；王應容，海康人；程雷發，遂溪人；楊懌，海康人（或云遂溪人）；

〔註10〕嘉慶《雷州府志》卷2，《地理志·風土》。
〔註11〕萬曆《雷州府志》卷11，《秩祀志》。

莊嗣孫，遂溪人。

雷州第一個進士是淳熙八年（1181）狀元陳宏甫。《宋郭夢龍雷州府學登科題名記》云：「國家三歲一舉士，士挾所長戰藝於京師者以萬計，至上其第於太常，則往往惟中州爲盛，嶺南之文士僅一二焉。豈其地之生材爾殊哉？或者功名否泰之機其消長有候耳？比年以來，雷（州）之文士日益振，鄉曲之英聯鑣西馳，殆風作而氣使之。歲在丁未（1187），州學正陳宏甫果以經學第進士」。此事被視爲「雷（州）之盛事」。陳宏甫被視爲「雷（州）之破天荒者」〔註12〕。

上述入仕爲官的雷州人政績如何，史籍缺載。而其中紀應炎的事迹，則可視爲吉光片羽，雷州士人的典範。

萬曆《雷州府志》卷十七《鄉賢志》載：紀應炎，遂溪下步村（今湛江市麻章區湖光鎮下步村）人，少年讀書於湖光岩。宋寶祐五年（1257）登二甲進士〔註13〕。初試澄邁主薄。有以白金饋者，潛置米中，（紀應炎）覺即還之」。澄邁近海，港口近旁可以墾田。紀應炎「募民塞之，成田千餘畝，入學贍士」。可見他對當地教育事業的重視。後宰南海，曾「有富民觸法，賂其婿以請，應炎不許，竟置於法」。可謂爲官清廉，執法嚴明。

宋以前，雷州地區只有兩三萬人口，眞正是地廣人稀。雖自秦漢以來，北方常有戰爭，不少北方漢人南遷，但落籍於雷州的恐怕不多。故而，雷州

〔註12〕 萬曆《雷州府志》卷19，《藝文志》。但《湛江兩千年》謂：「淳熙五年（1178），海康縣楊原興考中進士。爲雷州宋代第一個進士。」查嘉慶《雷州府志》卷15，《選舉志》及嘉慶《海康縣志》卷5，《選舉志》，均記楊原興中進士在淳熙五年。但查萬曆《雷州府志》卷14，《選舉志》，楊原興在淳祐五年（1245）被鄉舉爲解元，頗疑楊原興中進士當在此年，比陳宏甫晚了60多年。後世史家可能是將「淳祐」誤爲「淳熙」了。且《雷州府學登科題名記》作者郭夢龍爲當時府學教授，是應雷州鄉人之請作記的，書於淳祐八年（1248），應無弄錯之理。至於「登科題名記」所記「歲在丁未（1187）」與志書所記淳熙八年（1181）略有出入，可能是記憶錯誤所致。

〔註13〕 紀應炎登進士的時間，地方志記載頗有不同。萬曆《雷州府志》卷14，《選舉志》記爲寶祐五年（1257）；而卷十七《鄉賢志》記爲寶祐四年（1256）；郭棐《粵大記》卷4，《科第》所記同；而嘉慶《雷州府志》卷16，《人物志》及道光《遂溪縣志》卷8，《選舉志》皆記爲嘉熙二年或戊戌（1238）。據湛江市委文史資料研究委員會編《湛江文史》第十六輯許和達《歷代名人在湛江詩選》，紀應炎有《督友人》一詩，小序云：「丁巳（1257）赴湖廣鄉試，曉發城月驛，待友人周景沂不至，詩以督之。」這是第一手史料。可見，紀應炎中進士之年，正確的是寶祐五年（1257）。

人口主要是古南越族演變而來的黎、壯、侗、瑤等少數民族。直至宋代，文化人還常將雷州視爲「夷狄」之邦，立志以文明化之。

莅雷諸郡守，除致力於雷州地區社會秩序的安定，經濟、教育的發展外，還關注雷州落後風俗的改變。

雷州文化落後的突出表現之一是人多信巫。萬曆《雷州府志》卷十一《秩祀志》云：「雷（州）以（陳）文玉興，人惑於其故，沿而爲叢祠，巫史者匝（周，遍）境，不人事之務而惟鬼是求」。又載，「雷州俗不知醫藥，病則專事巫禱」。北宋時被貶謫至雷州的秦觀在《雷州風情詩》中也寫道：「駱越風俗殊，有疾皆勿藥。束帶趨祀房，瞽史巫紛若（熱鬧）。絃歌薦繭栗（小牛），奴主洽觴酌（男女老少皆沾一點祭祀的酒）。呻吟殊未央，更把雞骨灼。」詩歌描寫了雷州地區巫風的熾盛〔註14〕。這是古南越族「篤信巫鬼」遺俗的承襲。巫風熾盛，不僅無助於雷州民眾生活條件的改善，還爲某些人以迷信手段鼓蠱人心，煽動民眾創造了契機，對封建統治的穩定也不利。郡守薛直夫在府治東南中正坊置惠民藥局「教以醫療」，欲引導雷州之民漸去愚昧，趨向科學〔註15〕。

對於儒家宣揚的長幼有序，尊卑有別的封建禮教，雷州人知之甚少。「雷州舊俗，長子之子常（永遠）爲長，至以叔父拜姪子」。郡宋張絃「延父老授諸生條教，喻以少長親疏，悉更舊習」〔註16〕。

官員通過政治手段是改變雷州落後民俗的主要途徑；另一途徑則是謫官的言行及其詩文。廣東省人民政府文史研究館館長洪三泰在《湛江歷史的詩意詮釋——讀〈古今名人詠湛江詩詞注釋〉》一文中說：「唐以後各朝代都有官員和文化人士到過雷州半島和海南島。唐、宋兩代，到雷州半島和海南島的人，多是朝廷命官和文人，他們與朝廷持不同政見，因而被貶，被『流放』到雷州和海南島。到海南島的，都要經過雷州半島。他們的足迹留在雷州的紅土地和藍海洋，也留下眾多不朽的詩篇。」〔註17〕這些詩文對雷州習俗的改變也有所影響，所謂「雷地僻，濱於海，俗尚樸野，宋時爲名賢遷謫之鄉，聲名文物多所濡染」〔註18〕。這些被貶謫而來的官員，雖然是政治上、官場

〔註14〕 許和達《歷代名人在湛江詩選》，湛江市政協文化文史資料研究委員會編《湛江文史》第十六輯。
〔註15〕 萬曆《雷州府志》卷15，《名宦志》。
〔註16〕 萬曆《雷州府志》卷15，《名宦志》。
〔註17〕 湛江市政協文化文史資料研究委員會編《湛江文史》第二十八輯。
〔註18〕 萬曆《雷州府志》卷5，《民俗志·習尚》。

上的失勢者，但在雷州人的心目中，他們卻是「聖賢」，是「文明」的象徵，所到之處均受到雷州人的頂禮膜拜。所謂「名賢所歷，山川增色，草木皆芬，身愈屈而名愈彰」〔註19〕；「雷（州）人士仰之若祥雲，慕之如威風」〔註20〕。如蘇軾曾經過遂溪樂民，不久，人們即建立書院，以「文明」爲名；又如遂溪縣南一百四十里有一村，「居人尚樸，蘇東坡（軾）自瓊徙廉，歷遊於斯，後人慕其遺風，因爲『博禮上三村』。」〔註21〕謫官寫下的詩篇深受雷州人的喜受；他們的著作也成爲雷州人接受文化教育，培養文明品格的重要教材。

不僅如此，一些謫官在雷州還重視「中土正音」的教學。雷州之地，語言紛雜，有客家話、閩南話、黎語等。語言紛雜，不利於人們的交往，更不利於文化的交流。因此，推廣「中土正音」成爲推動雷州文明進步的重要舉措。其中，寇準在這方面的作爲尤爲雷州人所感念。道光《遂溪縣志》卷七《流寓志》云：「查遂（溪）境話語皆習鄉談，惟讀書則與中土（原）正音相近，聽之嚦嚦可晰，與說話迥殊。詢厥所由，僉（都）稱昔寇萊公（準）寓此，親爲口授，後來教者循習遞傳，至今不改」。雖然「中土正音」只在士人中傳習，但其意義已不可小覷。

〔註19〕道光《遂溪縣志》卷7，《流寓志》。
〔註20〕民國《海康縣續志》卷32，《藝文八‧流寓志序》。
〔註21〕萬曆《雷州府志》卷4，《地理志二‧鄉都》。

四、元代雷州史略

摘　要

　　元朝統一中國後，對宋代行政體製作了改革，改之前設置的雷州安撫司爲海北海南道宣慰司，治所在海康縣。至元十八年（1281），元改雷州軍爲雷州路總管府，領海康、遂溪、徐聞三縣。元代在雷州各縣還置有縣尉司、巡檢司，各置有巡軍、弓手，用以捕盜，維持地方治安。元代，雷州的政治還算是清明的，儘管不少主要官員皆爲蒙古人或色目人，但他們在雷州任職期間，頗有政績可稱，出現了不少令雷州人感念至深的「清官」、「聖賢」；雷州地區的社會經濟也得到進一步發展，這與元朝統治者對發展農業經濟的重視密切相關；雷州的製鹽業及陶瓷業也頗有成就；交通也得到了較大的發展，表現在橋梁的維修興建和驛站的設置。元代，雷州教育仍在維持並得到發展，但卻經歷了一個由最初地方官不予重視，使學校教育處於衰廢，到後來得到重視，學校教育狀況大爲改觀的曲折發展歷程。

關鍵詞：元代；雷州；政治；經濟；文化

　　元朝自至元十六年（1279）滅南宋，統一全國，建都大都（今北京），到至正二十八年（1368）明太祖朱元璋軍攻入大都，推翻元朝統治，元朝實際統治統一的中國是 89 年；雷州是自南宋衛王趙昺祥興元年（1278）元將史格克雷州據之，始入元朝統治版籍，處於元朝統治之下是整 90 年。儘管雷州為粵西重鎮，政治軍事地位十分重要，然而，由於雷州偏僻荒遠，不為史家重視，故史籍記載極簡略；又由於元朝是蒙古族所建立的封建王朝，為漢族士人所鄙棄，因此，即使是地方志，也是詳於宋、明而略於元。正是由於史志記載極簡略，使我們對於元代雷州的歷史狀況所知甚少。新編《廣東通史》（古代上冊、下冊）是迄今為止對廣東地方歷史（古代）敘述最詳盡的著作，洋洋 160 萬言，然而對於元代雷州的歷史仍然是著墨不多，語焉不詳；探討元代雷州歷史的專論更是前所未見。有鑒於此，為彌補地方史研究上的這一空白，筆者不揣淺陋，試圖盡可能全面地爬梳史料，對元代雷州歷史概貌作一較詳盡的述論。不當之處，懇請方家指正。

一、政治與軍事

　　建立元朝的蒙古族興起於漠北，勢力壯大迅速。滅金之後，蒙古軍隊大舉伐宋。至元十三年（1276）二月，元軍攻陷南宋都城臨安（今浙江杭州）後，大兵席卷東南。宋景炎三年（1278）初，南宋殘餘勢力在張世傑、文天祥、陸秀夫的統率之下移師至雷州，擬在此建立根據地，徐圖復興。同年二月，元將史格克雷州據之。鑒於雷州、高州、化州已歸附元朝，張世傑只得駐行朝於硇洲（今湛江市南部的硇洲島），升硇洲為翔龍府。宋祥興元年（1278），南宋端宗死，張世傑扶立衛王趙昺繼位。五月，宋遣瓊州安撫使張應科攻雷州，以失敗告終。張應科戰死。考慮到硇洲已難以立足，六月，南宋行朝被迫遷移至廣東新會縣的崖山。同年，元行中書省平章阿里海牙平海北，駐師於雷州。至此，雷州正式歸入元朝統治。

（一）行政體制的改革

　　元朝統一中國後，對宋代行政體製作了改革。為加強對邊遠的廣東的統治，將宋廣南東路改置為海北廣東道，隸屬於江西行省；將原廣南西路沿海九州（包括雷州）軍立為海北海南道（地方志常簡稱為「海北南道」，治雷州城），隸屬湖廣行省。如此，將今廣東分而治之，更有利於元朝中央的控制。

元代，自元世祖即位始，立中書省爲中央最高政權機構，行中書省（簡稱行省）爲地方最高權力機構。行省之下設路、府、州、縣四級，部分行省設立宣慰司，「掌軍民之務，分道以總郡縣，行省有政令則布於下，郡縣有請則達於省」。〔註1〕宣慰司居於行省之下，路、府、州、縣之上，是承轉機關，其轄區稱爲「道」，爲監察區。至元十七年（1280），元改之前設置的雷州安撫司爲海北海南道宣慰司，治所在海康縣。這樣，元朝在廣東境內分設廣東道宣慰司（設於至元十五年，即1278年，治廣州）和海北海南道宣慰司。海北海南道領雷、化、交、欽、廉五路及海南諸路、軍，包括今粵西、海南及廣西部分地區。雷州路在海北海南道治下。至元十八年（1281），元改雷州軍爲雷州路總管府，領海康、遂溪、徐聞三縣。

元代還有一種特殊的行政制度，即在路的治所「置一司，以掌城中戶民之事」，稱「錄事司」；若「城市民少，則不置司，歸之倚郭縣」。即把人口眾多的路治所所在的城區劃爲一行政區，歸路管轄而不屬縣。元初，海北海南道所轄的雷州路也設立了錄事司，故址在州城鎮寧坊，是至元十年（1280）改宋所設兵馬都監（掌夜禁）而設的。錄事司置達魯花赤、錄事、判官，典史各1員，以判官兼捕盜事。達魯花赤原則上由蒙古人充任。

元朝實行民族歧視政策，不信任漢人。故元代路、府、州、縣，「其長則蒙古人爲之，而漢人、南人貳焉」。路、府、州、縣各置達魯花赤1員，即是「其長」。從萬曆《雷州府志》卷十五《名宦志》及《名宦志二》所載元代涖雷州任主要官職的禿魯迷失（至順二年爲雷州路總管）、烏古孫澤（大德間爲海北南道廉訪使）、張忽里罕（至大元年爲海北南道廉訪使）、拜都（延祐中任廉訪司副使）、馬合謨（回回人，至元三年爲海北南道廉訪副使）、元壁（寶慶間爲廉訪司經歷）等官員的名字看，即可知爲蒙古人或色目人而非漢人。這一制度，旨在加強蒙古統治者對包括漢族在內的各族人民的統治。

至元二十二年（1285），元朝廷在海北海南道設肅政廉訪司，不隸湖廣行省而隸屬於江南御史臺，駐雷州城，旨在加強監察，澄清吏治。廉訪司長官爲肅政廉訪使，其主要職責爲糾察百官善惡、政治得失。考察整個元代，雷州政治尚屬「清明」，出現了不少「清官」，這或許即與海北海南道肅政廉訪司設於雷州府治有關：「貓」在此，「鼠輩」豈敢胡作非爲！

雷州雖偏遠，但元統治者並未忽視對雷州的統治，常派官員涖雷巡察政

治；又由於雷州爲海北海南道治所所在，下屬官員往來頻繁。爲妥善接待上下級官員，達魯花赤劉仲海於雷州北城外那蘆坊建有「接官亭」。至順三年（1332），廉訪司僉事、蒙古人松壑重建。

（二）軍事設置

雷州地處國家邊陲，軍事地位更顯重要。顧祖禹《讀史方輿紀要》卷一○四載：「雷州，三面距海，北負高涼，有平原沃野之利，且風帆順利，南出瓊崖，東通閩浙，亦折衝之所也。」故自宋代始，朝廷即對雷州地區的軍事設置予以高度重視。北宋名將潘美平南漢後，即在雷州置軍，分澄海、清化兩翼指揮使，統兵鎮守。這是雷州設衛之始。南宋時，又增置經略水師寨以制沿海寇賊。元代基本沿襲了宋代在雷州的軍事設置。「至元戊寅（1278），元立海北海南道宣慰司（按，似應爲安撫司，後改名宣慰司），時朱國瑤領軍鎮，改（澄海、清化）兩翼軍爲萬戶府，置萬戶二員統之」〔註2〕，加強了雷州的軍事力量。壬戌（1322），改宣慰司爲都元帥府，屬湖廣行省，加強了中央對地方軍事力量的掌控。

海北海南道所轄各路皆近海，理應置有水軍。但元代在雷州的駐軍情況與高州、化州諸路一樣，由於地方志失於記載而不得詳知。

元代在雷州各縣還置有縣尉司、巡檢司，各置有巡軍、弓手，用以捕盜，維持地方治安。如見於地方志記載的即有：湛川巡檢司，在遂溪二十六都湛川村，距縣西五十里，至元三十一年（1294）設，即古椹川縣地；潿州巡檢司，址在遂溪縣第八都博里村海島中（今在廣西北海市南大海中），距縣西二百里，至元三十一年（1294）建，等等。有學者指出，元代縣尉司、巡檢司兵卒，「他們是『南人』，使用兵器也受到限制，除了擾民，是沒有多大用處的。」〔註3〕

元初，元在廣東的統治並不穩固，廣東多處都爆發了民眾的抗元武裝鬥爭。如新會縣民眾擁立宋宗室舉兵抗元，聚眾萬人，稱「羅平國」，年號「延康」；廣州路有歐南起起兵反元，自王清遠，「改元僭號」；此外，增城、東

〔註2〕〔明〕歐陽保等纂修：萬曆《雷州府志》卷十二《兵防志一》，日本藏中國罕見地方志叢書，書目文獻出版社，湛江師範學院圖書館藏。下同。按元兵制，萬戶府分上、中、下三等，上萬府管軍7000人以上，中、下萬戶府分別管軍5000人及3000人以上。

〔註3〕方志欽、蔣祖緣主編：《廣東通史·古代上冊》，廣東高等教育出版社1996年版，第941～942頁。下同。

莞、博羅、惠州、南雄、潮州、韶州等地，均有粵民的抗元武裝鬥爭，「聲勢張甚」。總之，「元初十年內外，廣東的起義反抗遍及絕大多數的路和州」〔註4〕。但雷州自納入元朝版圖之後，就幾乎一直「風平浪靜」，未見發生有影響的民眾抗元鬥爭。這並非雷州民眾的懦弱，而實在是因為雷州為元海北海南道統治中心所在，集結了較雄厚的軍事力量，民眾起兵反抗不具備條件。

在古代社會，城池的修築是維持地方封建統治的重要保障措施之一。嘉慶《雷州府志》卷四《建置志》云：「城池所以衛郡縣。雷（州）三面環海，設險以守，視他州尤當急尚矣。」宋代，雷州地方官對此已有清醒的認識，故對府、縣城池防禦設施的修築能高度重視，屢壞屢築。堅固的城防，多次有效地抵擋了地方動亂的衝擊，使其時地方人口有避難之所，也使地方封建統治不致動搖崩潰。故萬曆《雷州府志》卷七《建置志》序言云：「雷（州）為列郡，自有城池來，府縣之治尚（尊重，牢固）矣。」然而，元朝作為我國歷史上第一個由北方少數民族（蒙古族）建立的一統封建王朝，對此卻缺乏經驗。他們害怕城池會成為漢民族起來反抗其統治的有利憑藉，視城池為維護國家統一的障礙，因此，元朝統一之初，曾下令全國各地拆毀城池。雷州城池當然也在被拆除之列。萬曆《雷州府志》卷七《建置志》載，「元至元戊寅（1278），罷嶺南城池修築」。但是，元朝統治者很快就明白了他們這一舉措實際上是愚蠢之舉：失去城池之防，一旦地方發生動亂，封建統治便難以為繼。天曆二年（1329），廣西瑤族發動叛亂。近在咫尺的雷州可能受到騷亂的衝擊，於是，海北海南道廉訪司僉事呂琥匆忙發動民眾重築城防，「乃築城濬隍，高深如故；又於東西北三門處置木橋，夜則撤之，以備不虞。」元統元年（1333），廣西「瑤賊」再次攻陷無城可守的遂溪城。路總管同知羅奉致、裨將李百戶遇害。廉訪司僉事張添睡、經歷郭思誠「乃諜設立柵門，築羊馬牆，四門渠竇各置以鐵窗檻，備禦嚴整，故寇至不為害。」〔註5〕據嘉慶《雷州府志》卷十四《勳烈志》記載，至正十二年（1352），「瑤賊」再犯雷州，因有堅城護衛，雷州軍民得以保存：「至正壬辰（1352），徭（瑤）復侵雷。未至，元帥張不兒罕、李溫領兵邀擊之。賊間道（繞道）抵城下，攻西門，勢猖獗甚。城幾危。李溫領軍還，與賊戰……（賊）大潰，城賴以安。」元末，農民起義爆發，雷州城防對於維護封建統治的作用再次凸顯：「後海寇

〔註4〕 《廣東通史》，古代上冊，第947頁。
〔註5〕 萬曆《雷州府志》卷7，《建置志》。

麥伏來寇城，（張）成（海北海南道宣慰司僉都元帥）修城濬濠，揀精兵守之，民以無恐。」正因爲吸取了元朝統治雷州歷程中的失與得，明朝取代元朝統治之後，洪武甲寅（1374），指揮張秉彝、朱永、周淵偕通判李希祖等「大築雷城」。此舉即旨在鞏固明朝對雷州的封建統治。

（三）相對清明的政治

一般認爲，元朝政治敗懷，吏治不清。早在元初，已有人指出：「方今內而省部臺院百司，外而按察司（後改肅政廉訪司）、府州司縣，用吏員俱出自州縣校書帖寫之人，因而上達，以至僥倖成風，廉恥掃地。……中間求其廉愼，可稱熟練吏事者甚鮮，而天下……刑名銓選，生死曲直，高下與奪，悉出於乳臭若輩之手。」〔註6〕元初尚且如此，元中後期更勿論。《廣東通史》也認爲「元朝統治時期的吏治，一開始便有許多弊害」；「元朝政治比起以往各朝更易腐敗，更加腐敗。」〔註7〕但從元朝在雷州的統治來看，情況卻並非如此。可以說，元代，雷州的政治還算是清明的，儘管不少主要官員皆爲蒙古人或色目人，但他們在雷州任職期間，頗有政績可稱，出現了不少令雷州人感念至深的「清官」、「聖賢」。這從萬曆《雷州府志》卷十五《名宦志》及《名宦志二》的有關記載中即可看到。例如，禿魯迷失，至順二年（1331）爲雷州路總管，「政知大體，不事小察，吏懾其威，民懷其惠」；烏古孫澤，大德年間（1297～1307）爲海北海南道廉訪使，重視教育，大興水利，受到雷州人民的歌頌；張忽里罕，至大元年爲海北南道廉訪使，處事嚴謹，崇儒重道，嘗捐俸修理平湖書院；趙珍，延祐二年（1315）任廉訪僉事，「平反訟獄，民無冤滯，與照磨范㮰改創學宮，政多可述」；拜都，延祐中（1314～1320）任廉訪司副使，「崇重學校，建十賢堂，查追乾沒學錢七千餘緡，有秉道嫉邪之政」；呂琬，天曆二年（1329）任海北南道廉訪僉事，「肅正風紀，修築城池，興學校，厚風俗，郡邑清平。至正初升廉訪使。卒於雷（州），鄉人父老挽柩，歌《孝經·喪親章》送之」；賈煥，爲廉訪使，「深得憲體，愛民厚俗，於學校尤加作養，嘗著《勉學說》以示士子」；馬合謨，至元三年（1337）爲海北南道廉訪副使，「廉介嚴明，重農勸學，庶務修舉」；元璧，皇慶間（1312～1313）爲謙訪司經歷，「持政嚴明，吏民畏懼，敦尚儒雅，置大成樂器，文事尤備」；郭思誠，至順年間（1330～1333）爲廉訪司經歷，「勤於政事，

〔註6〕王惲：《秋潤先生大全集》卷90，《試吏員》，《四部叢刊本》。
〔註7〕《廣東通史》，古代上冊，第944、945頁。

興修學宮，置小學書板，葺治西湖堤閘，創惠濟橋以便民，惠存於雷（州）」。

以上記載，讀了讓人感動。也許有人說，史志爲封建文人所著，他們爲封建統治者吹噓、歌頌是其階級本性決定的，豈可當眞？但須知，萬曆《雷州府志》爲明臣所修，對元朝統治雷州持鄙棄態度，紀事甚爲簡略，似無爲元朝官吏「歌頌」之理。故所記當可作信史看。

探究元代雷州吏治相對清明的原因，大約一是元朝統治者對邊疆地區的統治較重視，選派了一些清廉能幹、信得過的官員任職，這些被最高統治者信得過的官員自然不敢辜負「主子」的期望；二是元朝於道設廉訪司，旨在澄清吏治。海北海南道廉訪司即設於雷州府治。肩負監察重任的廉訪司官員（廉訪使、廉訪副使、廉訪僉事等）自身不敢胡作非爲；其他官吏自然也不敢輕舉妄動。

當然，筆者並不認爲元代雷州政治自始至終都是良性運行的；而是認爲，封建專制體制是吏治腐敗的溫床，因此，任何一個封建王朝，即使建立了完善的監察機制，吏治敗壞的存在也是難以完全避免的。據史載，元世祖末年，雷州路即有廉訪司僉事偕同遂溪縣尹等官員數人，「入場賭博」，與民戶「賭撲錢物」，贏取民人金銀馬匹鈔錠之事〔註8〕。民間賭博危及社會治安，在任官員不嚴加取締，反而參與其中，可見元代雷州吏治也有敗壞的一面。

元朝「風平浪靜」地統治了雷州近80年。至正十五年（1355），「土賊」麥伏來、張子三等率眾反叛，進攻郡城，據有遂溪、徐聞兩縣。這場「叛亂」持續了五年。至正十九年（1359），化州路樞密院同僉羅福領兵擊麥伏來克之，雷州之亂平息。羅福以此功升宣慰司都元帥。

這次雷州人民的反元武裝起義，具體原因史無明載，大約與元末政治的腐敗及地方豪強的橫行，階級矛盾尖銳有關。眾所周知，元自中期以後，政治即趨於敗壞，導致賦斂加重，官場上賣官鬻爵盛行。到元末，廣東猶是「貲粟多者，輒得顯爵」〔註9〕。買官者沒有不是利用職權對民眾進行敲骨吸髓剝削的。雷州非世外桃園，這種狀況當亦不可幸免。元代雷州的一些土豪劣紳橫行鄉里之事也可於地方志中管窺一斑。如萬曆《雷州府志》卷十《學校志》所錄《王景賢記》就記載了遂溪縣豪強陳氏與另一豪強鄧氏強佔學田，「同惡相濟」之事。一些婦女在丈夫死後，考慮到免不了「強暴之逼」，「遂

〔註8〕《元典章》卷57，《職官賭博斷罷見任》。
〔註9〕《琴軒集》卷9，《小庵處士伍公墓誌銘》。

隨夫後自縊死」〔註10〕。由上述記載，可知元代雷州地方黑惡勢力的存在，社會矛盾的尖銳。另外，這次雷州人民的起義受到元末農民大起義的影響也是顯然的。「至正十一年（1351）全國反元大起義爆發後，廣東反元義軍蜂起」〔註11〕。農民大起義爆發，元朝統治者不得不徵調邊疆之軍征討，保衛京師，這就為邊地民眾的舉兵反抗創造了條件。麥伏來、張子三之「叛」能持續五年之久，可見元朝在雷州已無兵可用。

洪武元年（1368），明朝征南大將軍廖永忠平嶺南。羅福以雷州全郡降。元朝對雷州的統治宣告結束。

二、經濟與交通

（一）水利的興修與經濟的發展

元代，雷州地區的社會經濟在宋代經濟發展的基礎上進一步得到發展。這與元朝統治者對發展農業經濟的重視密切相關。

蒙古族在統一中國之前，以游牧經濟為主，對農業經濟之重要性認識不足，其軍隊在征戰中殺戮民眾，踐踏農田之事屢見不鮮；統一中國後，蒙古統治者已認識到農業經濟在立國中的重要，採取了保護和促進農業經濟恢復發展的政策。元世祖時便已重視農業，詔令天下「以農桑為本」，常令諸路官員要大力勸課農桑，各地官員要以農事修舉與否為考績，並由監察官考查。這是元代雷州地方官對興修水利發展經濟予以重視的重要原因。

水利是農業的命脈。元統治者對興修水利是高度重視的。從元初起，便為此屢定法令。如規定，致堤堰失修損壞，地方長官要按輕重責罰或治罪。

古代雷州經濟的發展對水利設施的倚賴尤為突出。這與雷州的地理環境與氣候條件密切相關。

雷州三面環海，又颶風時作，海潮湧溢，浸灌田地，可使農作物毀於一旦，且長久不能恢復耕種；另外，雷州又常乾旱，致使田地大片龜裂。因此，水成了雷州農業須臾不可或缺的命根。明代史科給事中許子偉在《高司理濬河記》中云：「雷（州）人饔餐取給東洋田強半。東洋萬數千頃所資灌溉一自（全靠）特侶（塘）之水南下。（然而）風雨非時，圮塞百狀，其利以脆且迂，兼以大海環迫，濤飛波漲，一（旦）潰（堤）防，頃畝輒飽鹹鹵，其害又促

〔註10〕萬曆《雷州府志》卷19，《貞女志》。
〔註11〕《廣東通史》（古代上冊），第1018頁。

（迅速）且劇，不渠之疏之，瀦之濬之，未有得利者也；不堤之捍之，排之障之，未有免害者也；不時渠之時堤之，不兼渠之兼堤之，未有有利無害者也。往者遞（依次，接連）關遞關（阻塞），旋舉旋廢，雷（州）於是有枵腹啼饑之人，歲大祲（災荒之年）輒瘠溝中而散之境土之外⋯⋯」〔註12〕。這也是元代雷州地方官重視水利建設的一個客觀原因：不興修水利，雷州的經濟就難以得到發展，民眾便難以安居樂業，封建統治也難以維持。

元代雷州官辦水利工程，最大規模的一項大約是大德年間（1297～1307）廉訪使烏古孫澤進一步整理雷州東西洋的水利工程。他「濬故湖（西湖），築大堤，竭三溪渚之，爲斗門七，爲渠二十有四，開良田數千頃，濱海斥鹵並爲膏壤。」堤渠命專人管理，定期啓閉，使東西洋大片農田的耕作有了保障。當時民謠傳唱道：「舄鹵爲田兮，烏父之教。渠之泱泱兮，長我秔稻。自今有年兮，無旱無澇。」〔註13〕

《廣東通史》對元代烏古孫澤主持的水利建設也有詳盡的介紹，謂：

> 特別重要的是雷州大型水利工程。雷州海康萬頃洋水利設施，在南宋戴之邵創修之後，又經陳大震重修。入元之後，水利失修，田多灌鹹潮而成鹽鹹。大德六年（1302），海北海南道廉訪使烏古孫澤（女眞裔）認爲「西北廣衍平袤，宜爲陂塘」，乃教民開濬特侶塘、西湖等「故湖」，並築大堤，置7斗門，開渠自西而東而南，長8760餘丈，渠上置6閘，「通支流以灌東南際海之田」，新堤外復開24渠，以「灌東北之田」，長13650餘丈，建8橋以通行旅；各渠道首尾皆有閘，官府派人依時啓閉；另於「附城山田作石渠引西湖注之」，又在近海處「築塘」以貯漲潮之淡水，待退潮時流出。結果，計得良田數十萬畝，瀕海田盡爲佳壤，「無旱無澇」。烏古孫澤所實施的工程，其方法、規模與戴之邵基本相同，其不同或有所擴大者，主要是在海康城的西北方向增加了作石渠引西湖水灌附城山田等工程，比南宋進了一步。〔註14〕

南宋時期興建於雷州的水利工程，有些在元代已漸趨損壞。雷州地方官也組織力量作了修復。如海北海南道宣慰使張溫曾對胡簿堤、戴公堤加以重

〔註12〕萬曆《雷州府志》卷3，《地理志一・陂塘》。
〔註13〕萬曆《雷州府志》卷15，《名宦志二》。
〔註14〕《廣東通史》古代上冊，第963頁。

築〔註15〕。這項工程興建於何時，地方志未明載。《湛江兩千年》將此事繫於至元二十九年（1292）。張溫還對特侶塘引水工程進行了重修。嘉慶《雷州府志》卷十四《勳烈志》載：張溫「任同知元帥。時兵偃無事，（張）溫念逸處非宜，率兵濬渠溉田，築堤捍潮，祁寒暑雨不輟。」

鑿井灌溉也是元代雷州水利建設的形式之一。井水灌田不僅可灌溉大量田地（數頃、數十頃甚至百餘頃），而且可長久不竭。由於鑿井灌溉多為民間自發集資興建，故史志失於明確記載。地方志中記錄了不少明代存在於雷州鄉村之井，只記載其所處位置及灌田數，未載何時開鑿。筆者認為當不乏元時開鑿者。元代雷州地方官還對一些重要之井作了疏濬維護。如海康有泉清東井，史載「元都元帥府濬，泉清潔」〔註16〕。不僅便利了民眾生活，也有利於農業灌溉用水。

比井更有效的水利設施是陂塘。元代，雷州開築了不少陂塘，有官府主持開築的，也有民眾自發開築的。見於地方志記載的有：海康縣有曹家陂，在縣東南三十里曹家村，元至正間（1341～1368）鄉人築，灌田三十餘頃；徒兵塘，在縣西十五里徒兵村，至治二年（1322）鄉民修築，周廣二畝，灌本處田；那勞塘，在縣西南一百五十里那勞村，元至大三年（1310）開築，周廣近二頃，積水灌塘下田五頃餘；潭蒙塘，在縣西南一百四十里都平欄村，元至大年間（1308～1311）開築，周廣一百六十餘畝，積水灌下陂等處田三頃餘。

遂溪縣興建於元代的陂塘有：都賀陂，在縣南五十八里，元時遂溪縣令都賀主持修築，因以名之，灌雲腳等處田百餘畝；潭車塘，在縣南一百八十里譚車村，元時開築，廣十二畝，灌潭車村下岸等處田四頃餘；都典塘，在縣南一百八十里都典村。元時開築的還有那詠塘，在縣西北一十五里官井村，廣十畝，積水灌本處田百餘畝；博格塘，在縣南一百八十里，廣五十餘畝，積水灌博格洋田六頃餘。

徐聞縣興修於元代的陂塘未見記載。

明代吏科給事中許子偉在《高司理濬河記》中云：「彌來得雷志讀之，則所云十陂、十一塘，通濟、惠濟諸橋，大抵宋、元、國朝（明）名宦水利懿迹，蓋不啻西門豹、史起之（治）鄴云。」〔註17〕西門豹、史起是戰國時期

〔註15〕萬曆《雷州府志》卷3，《地理志一・堤岸》。
〔註16〕萬曆《雷州府志》卷3，《地理志一》。
〔註17〕萬曆《雷州府志》卷3，《地理志一・陂塘》。

魏國地方官，以重視水利建設、發展經濟有功而著稱於史。這段史料說明宋、元、明各朝，雷州地方官都重視地方的水利建設，並且取得了可喜的成績。

以上水利設施的興修開築，為雷州各地農業生產的發展創造了有利條件。

元代雷州農業經濟的發展，因史志記載的疏略而難以具體述說。史志關於元代屯田的記錄則為我們管窺元代雷州農業生產提供了寶貴資料。元代，屯田是政府組織墾荒、生產的一種重要方式。元初，由於在邊疆地區屯駐軍隊防衛，為解決軍糧供需，遂「立屯田，以資軍餉」。元代屯田分軍屯和民屯兩種。軍屯是屯墾無主的生熟官有荒地，由軍人耕墾。《元史・世祖紀》載：至元三十年（1293）八月「湖廣行省臣言海南、海北多曠土，可立屯田，詔設鎮守黎蠻海北海南屯田萬戶府以董之」。屯田軍民須向軍方交納軍餉。當年，海北海南道宣慰使都元帥羅壁，即以新附士卒及召募的民戶在海北海南諸處進行屯田，並奉詔設屯田萬戶府〔註 18〕。大德三年（1299），罷屯田萬戶府調走屯軍，唯留民戶 8428 戶屯田。其中，雷州路 1566 戶，田 16551 畝，屯田數比高州路（948 戶，田 4500 畝）、化州路（843 戶，田 5524 畝）、廉州路（60 戶，田 488 畝）都多幾倍〔註 19〕。有學者認為，「各該路大德年間屯田數都是此前某年的墾荒數，實際墾荒數必不止此。」〔註 20〕屯田由於有優惠措施，因此吸引了不少流民復業，也傳播了先進的中原農耕技術，提供了數量可觀的糧食，其意義不可低估。

在手工業生產方面，同樣是由於缺乏具體史料，難以讓我們瞭解詳情；但結合零星有限的文獻及考古資料，我們可以說，元代雷州的製鹽業及陶瓷業是頗有成就的。

製鹽業是古代雷州較發達的手工業生產之一。雷州半島是濱海之地，尤其是西部，由於常年乾旱，陽光充足，海風大，海水含鹽分高，發展製鹽業有得天獨厚的有利條件；加上這些地方土地含鹽量高，不適宜種植農作物，故製鹽業成了當地居民維生的的主要依靠。元代雷州的製鹽業是在宋代原有的基礎上持續發展的。據《宋會要輯稿・食貨》記載，南宋時，雷州的蠶村鹽場（在今遂溪樂民港附近）已是廣東 20 個大鹽場之一，年產鹽近 4 萬石。

〔註 18〕 《元史》卷 100，《兵志》）；程矩夫：《雪樓集》卷 20，《元都水監羅府君神道碑銘》。
〔註 19〕 《元史》卷 100，《兵制》；《元文類》卷 41，《經世大典・屯田》。
〔註 20〕 《廣東通史・古代上冊》，第 959 頁。

此鹽場在元代當繼續維持生產。元朝統治者對鹽業生產及鹽稅徵收很重視。至元三十一年（1294），在海北海南道設廣海鹽課提舉司。在雷州的海康縣武郎村和遂溪縣東海島馬旗村，分別設置了武郎、東海場鹽課司大使。這是官方徵收鹽稅的機構。據載，元代雷州較大的鹽場有遂溪的庵里、東山、文墨和海康縣的武郎、郡城等〔註21〕。各場鹽戶所製鹽，由官府收買，給予工本，與兩宋一樣。

自宋代始，廣東製陶業即進入了興旺時期。「廣窯」產品優良，名聲遠揚，成為重要的出口商品。雷州也是重要的製瓷之地。《湛江兩千年》一書提到，南宋年間，雷州生產的瓷器已銷往羅馬和波斯。2007 年 3 月 4 日的《湛江晚報》曾報導，遂溪縣發現唐、宋、元時期大面積古窯場。從楊柑鎮馬城村，至草潭鎮東港仔村，界炮鎮西灣村至海田村的海邊，發現唐、宋、元時期的古窯場遺址連片成群，長達 20 多里，由 8 個窯址群組成。省考古專家考察後認定，唐、宋、元時期，廣東的製瓷業獲得大發展，其中遂溪縣窯址範圍最廣，特別是宋、元以來，遂溪製瓷業更是發展至鼎盛時期，窯場連片分佈，造窯燒瓷技藝精湛，產品款式多樣，大部分銷往東南亞各國，是當時廣東陶瓷生產的主要產區。除遂溪外，海康的陶瓷產業也很著名。據近年來的考古發現，雷州半島宋、元時期的古窯遍佈各地，僅雷州（海康）一地就發現 50 多處，產品堪與北方磁州窯產品媲美，也遠銷東南亞。

在雷州經濟發展的基礎上，商業也隨之興旺。不少雷州產品從雷州各港口向海外輸出。至元三十年（1293）九月，元朝在海北海南道設立市舶提舉司，駐雷州城，掌管貿易、關稅等事。

（二）交通的開闢

元代，雷州的交通也得到了較大的發展。主要表現在橋梁的維修興建和驛站的設置。

萬曆《雷州府志》卷八《建置志》中，史臣議論曰：「民不病涉，橋渡急焉。然雷地多山澗，壘石成橋，水峭易齧。」說明由於雷州地理環境特殊，「多山澗」，故建橋成為急務；然而受地理及氣候條件的影響，所建橋梁又難以經久耐用，故須屢壞屢修。在元代，曾對一些興造於宋而日久損壞之橋梁進行了維修或重建；同時也新建了一些橋梁，為雷州民眾的生產、生活提供了便利。

〔註21〕湛江市志總編室編：《湛江兩千年》，廣東高等教育出版社 1993 年，第 14 頁。

　　宋代，在雷州開鑿了不少引水渠以灌溉農田。這些水渠一方便利了灌溉，另一方面又阻斷了交通，因此需要建橋。橋又多與水閘相結合，因此，修橋又與修閘並舉。元代，元統年間（1333～1335），海北海南道廉訪司經歷郭思誠、照磨龐弘文主持重修惠濟東、西橋，是一項較大的修橋工程。惠濟東、西橋建於南宋紹興年間，元時已損壞。重修後，二橋面貌煥然一新。據元人陳光大《惠濟東西橋記》所載：

　　　　皇元以來垂六十載，亭與橋閘俱廢。（西）湖既失灌溉之利，
　　　　人復病利涉，親民者莫之問。至順三年（1332），郭公思誠甫下車，
　　　　考圖訪古，惻然曰：「此有司責也。」召攝海康事龐照磨論以利病，
　　　　若亟修毋緩；復命天寧寺住持議緣捨，一時官僚士庶咸悅此舉，捐
　　　　金錢若干以助寺帑，司其出納，公簿考之。於是市材攻石，磚、瓦、
　　　　釘、灰，夫匠日食之費，咸取給於是，官無所擾。政暇，雖暑雨必
　　　　日一至，指示方略，井井有條，甃石修閘以便疏決，建亭橋上，以
　　　　息擔負。湖光山色，左右掩影，儼然圖畫，真雷陽之奇觀也。〔註22〕

由以上史料，可見橋閘修否與地方官重視與否有著密切關係。在郭思誠蒞雷以前，地方官對橋閘維修欠重視，「親民者莫之問」，故使「亭與橋閘俱廢，湖既失灌溉之利，人復病利涉」。郭思誠蒞雷後，即將橋閘修復提到議事日程，一方面責官「亟修毋緩」；另一方面命天寧寺住持「議緣捨（化緣施捨）」，即利用其在雷州佛教信眾中的威望，動員大家捐資助修橋閘。結果，由於橋閘之修為利民之舉，官僚士庶踴躍捐資，終於利用民資民力完成了二橋閘的重修。郭思誠對此項工程十分關注，每日於從政之餘，必抽空至工地視察指揮，以使工程質量、進度有所保障。重修工程完成後，不僅便灌溉利通行，還成為一方勝景！

　　此外，雷州各縣在元代還新建或重修了一批橋梁。見於史志記載的，海康縣有：安濟橋，位於海康縣西四十里小安欖村，縣主薄唐傑伐石所砌，橋長六尺，闊四尺；步陸橋，在縣西南九十里潭泥村，元延祐間（1314～1320）鄉人陳昆募化修建，石橋，長三丈，闊四尺，東通將軍驛，西通海康所。遂溪縣元代修建的有城月橋，在縣南城月驛九十里路上，元至元年間（1335～1340）萬戶譚寧以石砌就，南通郡城，北達本縣。徐聞縣建於元代的有：大水上橋，位於縣城東十里，元大德年間（1297～1307）縣主薄吳鈞順主持興

〔註22〕萬曆《雷州府志》卷8，《建置志・橋渡》。

建，長十五丈，闊二丈，路達錦囊；同時興建的還有大水下橋，位於縣東二十里。

此外還有臨時性的活動橋梁。如元至順年間（1130～1133），廣西瑤族叛亂，雷州受到騷擾。雷州地方官於是高築城牆，深挖壕溝，並於東、西、北三向城門內，用板架橋，稱「城壕橋」，便於官民進出，有急則撤之，以備不虞。

由於史志中元代雷州歷史資料嚴重缺漏，因此，我們不能認為元代雷州所建所修橋梁「僅此而已」，當還有漏記失記者。橋梁接通道路，不僅可使政令暢通，也便利了民眾的生活與生產，具有重要意義。

橋梁建設之外，利於交通的還有驛站的設置。元代，驛站（包括馬站、水站、江站等）甚為發達，水陸驛站遍及全國各地。這是元朝統治者為加強對全國的政治統治及物資調度而採取的重要措施之一。官員、使臣及其隨從在驛站換乘馬匹、車船，由驛站提供飲食服務；客旅商賈也可由驛站通行。雷州在元代也有驛站建設。如見於地方志記載的有：將軍馬驛，至元年間（1335～1340）始建，在海康縣南界村，因二石崎立如將軍狀，故名；雷陽馬驛，原址在海康城內西北迎恩坊；桐油驛，至元十七年（1280）建，故址在桐油村，距遂溪縣三十里，等。據史載，元代雷州共設有驛站 6 處，馬站 6 處，馬 60 匹，黃牛 300 頭，車 60 輛，轎 90 架〔註23〕。與橋梁、驛站發展相伴的是交通的開闢和暢順。故嘉慶《雷州府志‧建置志》云：「……有驛（站）、（急遞）鋪，有橋有渡，或上游發檄（古代用於徵召、曉諭的政府公告或聲討、揭發罪行等的文書），或鄰域行關（古時官府頒行的文書或通行證件），或商旅不時往返，均於此作過所，欣利涉焉。此政所資以流行而惠及道路者也。」驛道的開闢具有重要的經濟實用價值。有學者指出：「事實上，元代驛道驛站不僅僅用來傳遞軍情和供官員往來使用，也常用於轉運軍餉、海舶貨物等物資。」〔註24〕韓儒林先生也認為，驛道的開闢，通過修路、築城、駐軍、剿盜，使驛道沿線的路、州、縣都有了不同程度的發展，而元代的高（州）雷（州）地區也進入大開發時期，一躍而成為全國重要的糧食產區和經濟作物種植區〔註25〕。

水利興修與交通開闢，猶如給雷州經濟的發展插上了雙翼！

〔註23〕《永樂大典》卷 19423《站赤》。
〔註24〕顏廣文：《古代廣東史地考論》，中山大學出版社 2007 年版，第 10 頁。
〔註25〕韓儒林：《元朝史》，上冊，人民出版社 1986 年版，第 388 頁。

三、文教事業

（一）府學的振興

雷州學校教育興起於宋。在宋代、雷州不僅府學辦得紅紅火火，還辦了書院，啓蒙教育的小學也受到了重視，遂溪及徐聞二縣還創辦了縣儒學。元代，雷州教育仍在維持並得到發展，但卻經歷了一個由最初地方官不予重視，使學校教育處於衰廢，到後來得到重視，學校教育狀況大爲改觀的曲折發展歷程。據萬曆《雷州府志》卷十《學校志·府學》所錄《張圖南記》云：

> ……雷州雖隸嶺南，舊稱濱海樂郊，衣冠禮樂亦既化習，非可與嶺南諸州比。先是，莅海北者（按，指北來官員）諉以退僻，不加意其學，舊規湫隘，無復振廢。延祐元年（1314）冬，憲幕照磨范公橺德機（德機爲范橺字）始議改圖，計不給於用，乃率諸生協其力，集楮寶（紙幣）於學之中，統計爲緡一萬五千，輸材運石，備物致用。憲使余璉、僉事趙公珍、大都承宣皆贊其役。役將興而事代（按，指主要官員替換），遂緩之。越明年（次年），憲長嘉議公卜達世禮至，甫視事，謁廟學，詢役緩故。公曰：「宣明勉勵，吾責也。學爲教址，風化所自出，而可緩乎？新之美之，豈不在我！」乃木閱蠹腐，瓦黜窳（粗劣）薄，美斲（按，指把木頭砍削成精美器物）堅陶，咸務精壯，飭工致期程，督費慳。即隆殿址，爲尺其廣倍三之一，崇構宏規，期修舊觀。未幾（不久），憲使（張）亞中、李公元至，曰：「學校以教養爲本，宜亟其成。」二公志同義（議）合，能幸惠學者，故經始己未（1319），落成庚申（1320），甫期春而就緒。於是，宣慰使都元帥（張亞）中奉公移剌四那都事陳瑛，合路府議其績。會學廩所增羨，助以郡士，建東西廡，爲間十有二，應門爲間九，創講堂於殿東，減殿址半而壯偉之。自聖像至，配享從祀，靡不嚴飾，峻弘輝煥，儼乎中州，氣象前所未有。憲司倡其功，帥府繼其績，雷（州）之士正視易聽，勉自樹立，以答明公之賜。至治初元（1321）三月，憲事張霅適以公事經長沙，奉肅政（廉訪司）二公書幣，乃俾圖南記之。是役也，教授曹公世立、林君子陽、學錄陳君祖謙實有力焉。

由上述記載可知，元初，北來官員對於偏僻的雷州學校教育未予注意；至延祐初，學校教育開始受到一些開明官員的重視；旋又因爲主要官員的調離而

暫停興學工程；自憲使卜達世禮蒞雷，始眞正將興學之事提到議事日程；又得張亞中、李元等官員的志同道合，同心協力，故使興學工程自 1319 年至 1320年，僅一年即竣工。新建府學規模比宋代更宏偉，更壯麗，爲雷州學校教育的開展創造了良好的條件。此後，府學還經歷多次建設、改制，其中，至正七年（1347），廉訪使梁充中、經歷樊益峻復拓而廣之。

宋代建有貢士莊，由官員及郡人捐資買田百餘石設置，爲資助雷州舉子應科舉考試之設施。貢士莊在元代仍存在。史載：「延祐以後，雷士合試於湖廣者，亦用此資給。」〔註 26〕

（二）縣儒學的維持與創辦

府學的振興是元代雷州學校教育事業的一大成就；另一成就是海康縣儒學的創辦。雷州縣級儒學在宋代已建立，先是遂溪、徐聞二縣創辦，而海康縣則未辦儒學，原因是海康爲雷州府治所在縣（即所謂「附郭」），既有府學，士人入學需求已基本獲得滿足，故縣儒學未建。但實際上，府學僅能解決部分雷州士人入學的要求，另一部分士人不得不就讀於海康、遂溪兩縣書院，有諸多不便。因此，海康縣儒學的創辦仍然是不可或缺的。入元，至順壬申（1332），淩光謙任教諭，認爲海康縣作爲州城附郭，地位至重，而士人卻要走讀於遂溪「鹽海之邊」，實不合理。淩光謙對學校教育甚重視，「有志於正名建學」，遂向憲司幕長郭思誠提出創辦海康縣儒學的建議。「郭公明於任事，意亦欲歸其學於縣邑，乃就雷城內得地於迎恩坊城隍廟之廢址，又得民地連屋一所，於是買屋與地，通用鈔二十二錠，磚甓木石、梓匠之費，皆官師生徒各輸其力以助厥成。乃於榛棘中鳩工規畫，創建殿宇、門廊、堂櫺星、東西二齋，凡二十六間。至順三年（1332）十月二十八日造創大成殿，是歲臘月既望奉塑先聖像，郡侯禿魯迷失復捐俸列塑四國公彩繪兩廡，從祀於位。」可見，海康縣儒學創建於元代，當然與教諭淩光謙之重視相關，但更重要的是獲得了重視學校教育的官員郭思誠的秉力支持。故淩光謙在《新建海康儒學記》中感慨地說：「向（假如）非郭公力主其事，曷由恢復臻此乎！」〔註 27〕至正六年（1346），歷經十多年風雨吹打，海康縣儒學漸趨崩壞。廉訪使呂琥、僉事觀音奴又集資鳩工重修。可見地方官對於學校教育的重視。

〔註 26〕萬曆《雷州府志》卷 21，《古蹟志》。

〔註 27〕〔清〕雷學海修、陳昌齊纂：嘉慶《雷州府志》卷 18，《藝文志》，嘉慶十六年（1811）刻本。湛江師範學院圖書館藏。

遂溪縣儒學創建於宋朝，校址原在縣城西廓登俊坊。元因之。縣儒學原有學田，至元六年（1269），值宋、元改朝換代動亂之際，學田爲邑民陳氏占爲已有，後又轉售於鄧氏。至正元年（1341），本道廉訪副使按臨至雷州遂溪，邑文學掾陳國順具實以聞。官府即督縣令劉仁查究此事，勒令陳、鄧二氏將非法所佔學田退還縣儒學〔註28〕。

徐聞縣儒學教育仍在維持。據宣統《徐聞縣志》卷五《學校志》記載，該學宋始建，原在舊縣討網村；元至正年間（1341～1368），縣治遷至賓樸，縣儒學也隨之遷至縣治之西的李氏家塾。學宮由教諭陳瑜白主持興建。

（三）書院、社學、私學、醫學及蒙古學

建於北宋時期的遂溪文明書院，宋末毀於兵。「元泰定甲子（1324），提舉盧讓復建，未就而去。至順辛未（1331），彭重龍重修殿堂齋廡，立山長，置學田，春秋祭禮咸備。」〔註29〕元代，廣東各路、州所建書院多爲1所，雷州路有書院2所（另一書院爲平湖書院），僅次於廣州路（5所）、惠州路（5所）、潮州路（3所）。有學者認爲，「元代理學在一切學校教育中都占統治地位，故書院與州縣學講學內容也不會有大的不同，只不過地位低於州學而已。」〔註30〕

府、縣儒學之外，基礎教育還有社學（鄉學）。元代對城鄉兒童的啓蒙教育甚重視。元世祖至元二十八年（1291）訂《勸農立社事理》15款，其中第8款爲：「今後每社設立學校一所，擇通曉經書者爲學師，於農隙時分，令子弟入學。先讀《孝經》、小學、次及《大學》、《論（語）》、《孟（子）》、經、史。務要各知孝、悌、忠、信，敦本抑末。」〔註31〕元代雷州官員多有重視教育者，當不會無視朝廷興辦社學之令；但由於史籍及地方志缺載，我們對元代雷州的社（鄉）學設置及教育狀況還缺乏具體的瞭解。萬曆《雷州府志》卷十《學校志》中列了不少明代存在於城鄉、衛所的社學，但只記其所在位置，未記其創辦時間。估計當不乏創辦於元而延續至明代者。

官學之外，還有私學存在。一些士人學成後無志於仕進，以教授爲業。如陳杞，「海康人，少孤，從學於舅氏王景賢，淹貫群籍，領鄉薦，不樂仕，

〔註28〕萬曆《雷州府志》卷10，《學校志》所載《王景賢記》、《周孔孫新收田記》。
〔註29〕萬曆《雷州府志》卷10，《學校志·書院》。
〔註30〕《廣東通史》，古代上冊，第1014～1015頁。
〔註31〕《元典章》卷23，《立社》。

退居山中，教訓生徒，究性命之學，海之南北學者咸受業其門。」陳氏的私學教育影響很大，名聲遠揚，以至海南也有生徒渡海而北受業其門。陳氏所居里名「義江」，據說元末「雷盜熾起」（雷州農民起義），過其鄉輒相戒曰：「此陳先生里也，不可犯！」〔註32〕其感人如此！

儒學系統的府縣學、書院、社學之外，元代雷州還有一些特殊學校存在，例如醫學與蒙古學。

元代統治者對醫學的設立相當重視。元世祖至元二十二年（1258），令各地醫官，將「附籍醫戶並應有開張藥鋪，行醫貨藥之家子孫弟侄，選揀堪中一名赴學，若良家子弟才性可以教誨，願就學者，聽。」〔註33〕醫學分十餘科，置教授1員，教授之下有學正、學錄等。大德二年（1298），雷州於府治東北創辦醫學。另據萬曆《雷州府志》卷三十一《古蹟志》「玉皇廟」條載，玉皇廟「在（海康）縣東城內安仁坊，元大德十年（1306）廉訪使（烏古）孫澤、醫學教授王廷安創建，以醫學附之」。醫學附諸廟宇，大約是為方便病人親屬為病人祈禱康復或為死者超度亡靈之故。

元代醫學的興辦，意義重大。它不僅為雷州培養了醫藥人才，改善了雷州地方的醫療條件，更有助於改變雷州人自古以來迷信巫術，以巫術為醫的落後風俗。古代雷州，不僅相對於中州（原），即使相對於嶺南其他地方，文教事業亦屬滯後。在缺乏知識又缺醫少藥的條件下，雷州人遇疾病只能求諸巫覡鬼神。故萬曆《雷州府志》卷十一《秩祀志》史臣「論曰」：「粵俗尚鬼，未有如雷（州）之甚者，病不請醫而請巫，香幣牲牷，焚修懺祝，竟與病人相終始」，而「雷（州）之巫祝又室家葷穢」，巫覡竟成為炙手可熱的職業；另外，雷州「三家曲巷必有叢壇」，也說明了古代雷州祭祀鬼神的盛行。為改變雷州這種落後狀況，自宋代始，地方官即在雷州創辦醫療機構，為民治病；元代在醫療治病救人之外，更設立醫學校，培養醫藥人才，其目的都在於使愚昧落後的雷州民眾逐漸認識到只有醫藥才能真正為人解除疾病痛苦，從而由迷信轉向科學。

還有蒙古學。萬曆《雷州府志》卷二十《古蹟志》有「蒙古學故址」條，雖未言明蒙古學創設於何時，但筆者認為，此學創於宋、明的可能性均很小，而創於元代可能性極大。元代，為使蒙古族子弟保持蒙古傳統文化，以及為

〔註32〕萬曆《雷州府志》卷17，《鄉賢志》。
〔註33〕《元典章》卷32，《醫學》。

使其他少數民族學習蒙古文化，在全國各地均設有蒙古學。元時雷州有不少蒙古官員、將士，他們的子弟在雷州者當亦不少。蒙古學大約正是爲這些蒙古人子弟的學習而設的。從其他路所設蒙古學的教學情況來看，蒙古學的學習內容大約是「習蒙古字、進奏表箋、儒學撰文、蒙古學校勘」〔註34〕等。

有學者認爲，「元代地方學校比較齊全，包括各種官學和農村辦的鄉學。官學共含路、州、縣儒學以及書院、醫學、陰陽學（天文、占卜、堪輿之類）和蒙古學。」〔註35〕上述元代雷州學校教育的繁興，正是這一論述的注腳。

元制，儒戶、醫戶及非儒戶、非醫戶子弟而習儒習醫者，蒙古學生員及陰陽人員，均免除雜泛差役，以示優待。這對於吸引民間子弟就學創造了良好的政策條件。這是元代雷州學校教育興盛的原因之一。

元代雷州教育興盛的原因之二是，治雷州官員中多有重視學校教育者。例如，烏古孫澤，大德年間爲海北南道廉訪使，「圭田之租，量食而入，餘悉委學宮給諸生」；張忽里罕，至大元年爲海北南道廉訪使，「崇儒重道，嘗捐俸修理平湖書院」；趙珍，延祐二年任廉訪僉事，曾與「照磨范梂改創學宮」；拜都，延祐中任廉訪司副使，「崇重學校，建十賢堂，查追乾沒學錢七千餘緡」；呂琰，天曆二年任海北南道廉訪僉事，「興學校，厚風俗，郡邑清平」，萬曆《雷州府志》卷二十一《古蹟志·澤幽堂記》云，呂琰「按治本道（雷州），下車之始，庠序（學校）一新，寒士叨庇，切切以孝弟（悌）忠信禮義廉恥爲勤，凡鄉黨州閭父老兒童觀此八字，興言呂公（琰）之德，莫不去思墮淚」；賈煥，曾任海北南道廉訪使，「愛民厚俗，於學校尤加作養，嘗（曾）著《勉學說》以示士子」；馬合謨，回回人，至元三年爲海北南道廉訪副使，「廉介嚴明，重農勸學，庶務修舉」；元璧，皇慶間爲廉訪司經歷，「敦尚儒雅，置大成樂器，文事攸備」〔註36〕，等等。明代，雷州人建「名宦祠」，拜祭宋、元、明三朝蒞雷而治績顯著、爲民造福的官員，其中元代就有四位，他們是：烏古孫澤、呂琰、郭思誠、賈煥，此四人都是在雷州興辦教育的有功者！

值得一提的是，在地方行政長官重視教育的感染之下，一些將領在從戎之餘暇也聚生徒論學，並影響及於部下將士，因而有「儒帥」之美稱。如，賈閭，任都元帥，他既是一名傑出的將帥，「猺（瑤）賊掠境，相機策應，制

〔註34〕乾隆《南雄府志》卷3。
〔註35〕《廣東通史》，古代上冊，第1011頁。
〔註36〕萬曆《雷州府志》卷15，《名宦志二》。

御有方，威名日著，群盜屏息」；同時又富於學識，並重視文化教育，「暇進儒生論文藝，部下多以學術顯，時號儒將。」〔註37〕

雷州儒學教育興起於宋，至明代已獲極大發展。萬曆《雷州府志》卷十《學校志》末史臣評論說：「雷（州）自（宋）張栻記明倫，士知嚮學，至於今（明代），幾於家弦戶誦」，教育之繁興爲「高（州）、廉（州）諸邑所不及」。這是地方官及地方民眾對教育重視的結果。這其中，元代雷州學校教育的振興及持續發展，則是不可或缺的重要一環。

〔註37〕嘉慶《雷州府志》卷 14，《勳烈志》。

五、貞節光環下的艱辛與悲苦——明代雷州節婦的家庭經濟活動及其遭遇

摘　要

　　明代，雷州節婦大多在二十歲上下，丈夫即亡去，從此開始漫長的孀居生涯。在長達幾十年守節生活中，她們多足不出戶，以紡織爲主要謀生手段。她們甘貧茹淡，歷盡寂寞，孝事舅姑，撫育兒女，節操至老不渝。她們得到了官府的旌表和獎勵，被士大夫詩文讚頌。然而，她們卻遭遇到來自家庭、社會多方面的壓力，生活於艱辛悲苦之中。她們的不幸是常人難以想像的。

關鍵詞：明代；　雷州；　節婦；　經濟

明代，與全國各地一樣，嶺南邊遠濱海的雷州府（轄海康、遂溪、徐聞三縣）節婦現象驟然興起。地方志爲她們專門開闢了《貞女志》、《列女志》，記載其守節事迹，爲她們歌功頌德，將她們樹立爲廣大女性學習的典範。這是明政府通過國家政令大力宣揚和提倡、獎勵，以及家規族訓的嚴格要求，使「從一而終」、「餓死事小，失節事大」等封建節義觀念深入每一個婦女意識之中的結果。

在傳統的男耕女織、自給自足的封建時代，丈夫的亡故意味著家庭主要經濟收入來源的斷絕。因此，節婦們首先要面臨貧困的折磨。「家貧」、「家甚貧窘」等是地方志中節婦簡略傳記中常見的用詞。面對令人生畏的貧窮困苦生活，一些喪夫婦女選擇了殉夫，一死了之，成爲「烈婦」。如徐聞縣黃氏，有二子一女。丈夫病篤時，與丈夫訣別曰：「汝死，我必從之！」及夫死，葬事畢，黃氏對兄嫂遺囑說：「所倚者夫也，夫死，吾何所生爲？善爲我撫兒女，吾目瞑矣！」言畢入室自縊，兄嫂救之不及。〔註 1〕而更多的喪偶婦女爲了奉老育幼，不得不直面殘酷人生，堅持生活。她們以其柔弱的雙肩肩負起家庭的重擔，以自己起早摸黑的艱苦勞作，以換取微薄的收入，維持全家人的生活，使年老的「舅姑」（公公婆婆）得到奉養，年幼的兒女得以撫養成人，使丈夫宗嗣後繼有人；一些節婦還省吃儉用，送子入學接受教育，使她們得以通過科舉入仕爲官。節婦不僅爲家庭，同時也爲社會作出了貢獻。這是以其令人難以想像的艱辛爲代價的。她們得到當時地方官府的表彰獎勵，得到鄉人的尊敬，得以史冊留姓（史冊只記其姓氏，不記其名字），是當之無愧的。

本文以地方志所記明代雷州節婦事迹爲主要依據，考察分析節婦在丈夫辭世後所從事的家庭經濟活動及其生活狀況，以管中窺豹，藉此對明代雷州節婦這一特殊人群的生存狀態有所認識。

一、明代雷州節婦的家庭經濟活動

縱觀明代雷州節婦，她們大多在二十歲上下，即出嫁不久，丈夫即因故亡去，給她們留下父母及子女，還有一副沉重的家庭重擔；她們從此即開始漫長的孀居生活。「她們必須在沒有合法生活來源的情況下爲亡夫守節。她們

〔註 1〕 萬曆《雷州府志》卷 19，《貞女志》。

的生活只有靠自己的家庭經濟活動，尤其是靠政府或家族的撫恤來維持，這樣她們不得不終其一生受貧窮的侵蝕，而將其歸咎於命運的安排」〔註2〕。在長達幾十年的寂寞孤苦的守節生活中，她們中不少人足不出戶，以紡織為主要維生手段。這不僅是因為紡織工作主要在家中進行，使節婦們可以充分利用空餘時間從事紡織，同時可以兼顧照料年老舅姑，撫養年幼兒女，還可以避免出門在外難免接觸異姓招惹是非，而且還與明代雷州紡織業較發達的地區經濟形勢有關。

明代，雷州紡織業較發達。萬曆《雷州府志》卷五《風俗志》載，「土多布多麻而葛為上，絲間有之」；「大家婦女不出閨門，日事紡織，鄉落之婦尤勤」。屈大均《廣東新語》卷十五《葛布》也記載了雷州葛布盛行天下，云：「雷人善織葛，其葛產高涼、硇州而織於雷。為絺為綌者，分村而居」。其中顏色若像血牙，名錦囊葛者，細滑而堅，極為名貴，「百錢一尺」。因此，「雷州婦人多以織葛為生」。屈大均賦詩云：「雷女工絺綌，家家賣葛絲」；「東家為綌，西家為絺」。「綌」為粗葛布；「絺」為細葛布。這些史料反映了雷州地區紡織業在明代得到了較大的發展。加上明代對與民眾生活息息相關的一些經濟作物的種植及手工業產品採取了督促與輕稅優惠的政策，如明朝立國後，朱元璋曾頒佈《教民榜文》，要求全國民眾「各宜用心生理，以足衣食，如法栽種桑、麻、棗、柿、棉花，每歲養蠶，所得絲綿，可供衣服。」〔註3〕後又頒佈法令，對紡織等產品實行免稅優惠，以促進紡織品在市場上的流通，改善民眾生活。所有這一切，都為雷州節婦以紡織為業以謀生創造了有利條件。

許多節婦以紡織為專業，日夜勤織不綴，家庭生活因而得以為繼。僅以海康三節婦為例：李氏，海康僉憲李璿女，妻於同邑知縣張昊子張履，生一子張能，未及周歲而張履卒。「時李氏年二十五，撫其孤，誓不再嫁。成化初，郡罹兵燹，時輒饑窘。李氏躬紡織，養子成立，節操不移」；羅端妻朱氏，年二十生一子而夫亡，朱氏「日夜惟事紡織，不越外戶，守節四十餘年，周旋一出於禮」；廩生陳時雨妻何氏，生子僅一月而夫故，時何氏年二十二，姑老子弱，貧苦無依，「（何）氏矢志孀居，紡織以給，奉姑育子，始終靡玷」。類似的記載還有許多，不一一臚列。

〔註2〕 胡靜：《清代甘肅列女群的類型分析》，《中華女子學院學報》2007年第1期。
〔註3〕 《古今圖書集成·經濟彙篇》食貨典，第37卷《農桑部·藝文二》。

　　從萬曆《雷州府志》卷五《風俗志》所記明代雷州「婆婦育女駢肩市衢，鬻飯鬻榔」可知，當時，在生活重擔的壓迫之下，不少節婦現身於「市衢」之中，做著各種小本生意，以此維持家庭生活。明代與以往封建朝代一樣，重農抑商仍然是其奉行的主要經濟政策，但如前述，明政府對與民眾生活、生產密切相關的物品、商品（如舟車、絲、布、農器、食品等）的流通採取了優惠免稅政策；加之隨著農業、手工業生產的恢復和發展，農村圩市貿易在明代也興旺起來。這就為節婦走上「市衢」創造了一定的有利條件。

　　儘管紡織及小本買賣，有助於節婦渡過生活的難關；但當面臨家庭重要變故（如親人死喪）等需要較大的開支時，她們不得不另謀其他途徑以籌集所需錢幣，而典衣（即將家中值錢而暫時用不著之衣物等作抵押，向高利貸者借錢）則是常見之途徑。這在節婦事迹中多有記載。如，海康節婦何氏，丈夫死後，「矢志孀居，紡織以給，奉姑育子，始終靡玷。姑歿，典衣殯葬。」海康節婦李氏情況近似：李氏出嫁二載而夫故，生一子，「誓無他志，勤織紡以奉舅姑，雖至親罕見其面。舅姑亡，哀毀瘠立，典衣殯葬」。海康節婦唐氏，「年二十二夫故，無子，孀居守節，哀毀骨立，時有祖姑何氏、姑楊氏相繼寡居，垂老無措。氏紡織以供。比祖姑、姑故，典衣葬祭如一」。

　　典衣不足，一些節婦還不得不在嫁妝上打主意，將一些首飾出賣以換取錢幣。如海康節婦陳氏，「孝事寡姑，及（姑）終，葬祭一以禮，三世祖柩，典衣鬻珥以殯之」。

　　節婦的家庭經濟來源，除了靠自己雙手去勤勞換取外，一些節婦還有其他收入，如以自己的節、孝行為或丈夫生前的善行，而得到政府的表彰和經濟補助或鄉人的資助。

　　為激勵婦女在喪夫後守節不改嫁，含辛茹苦以維持家庭的存續，樹立「良好」的社會風氣，明朝廷常常給予節、義、孝事迹感人的節婦以精神和物質的獎勵。物質獎勵包括錢幣、田地、衣物、布帛、穀物等，或減免她們應繳納的賦稅。這對於家庭經濟來源困難的節婦們來說是最實惠的，也是最令旁人羨慕的。如，海康節婦唐氏，年二十二夫故，孀居守節，以紡織供奉祖姑何氏及姑楊氏，「撫按扁書『節孝』旌之，月給米帛以資其養」；錦囊所千戶方堅之妻謝氏，年二十四夫陣亡，無子，家貧守節。「巡道鄧（某）覈（核實）其實，依例月支俸二石以優養之」。唐氏以節、孝二德俱備而獲得地方官府獎勵；謝氏則因為其丈夫亡於戰陣，為國捐軀，屬烈士，因而獲得俸祿優養。

再如海康節婦王氏，年二十孀居，撫二女，紡織爲生，靡它之志，久而彌勵。「按院旌之，歲給粟帛」〔註4〕。此外，也有一些節婦一次性獲得官府的扁、帛旌表獎勵。一些家族教育和要求族中女性夫死後嚴格守節，其目的之一就在於期望她們以守節獲得政府的表彰和獎勵，尤其是物質獎勵。

因丈夫政績突出，遺愛在民而獲得民眾資助的，如海康東井村人周德成，洪武年間以明經擢休寧縣（今安徽休寧縣）縣令。史載他「在任七年，事無鉅細，凡便於民罔不畢舉」，後病卒於旅途。「邑人（休寧縣民）聞之，若喪怙恃，眾輿其喪還休寧，葬於城南。大學士劉三吾爲之銘。後士民捐資還故里，妻蘇氏子一女一，無所歸，民共市田代耕以終其養」〔註5〕。

但總觀明代雷州節婦的家庭經濟收入，主要還是靠自己的勞動，能獲得官府物質獎勵和鄉民資助的畢竟只是少數。

節婦的經濟收入途徑有限且艱難，而其家庭開支卻不菲。這是許多節婦長期生活貧困的原因所在。

1、維持自身生活需要

一些女子既嫁不久，丈夫即因故去世。這些婦女未有子嗣，亦無需奉養舅姑（舅姑可能隨丈夫其他兄弟居住生活），本可考慮再嫁以尋出路，但在封建時代濃厚的節烈之風的籠罩之中，再嫁婦女會受到社會的歧視，甚至家人也會受到牽連，遭人白眼，故不少喪夫婦女不得不選擇守節，孤身一人寂寞度日。她們自身的生活唯有靠自己的雙手以維持。這些節婦雖然可能得到丈夫宗族人的讚揚和憐憫，但能獲得宗族經濟上支持的恐怕極少。如徐聞庠生劉桂妻黃氏，年十八適劉桂，婚後兩年，其夫劉桂應試，卒於省。黃氏未有子嗣，「哀泣欲死，誓不再適，紡織自給，宗族憐之」。黃氏活至六十七歲，守節四十餘年，全靠自力更生豐衣足食。

2、養老育幼

這是壓在大多數節婦肩上的一副沉重的擔子。在明代雷州節婦中，孤寡一人度日的只是少數，多數則是上有老，下有少，甚至要兼顧撫養丈夫其它親屬（如兄弟姐妹等）者，所謂「一人持手而作，眾人張口而食」，其辛勞可想而知。如海康節婦李氏，歸二載而夫亡故。李氏「年二十，遺腹舉一男曰啓東，誓無他志，勤織紡以奉舅姑，雖至親罕見其面」。李氏一人勞作供養四

〔註4〕 嘉慶《雷州府志》卷17，《列女志》。
〔註5〕 嘉慶《雷州府志》卷17，《列女志》。

人，不得不日以繼夜地居家紡織。一些節婦不僅要奉老育幼，還要協助、資助已故丈夫的兄弟姐妹，如遂溪節婦黃氏，嫁石城（今湛江廉江市）全祐，年十八夫故，除孝事翁姑，撫養兒子外，還要兼顧其夫四弟一妹，「一切婚嫁皆（黃）氏摒擋經理」〔註6〕。

3、供子入學接受教育

在鼓吹「萬般皆下品，唯有讀書高」的封建時代，讀書入仕是許多父母最主要的希望及選擇。因此，儘管節婦的收入微薄，生活艱難，但到了兒子適學年齡，她們還是竭力支持將兒子送入庠序中接受教育。這樣的節婦，僅在海康縣中就有不少。如節婦陳氏，婚後六載，丈夫亡故。陳氏育有二子，名兆元、兆亨。她「矢志苦節，織絍度日。子長，雋（才智出眾）於庠，母之教也。」海康節婦林氏，年二十二夫故，矢志守節，撫育子昌運成長且訓勉之。昌運「列名庠序，以冠帶侍養」〔註7〕。海康節婦陳氏，不僅艱苦撫養子孫，年老時還肩負養育曾孫之責。其曾孫許上進「有聲黌序（學校）」。

4、為家庭成員賠償或贖罪

家庭成員如不幸有作奸犯科者，為擺脫罪責，避免牢獄之災，節婦還得以其艱辛經營所得幫助親人贖罪。如節婦顧氏，應襲指揮孫英妻，年二十一夫喪無子，事舅姑孝謹。「舅以官贓逮於獄，（顧）氏罄產並脫簪珥免之」。海康節婦馮氏，年二十夫故，生一子。其舅（公公）孫鑒「以事累家，耗業盡」。馮氏「勤女工以贍舅，養歷艱苦，貞操益勵」。

二、貞節光環下雷州節婦的不幸遭遇

終明一朝，統治者都極力宣揚封建倫理道德。「從一而終」，「三從四德」，是統治者對婦女嚴格的要求。對於喪夫的婦女，則要求她們守節，不可再嫁。這是因為，家庭為社會細胞，封建賦役是以家為單位承擔的。一個家庭，如果妻子對丈夫不忠不貞，朝秦暮楚，必然招致夫妻關係緊張，導致家庭紛爭；或者丈夫死後，妻子改嫁，則老之所奉，幼之所養，都將成為問題。家破人亡，無論對於賦役的征派，還是對社會的治安，都將是極不利的因素。而鼓勵喪偶婦女守貞守節，則可以使家庭和睦，或破損的家庭仍然得以存續下去。

〔註6〕 嘉慶《雷州府志》卷17，《列女志》。
〔註7〕 嘉慶《雷州府志》卷17，《列女志》。

家齊了，國可治，天下可平。這應是明代統治者大力宣揚婦女守節的深層考慮。故朱元璋在洪武元年（1368）即命儒臣、翰林學士朱升修《女誡》，對婦女進行封建倫理道德的教育，謂：「治天下者正家為先，正家之道，始于謹夫婦」，要求儒臣們修《女誡》時，將古今有利於家庭和睦，有利於封建統治的婦女言行搜集編輯成冊，作為婦女學習的榜樣。當然，統治者極力宣揚婦女守節，還有一層更深的意蘊在，即藉此激勵臣民對君主忠貞不二。歐陽保等纂修萬曆《雷州府志》，於卷十九中設「貞女志」，序言中讚頌那些節烈婦女，謂：她們「正氣凜然，與日星爭曜，丈夫懷二心者視之愧死矣！」

明太祖朱元璋在立國的當年，洪武元年（1368），即頒詔：「民間寡婦，三十以前亡夫守節，五十以後不改節者，旌表門閭，除免本家差役」〔註8〕。嘉靖年間，為了繼續鼓勵節婦列女，明政府將旌表制度的範圍進一步擴大，令：民間有孝子順孫、義夫節婦志行卓異，足以激勵風化，表正鄉閭者，官司仍以具實以聞，一體旌表。「從《明實錄》中可以看出，明代對節婦的旌表從未間斷，尤其是在正統朝的旌表活動最為經常，平均每隔幾個月的時間都要旌表一次。從正德、嘉靖到後來的明末天啟六年這樣的旌表活動從未間斷。」〔註9〕為最有效地使忠義貞節觀念深入人心，明朝延賦予地方行政長官及學官的共同職責是發現並上報民間婦女貞節事迹，以備官府旌表。

明代，雷州雖然遠離政治中心，但雷州的封建教育卻並不落後，所謂「國初風教遠迄雷（州），是時人物最盛，蟬聯纓組，軼（超越）於他郡」。雷州人頗「知嚮學，秉禮義」。朱子理學在雷州已有深入影響，「士大夫家多行朱子家禮」。即使是最偏僻落後的徐聞縣，也是「子弟競於學，有鄒魯風」。〔註10〕婦女在封建時代雖無機會入學接受教育，但通過官府的宣揚，士大夫的家規族訓，宋明理學鼓吹的義、孝、節、貞、烈等封建倫理道德觀點亦已深入婦女意識之中。嘉慶《雷州府志》卷十七《列女志》序云：「雷（州）俗閨門謹飭，婦女類知不再適人之義」。甚至，雷州婦女的一些貞、節、烈事迹，「即中土（中原）廉節之鄉未易見也」〔註11〕。這是明代雷州節婦「異軍突起」的一個重要原因。

〔註8〕 《明會典》，北京：中華書局1986年，第157頁。

〔註9〕 李丙陽：《從明代婦女教育的視角看節婦列女的產生》，《信陽農業高等專科學校學報》2008年第2期。

〔註10〕 萬曆《雷州府志》卷5，《風俗志》。

〔註11〕 嘉慶《雷州府志》卷17，《列女志》。

雷州地方官秉承朝廷旨意，對地方出現的貞節婦女大事旌表；文人紳士也以他們的詩文，大力歌頌讚美地方節婦烈女。如：謝氏，遂溪縣學教諭陳衡妻。衡故時，謝氏年二十餘，誓不再適，始終節操靡渝。洪武十九年，知縣張昭「奏旌其門」。陳氏，海康縣林顯妻，歸未幾而顯亡。陳氏時年二十，守志不渝，事舅姑以孝聞。洪武二十一年，「旌其閭」。黃氏，海康縣民鄧九成妻，年二十四始歸九成。婚後一年九成卒，遺腹生一子名堅節。黃氏事舅姑至孝，育子使成立，人無間言。洪武二十三年，「郡守呂智以其事聞，賜旌表」。節婦馮氏，年二十丈夫辭世，生一子名繼宗。其舅（家公）孫鑒以事累家，耗盡家業。馮氏勤女工以贍舅，養歷艱苦，貞操益勵。舅故，葬祭以禮，非婚喪大事不出梱門（門檻）。「年六十一，里老暨兩庠（府學、縣學）諸生共舉其事。按院劉會、督學陳鳴華俱給扁帛以旌之」。後其子繼宗官至坐營都司，也算是官府對馮氏守節的獎勵。

一些節婦還多次獲得前後地方長官或獲得多個地方官府部門的一再旌表。如海康節婦朱氏，二十歲生一子而夫亡，她「日夜惟事紡織，不越外戶，守節四十餘年，周旋一出於禮」。成化間（1465～1487），郡守黃瑜將其事迹上奏朝廷，「表厥（其）宅里」；後郡守魏瀚「復刻石命其子羅彥卿立諸門以褒之」。海康節婦林氏，年二十三夫故，她甘貧守節，誓死不嫁，舅姑卒，紡織以殯，撫其孤使成立，數十年貞節無玷，「郡以其狀聞，萬曆二十九年軍門戴耀、御史李時華、督學袁茂英前後給扁旌表」。徐聞監生廖章妻陳氏，亦是年二十喪夫。陳氏鞠養兒子，誓不再嫁，孝事舅姑，爲鄉人稱讚而名聲遠揚。知縣鄭普作詩以獎之；弘治甲寅（1494），巡撫熊某巡視至雷郡，「父老具以聞，熊覈（核）實，乃奏而表之」。海康節婦曹氏，未成婚而聘夫亡，曹氏時年十八，步行至聘夫家守聘夫喪，誓不他適，養祖事姑勤謹。里長據實呈報有司，「監司府縣屢加獎勵」。海康節婦陳氏，婚後二年丈夫即亡故，誓不再適，事孀姑譚氏孝謹，不僅扶養大了子孫，還養大了曾孫，使「三世零丁竟昌其祚」，享年九十，「府縣覈實，屢褒之」。

由此可見地方官對於地方貞節婦女的重視，其表彰可謂不遺餘力。

由於對節婦的旌表需要經歷核實事實，逐級上表奏請，等待批准等一系列程序，須經歷較長時間，因此，不少原擬旌表的節婦，因各種原因，如主事官員調離或辭世等，而最終未能獲得旌表。

一些節婦卒時，其葬禮還得到地方官府的資助，或委官親臨致祭，以示

官府對節婦的尊敬。

地方官鄭重其事的旌表，鄉里的尊敬，對節婦而言無疑是無尚的光榮，也促使其他婦女「見賢思齊」，把節婦作爲自己學習的道德楷模。

然而，這只是事情的一方面。我們還應該看到另一方面，即節婦在貞節的光環下，過著的卻是常人難以設身體味的「空幃寂守，夜哭無聞」的悲苦生活。

寡婦守節並非容易之事。除了失去丈夫，失去了家庭的「頂梁柱」，家庭不再完整，寡婦不得不在漫長的歲月中孤寂度日之外，她們還會遭遇到來自家庭、社會等各方面的壓力。有些節婦頂住了壓力，苦苦支撐著頑強生存了下來；而有些節婦則在強大壓力之下精神崩潰，最後走了上不歸之路。

首先是來自家族親人的迫嫁。丈夫去世後，家庭經濟來源變得艱困，節婦的生活不得不依靠丈夫家族的接濟，因而被視爲「負擔」；或丈夫去世後，遺留有房屋、田地等財產，成爲丈夫家族中兄弟、親戚覬覦的目標。也有自家父母不忍心看著女兒守節艱苦度日，希望女兒再嫁的。這時候，節婦常會遭遇到丈夫家族或自家父母、親人的逼嫁。如徐聞庠生黃鳳妻陳氏，生一男二女而丈夫亡故。「陳孀居撫孤，伯叔咸不利之，每欲改嫁陳而漁其產，潛囑外人累以賦役親疏煽禍以懼之」；但陳氏未爲所動，「礪志彌堅，紡織拮据，迨孤漸長而家難乃釋」。當然，也有出於好意的勸嫁。如遂溪節婦彭氏，丈夫死時只有十九歲，「哀毀骨立，居喪以禮，事姑陳氏至孝，姑憫其早寡，屢勸再適。彭氏屏食（絕食）以死自矢（誓）」。

其次是地方豪強或流氓的逼娶、逼姦。一些略有姿色的婦女在丈夫去世，生活艱難之時，常常成爲好色之徒垂涎的對象。某些在地方上有權有勢，欺行霸市的豪強更是視之爲無主之物，必欲佔有之而後已。萬曆《雷州府志》卷十九《貞女志》即有載，海康吳金童妻莊氏，於成化年間避「瑤賊」之亂，隨到雷州做生意的新會縣民劉銘乘船到新會避難。劉銘見莊氏有姿色而起淫心，先謀殺其夫吳金童，後逼淫莊氏。莊氏不屈，終投海自盡。徐聞節婦黃氏，在丈夫死後，矢志守節，撫遺孤，事舅姑盡孝。鄉里有富豪陳糞，悅其姿色，欲迫娶之。黃氏堅決不從。陳糞於是心生奸計，以「莫須有」罪名誣告逮捕其舅姑，訟於官司。黃氏哭曰：「天乎！舅姑何辜！婦人之義從一而終，姦人以吾故而辱逮舅姑，惡用生爲！」遂扃戶自縊而死。海康有沈氏二姐妹，家頗富有，惜父母年老而無子嗣，二姐妹於是矢志不嫁，代父母分管二處田

產。「後有姦人謀娶之，使媒諞間其姊妹，姊妹互相疑，遂各飲恨而死，媒亦悔而自刎」〔註12〕。海康節婦何氏，年二十一喪夫，「矢志誓不再醮，垂十餘年無間，富民黃文寬囑媒奪其守，諞訟於縣。比赴縣門，（何氏）抽刃自刎而死。」〔註13〕

再次是社會動亂，遭受淩辱。「對於婦女來說，戰亂所帶來的災難是巨大的。因爲她們本來就是生存在男性社會中的弱者。當戰亂到來時，她們屬於最易受到傷害的群體。」〔註14〕一旦動亂發生，社會失去秩序，失去丈夫庇護的節婦常常遭遇強暴淩辱。不願苟且偷生者唯有選擇以死明志，成爲「烈婦」。

明代，雷州是個多動亂的地區。有來自黎、瑤、獠等嶺南少數民族的反叛，也有來自海上的倭寇。正如嘉慶《雷州府志》卷七《分鎮志》「論曰」所言：「全粵皆邊，雷（州）、廉（州）、瓊（州）尤邊之盡。瓊（州）則內抱黎孟，外構海寇；廉（州）則交夷（交州少數民族）錯壤，鋒鏑時鳴；雷（州）則兼二郡之害」。動亂之中，節婦是首當其衝的受害者。如節婦鄧氏，徐聞廩生陳大賓妻。嘉靖庚申（1560），地方發生動亂，鄧氏藏匿避「賊」，被賊搜出，迫其隨之而去。鄧氏堅決不從。賊刀刺其左臂。鄧氏厲聲曰：「吾臂可斷，志不可奪！」賊人復刺其胸而死。「有司廉其實，乃旌之，扁其門曰『貞烈』。」遂溪節婦賀氏，年二十五丈夫亡故，生一子。「時流賊壓境，窘迫之甚，眾勸其改適，賀誓不二心，孝事舅姑，老而愈篤」。親人是擔心賀氏寡居，易受賊害，故勸其改適，以尋找「靠山」，而賀氏則寧死而不願失節。又有柳氏，徐聞人魏乞妻，年十八，遇「瑤賊」流劫鄉村，柳氏被賊所執。賊「憐其姿，欲犯之，柳（氏）紿（騙）賊云『從汝何難，第吾父有奇行，嘗能自作銀，納井中。今宜攜與俱。』引至井，遂投而死。」

此外，節婦還要面對世人的「白眼」。明政府自建國伊始即高調倡導婦女在丈夫故去後要嚴格守節，並在精神、物質方面對守節婦女大加表彰、獎勵，在社會上營造出了一股濃烈的「崇節」風尚。許多節婦的孝、義、節事迹還常常成爲文人墨客賦詩作文歌頌的素材。但這僅是事物的一方面；另一方面，受傳統「男尊女卑」思想及迷信觀念的影響，在許多人（甚至包括親人）看

〔註12〕 嘉慶《雷州府志》卷17，《列女志》。
〔註13〕 嘉慶《雷州府志》卷17，《列女志》。
〔註14〕 胡靜：《清代甘肅列女群的類型分析》，《中華女子學院學報》2007年第1期。

來，男人的不幸死亡，是妻子「剋夫」的結果。因此，寡婦常被視爲「克星」。非不得已，男人是不願也不敢娶寡（節）婦的。許多節婦在長達幾十年的守節光景中，足不出戶，連至親之人也罕見其面，並不僅僅是家務忙碌的緣故，事實上也是節婦躲避世人「白眼」、冷遇的一種辦法。

〔參考文獻〕

1. （明）歐陽保等纂修：《萬曆雷州府志》，日本藏中國罕見地方志叢書，書目文獻出版社，湛江師範學院圖書館藏。文中所引節婦事迹，凡不注明出處者，均見此志書卷十九《貞女志》。

2. 胡靜：《清代甘肅列女群的類型分析》，《中華女子學院學報》2007 年第 1 期。

3. 《古今圖書集成·經濟彙篇》食貨典，第三七卷《農桑部·藝文二》。

4. （清）雷學海修，陳昌齊等纂：《嘉慶雷州府志》卷十七，《列女志》。日本藏中國罕見地方志叢書，湛江師範學院圖書館藏。

5. 《明會典》，北京：中華書局 1986 年。

6. 李丙陽：《從明代婦女教育的視角看節婦列女的產生》，《信陽農業高等專科學校學報》2008 年第 2 期。

六、明代雷州地區教育事業的發展

摘　要

　　雷州地區的教育事業至明代獲得大發展，培養造就了眾多的人才。這是由多方面條件共同促成的：首先是地方官對於教育事業的高度重視；其次是獲得了堅實的經濟支持；再次是明代雷州人對於教育、科舉的熱切追求。明代雷州教育事業的發展，突出的成就之一是使雷州人才輩出，尤其是政治人才；教育的發展，倫理道德規範的宣揚，改善了雷州地區社會的風俗與面貌，也推動了雷州地區文化教育事業的進一步發展。

關鍵詞：明代；雷州地區；教育

雷州地區的教育事業興起於宋，至明代獲得大發展，培養造就了眾多的人才，已有「海濱鄒魯」〔註1〕的美譽。明代雷州地區教育發展狀況如何，教育事業興旺的原因何在？有何成就及意義，這些都是未見前人研究而又值得探討的問題。

一、明代雷州地區教育發展概況

（一）府縣儒學屢廢屢興，使雷州士人的學業不至中輟

雷州濱海多風雨，學校設施易受損壞。然而，儘管邊郡雷州財政並不寬裕，學校修葺費用不菲，而破損的學校卻得以及時修復，使學校教育得以持續進行。這樣的記載，在方志中俯拾即是。

明初，洪武二年（1369），明太祖朱元璋即詔天下府、州、縣皆須立學，詔云：元朝「學校雖設，名存實亡……朕惟治國以教化為先，教化以學校為本。京師雖有太學，而天下學校未興。宜令天下郡縣，並建學校，延師儒，授生徒，講論聖道，使人日漸月化，以復先王之舊。」〔註2〕洪武三年（1370），儘管開國之初，百廢待興，地方官就開始了對元末戰亂期間遭損壞的雷州府學進行重建。修葺工作由同知余麟孫負責。其後，學校修葺工作頻頻進行，每次修葺都工程不小。試看其中兩例：

三十三年（1400），通判李彥誠、訓導黃希寅又對府學大加營繕，在維修一新的廟堂兩廡開泮池，泮池南起欞星門，並重建明倫堂及四齋舍，分別命名為「博學」、「篤志」、「切問」、「近思」；又於南城外三里白沙坡建射圃。永樂丁酉（1417），「雷州府學明倫堂被風雨隳頹，久莫之葺。迨己亥（1419）春三月，教授清溽甘君摯來任學事，會監察御史周公叔達按臨至府，謁見先聖禮畢，俯仰顧瞻，無以進諸生，乃語官屬曰：『文武之材胥（全、都）由於學校，傾毀蕪陋，非所以稱朝廷教學之意。』已而雷衛指揮柏榮與知府事常士昌及其僚寀（屬官）各出私錢以為資，悉付甘君，經始於辛丑（1421）冬十月，竣事於壬寅（1422）夏四月，購良材堅甓（磚），募人趨工，樂然不以其費多而役大。卜築之際，適禮部侍郎胡公濙來臨，乃擴其舊址，於是堂筵講席，庖宇廊廡，藏書之閣、觀德之亭，皆嚴麗整齊，寬宏壯偉，而高爽通

〔註1〕 《萬曆雷州府志》卷10，《學校志》，第285頁；《嘉慶雷州府志》卷18，《藝文志·翰林修撰黃士俊鼎建城南九級啟秀塔記》，第537頁。
〔註2〕 《明史》卷69《選舉志》。

邃」。官員彭百鍊「按臨廣海，過雷陽（州），周覽學舍，輪奐新美，心竊歆羨之，退坐於堂，諸生揖讓進退，升降俯仰，昂昂陳設，聖賢之德音藹然，詩書禮樂之化如在輦轂之下，不知其為海邦遐遠之地也。」考察完修葺一新的府學，彭百鍊感歎道：「三代王政之本幸見於聖明之代而充溢於雷之邦（州）！」〔註3〕

縣儒學的建設也備受地方官（包括教官）的重視。僅以明正德年間（1506～1521）海康及徐聞二縣學的修葺為例即可見一斑。據張伋《海康學明倫堂記》，海康縣儒學在正德年間「學制荒蕪」，巡按、視學官員見了，「徘徊瞻顧，重為太息」，於是撥「官銀修理」，肇工於正德癸酉（1513）冬十月，畢工於次年甲戌（1514）夏五月，共建成明倫堂、齋號、號房、土地祠等供師生講學、生活及祭祀的建築若干，「自堂而門，砌以磚石，飾以粉素，繚以牆垣。由是，前後左右相尚相依，始成學之規制，允稱教養而藏修也」。學校大門之外還建有二牌坊，東牌坊扁曰「毓秀」，西牌坊扁曰「掄才」，寄託了地方官對於海康士人「科第蟬聯」的厚望。〔註4〕

李著《徐聞學宮記》則記述了徐聞縣儒學廢而復興的歷程：正德己巳（1509）秋，新縣令汪澤涵蒞任，「下車之初，首謁文廟（設於縣學之中），相視舊基湫隘，滿目荊棘，弗稱具瞻，乃慨然曰：『學校，為政首務，吾邑（縣）令之責，當為而不可緩者也。』」於是向上級相關部門呈遞申請，上司「皆壯而許之」。學校興建工程由汪縣令專其任，掌教楊檣董其役，「支費之需出於李公（瑾），而郡守趙公文奎實助其費」，「鳩工於庚午（1510）之秋，落成於癸酉（1513）之春」，建成大成殿、戟門、欞星門、明倫堂等，均按縣學制度建設，「工善材良，煥然鼎新。」〔註5〕

以上僅是明朝 270 多年間雷州地區學校廢而重建之一二斑。事實上，明代雷州地區府縣學的廢興工程是持續不斷地進行的，《萬曆雷州府志》及《嘉慶雷州府志》的《學校志》以及《藝文志》中收錄的《馮彬府學啟聖祠記》、《林應聰徐聞學祭器記》、《祭酒倫以訓海康縣儒學記》、《遂溪縣新闢學路記》、《邱淩霄知縣沈汝梁捐置學田記》、《劉應秋貴生書院記》、《提學魏浣初雷陽書院記》等篇，都記述了明代雷州地區府縣儒學、書院等教育設施的興

〔註3〕　《嘉慶雷州府志》卷18，《藝文志‧彭百鍊府學射圃亭記》，第501～502頁。
〔註4〕　《嘉慶雷州府志》卷18，《藝文志》，第504～505頁。
〔註5〕　《宣統徐聞縣志》卷15，《藝文志》，第586頁。

廢狀況以及官員、鄉紳、士民對於教育事業的一片赤誠熱切之心，踴躍捐資維修，是我們窺見明代雷州地區教育發展狀況及研究明代雷州地區教育史的珍貴史料。

（二）各類教育齊頭並進

除府學、縣學之外，雷州地區還書院密集。見於方志記載的有平湖書院、懷坡書院、崇文書院、文昌書院、雷陽書院等。平湖書院據北宋時貶謫至雷州的蘇東坡的詩句「西湖平，狀元生」而取名；懷坡書院為紀念蘇東坡而建，創建者為正德年間任雷州知府的王秉良；崇文書院，明嘉靖二十三年（1544）郡守羅一鸞創建於海康縣治西；文昌書院，明萬曆三十年（1602）分守道袁慶英建於府城西門內直街習儀公署西，有房屋十四間，門樓一座；雷陽書院在府城外天寧寺懷蘇堂之北，明崇禎九年（1636），郡士民欲為賢良太守朱敬衡立生祠，朱敬衡說，雷陽書院停廢已久，士子無課業，願將所請建生祠改建書院，並捐俸以助，書院於是得以建成（後發展成為廣東六大書院之一）；貴生書院，萬曆十九年（1591），明臣、大戲劇家湯顯祖因事得罪權臣被貶謫至徐聞任添置典史而與知縣熊敏捐資興建；遂溪縣有起秀書院，明甲寅（1614）秋，知縣歐陽亳捐俸買民陳御箴房一所，南北兩廊，前闢三門，通甬道，右濬荷池，建亭於上，郡庠生肄業於內，定課講業。本府推官見而嘉之，題曰「起秀書院」，寓意秀才競起。

還有專科學校。據《廣東通志》卷五十五《雷州府·公署》載，明代海康縣有陰陽學，在府治明善坊；醫學，在府治東北安仁坊；遂溪縣陰陽學、醫學均在縣南惠民坊；徐聞縣陰陽學在縣儒學西，醫學在申明亭東。〔註6〕

社學是啓蒙教育，教授識字和基本常識，又稱「鄉校」、「村學」、「義學」，是招收城鄉之民子弟入學教育的機構。明代統治者頗重視社學教育。洪武八年（1375），明太祖詔：「今京師及郡縣皆有學，而鄉社之民未睹教化。有司其更置社學，延師儒以教民間子弟，庶可導民善俗也。」十六年（1383），「復詔民間自立社學，延師儒以教子弟，有司不得干預。」〔註7〕明代，雷州地區的社學教育也得到了重視和發展，社學設置較普及，縣城、鄉村及衛所皆有。

〔註6〕〔明〕陳大科、戴耀修、郭棐等纂《廣東通志》（下），《稀見中國地方志彙刊》（第四十三冊），中國科學院圖書館選編，北京：中國書店出版，1992年12月版，第442頁。
〔註7〕《明太祖實錄》卷96、卷157。

如雷州府城，在東關（門）內外、南關內外、西關內外、北關內外均設有社
學，這些社學都是海康知縣所建；衛治有衛社學；鄉社學「凡二十四」，「大
社設二學或三學，無定館，教讀之師各於所在發蒙」。〔註8〕社學除官府建置
外，亦有鄉社之民創建者。

　　除官學教育及鄉社自辦的社學、義學之外，還有私學的存在。由於府、
縣學學額有限，門坎不低，因此，民間大量年青人只能進入私學接受教育。
適應這種社會需要，一些接受過教育，學有所成者，便開館授徒。如海康人
林棐，「少喜讀書，抄至百餘卷，年三十八膺歲薦」。他不僅「擇弟侄穎秀者
出資買書教之」，還「築江濱館，每年就學者四五十人，不責修贄，門人赴京
（赴考），乏資者，（林）棐將己田質於人，取銀以贈，門人宦歸不償，竟不
取。」林棐學優卻不出仕，終身在鄉間從事教書育人的事業。家庭教育在明
代雷州地區也廣泛存在。有兄教弟者，如徐聞人陳素蘊，曾為縣學生，後領
鄉薦任詔安縣令，「弟（陳）文彬、（陳）素著俱親受其教，亦以科貢顯」；有
父教子者，如曾四任博士的徐聞人鍾世盛，「課督子弟最嚴……四子各占一
經，俱成名」；「老於儒官」的徐聞人鄧植，其「孫（鄧）邦基、（鄧）邦髦、
曾孫（鄧）宗齡科第世美」，這是祖教孫〔註9〕；還有母教子的：《萬曆雷州府
志‧貞女志》「饒氏」條云：「饒氏，海康舉人符□妻，年二十四而□故，生
一子曰孟夔，誓無他志，事姑（婆婆）教子惟謹」〔註10〕。

二、明代雷州地區教育事業興盛的條件

　　明代雷州地區教育事業的發展並取得顯著成就，是由多方面條件共同促
成的。

　　首先是地方官對於教育事業的高度重視。

　　明代最高統治者對教育的重視，其目的是以教育為政治服務。正如《海
康縣學鄉貢題名記》所云：「朝廷建學育才，設科取士，三歲大比（科舉考試），
考其德行道藝而興（擢用）其賢者能者，所以隆治本、致化理也。」〔註11〕

〔註 8〕　《古今圖書集成‧方輿彙編職方典》第 1368 卷《雷州府部‧雷州府學校考》，
　　　　　第 20206 頁。
〔註 9〕　《萬曆雷州府志》卷 17《鄉賢志》，第 414～417 頁。
〔註10〕　《萬曆雷州府志》卷 19，《貞女志》，第 426 頁。
〔註11〕　《萬曆雷州府志》卷 20，《藝文志》，第 436 頁。

在這一治國思想指導下，地方官對於教育事業也給予了高度的重視。《嘉慶雷州府志》卷十八《藝文志・吏科給事中許子偉高司理濬河記》云：「水利不興，彝教（教育）不飭，安從福雷哉！」這是明代治雷官員大多具有的共識。他們懂得，要治理好雷州，必須經濟與教育一起抓，齊頭並進。具體說來，地方官對於教育事業的重視，又表現在多個方面：

表現之一是學校的修葺工作由重要官員主持負責，減少了胥吏營私舞弊及互相扯皮現象，使工程進展順利。以海康縣儒學為例：「明洪武三年，知縣陳本大加營建，修大成殿兩廡、欞星門、戟門，設明倫堂於殿西，設兩齋，曰『進德』，曰『修業』，庖廚廩庫咸備；三十年，同知張伯玉、訓導黃自守、趙孔進末、樂元年、教諭林仲余相繼重修，建射圃於南城外文昌坊東，扁曰『觀德亭』；正統九年，知縣胡文亮拓其地重建之；正德八年，御史周謨修明倫堂兩齋、號舍暨學宮、廨宇凡六十餘間；十年，郡守王秉良建二坊於門外，東扁『毓秀』，西扁『掄才』；……」〔註12〕在官帑不足的情況下，主持學校修葺工程的官員常常帶頭捐俸襄助，這類事迹在方志「學校考」及「名宦志」中多有記載，不勝臚列。

表現之二是地方官於理政之餘，常常親至學校，與教官及弟子探討學問，對士人加以激勵勸勉。如朱象賢，嘉靖間（1522～1566）任雷州府通判，「暇即詣學宮，與諸生剖析經義，極其精確，諸生莫不歡服」〔註13〕；隆慶年間（1567～1572）任巡道的許孚遠，「課諸生，開迪理要」；萬曆七年（1579）任守道的王來賢，「性寬而明，首興學校，集四學（府學及海康、遂溪、徐聞三縣學）諸生合試而厚之賞，拔其尤者，月給膳，課之，後諸領（鄉）薦皆素所品題者」〔註14〕；遂溪知縣張天敘「以儒術潤色吏治，歲時延見庠士，娓娓談說經藝不休；又闢諸舍舍之，士斌斌向於教化，興於行誼（義），張公之教也」〔註15〕。

表現之三是湧現了大批重教興學官員。「雷陽（州）雖瀕海，前後牧守最多循良，往往屬意庠序之教」，這是南宋時期李仲光《（雷州）府學殿堂記》（《嘉

〔註12〕《古今圖書集成・方輿彙編職方典》第 1368 卷《雷州府部・雷州府學校考》，第 20207 頁。

〔註13〕《嘉慶雷州府志》卷 10，《名宦志》，第 309 頁。

〔註14〕《嘉慶雷州府志》卷 10，《名宦志》，第 303 頁。

〔註15〕《宣統徐聞縣志》卷 15，《藝文志・檢討鄧宗齡遂溪學名宦鄉賢祠記》，第 590頁。

慶雷州府志》卷十八《藝文志》）中對於當時地方官對雷州教育事業重視的讚頌。這一讚頌之辭移用於明代雷州地方官仍然適用。在明代府、縣兩級地方官中，「政以愛民爲心，事以崇儒爲務」者不乏其人。如據《廣東通志》卷五十六《雷州府‧名宦》記：莊敏，景泰元年（1450）出守雷州，「尤注意於學校」；魏瀚，成化（1465～1487）中擢守雷州，「勸農興學，修舉廢墜」；弘治（1488～1505）年間知雷州府的鄧璩亦以「興學崇教」而著稱；劉玉，弘治八年（1495）知遂溪縣，「凡文廟簠簋爵罍（各種禮器）範之以銅，鼎建齋廡、儀門、戟門，學校一新」；王秉良，正德間（1506～1521）知雷州，「務振起廢墜，尤厚遇學校」；陳嘉禮，由舉人出知雷州，「時兵荒後，嘉禮務舉廢墜，興學校，造祭器」，又「復海康縣儒學，一時民心望治焉」；唐汝迪，以吏部曹郎出知雷州，「修書院，立期會課多士，濱海文風爲盛，時頌爲振古循良云」；汪澤於正德年間任徐聞縣令，「建文廟、齋堂、門廡，鑿泮池」，對縣學設施大加修建〔註16〕。這樣「留心學校」的官員還有很多。

表現之四是重視對在校教官及在學生徒的精神激勵。其方式多種多樣：爲建築物命名取與興教相關的文字（詞），如成化甲辰（1484），地方官「建府（治）大門，爲層樓……又建三坊於府門外，左『善政』，右『善教』，前『宣化』」〔註17〕，表明地方官對於「教」、「化」的重視；萬曆二十五年（1597），徐聞知縣張大猷重修月城牆，「於月城各鐫石，東曰『朝陽』，南曰『若時』，西曰『有成』」〔註18〕。「朝陽」寓意學士如朝陽般充滿生機活力；「若時」寓意學子如時間一樣馬不停蹄；「有成」則期望生徒學有所成。從諸生中發現並樹立學習典範。如陳錦於萬曆初任海康知縣，「行政五載，愷悌廉潔，念文運不競，拔其雋（拔尖）者爲之程（楷模），親爲品隲，登賢書者相繼」〔註19〕；遂溪知縣盧應瑜爲縣儒學興建名宦、鄉賢祠，確定李綱等十人爲「名宦」，吳正卿等四人爲「鄉賢」，於縣學中建二祠以祀之，同樣是爲學士們樹立學習的榜樣〔註20〕。自明初至正統年間，士子登科第者皆題名於府學學宮之壁，以

〔註16〕 《廣東通志》卷56，《雷州府‧名宦》，第466～468頁。

〔註17〕 《古今圖書集成‧方輿彙編職方典》第1368卷《雷州府部‧雷州府公署考》，第2024頁。

〔註18〕 《宣統徐聞縣志》卷3，《建置志》，第464頁。

〔註19〕 《萬曆雷州府志》卷15，《名宦志》，第395頁。

〔註20〕 《嘉慶雷州府志》卷18，《藝文志‧檢討鄧宗齡遂溪學名宦鄉賢祠記》，第525頁。

示激勵勸勉；但時間長久以後，名字漫滅不清，地方官於是改爲樹立石碑，「鐫其名於上以待（未）來有志之士」〔註21〕。利用風水學說遷移、改造學校，添設人文景觀，激勵諸生奮發有爲，科舉及第。這方面事例甚多，筆者已有專文論述〔註22〕，此從略。

其次是明代雷州地區學校教育獲得了堅實的經濟支持。

學校教育開支不菲，需要有長久而穩定的經濟支持和保障。而添設學田爲古代學校取得經濟支持的重要形式之一。明代地方官及地方紳士就很重視給府、縣儒學添設學田。除按制度由官府撥付外〔註23〕，明代雷州地區學校學田還有其他來源：

一是地方官查出欺隱霸佔之地，沒收以歸府縣儒學。如徐聞縣儒學，據記載，其學田爲「萬曆十年，知縣蔡宗周丈出欺隱土名吳家田五頃，歸學贍貧士。」〔註24〕海康縣儒學學田，「萬曆三十九年，知縣張和查出欺隱絕戶田產，詳允發學（發配給學校），每年租錢七百文，除納糧錢三百文，剩存錢四百文給貧生燈油。」〔註25〕。

二是地方官慷慨解囊，捐俸置學田。如萬曆十年，海康知縣沈汝梁捐銀七十兩置學田，「每年納租錢七千三百六十文，內除納糧錢一千三百一十文，尚存剩錢六千零五十文以資貧生用」；另一處學田是「大翰溝石頭埭等處田，共稅六十二畝五分，種子一十二石，明萬曆三十五年署府事、廉州府推官邵兼捐鍰（錢）七十兩置買，歲租錢六千，除納條鞭錢一千八百一十九文，尚存剩錢四千一百八十一文爲諸生逐月會課用。」〔註26〕萬曆初年，張師益任徐聞縣令，鑒於縣學中不少生員來自貧困家庭，「資身困於無策」，張縣令於是「出贖金置買學田，計年入租，用以代耕而作其氣，士之賴其資贍者，懷

〔註21〕 《萬曆雷州府志》卷20，《藝文志・海康縣學鄉貢題名記》，第436頁。

〔註22〕 參見曾國富：《古代雷州地區的「風水工程」》，載《廣東史志》2013 年第 5 期。

〔註23〕 據《續文獻通考》卷六載，洪武十五年（1382），定天下學田之制：「府學一千石，州學八百石，縣學六百石，各設吏一人，以司出納，師生月給廩膳米一石。」

〔註24〕 《廣東通志》卷55，《雷州府・學校》，第 445 頁。

〔註25〕 《古今圖書集成・方輿彙編職方典》第 1368《雷州府部・雷州府學校考》，第20208 頁。

〔註26〕 《古今圖書集成・方輿彙編職方典》卷 1368《雷州府部・雷州府學校考》，第20207 頁。

抱珍奇，不啻雲蒸霧擁」〔註27〕。知府范得志也曾「捐俸百兩買田以供社學」〔註28〕。三是地方紳士及家庭富有的在校生員給學校捐獻學田。這顯然是受到地方官義舉的感染。據《余元岳〈莫天然捐置府學海康科舉田記〉》，由於雷州距離省城廣州一千多里，每次科舉考試，學有所成的士人「每苦崎嶇而弗克赴」，「即（使）有抱不羈者以間關而卻步也」。路途遙遠是一大障礙，而盤費難以籌措則更是大問題。在海康知縣沈汝梁捐俸置學田以助士子學業事迹的影響下，海康東嶺村人、郡庠生莫天然「遂捐金（銀）一百兩，欲置學田，歲收租入官以資科舉費」。在莫天然的帶領下，生員林鳳起、周彪也將「頗稱膏腴」的一片田地捐獻給學校作學田。莫天然獲悉後，「益以己置安攬西廳田二號，計值一百兩入來，添前項田中。」〔註29〕另外，莫天然還仿傚南宋雷州知府薛直夫捐俸置貢士莊以助士人應科舉考試之義舉，亦設立「義莊」，「計畝不啻數百頃」。此外，還有熱心教育事業的民間人士為學校捐獻學田以助諸生肄業者。如徐聞縣儒學「那密莊田共稅三十五畝，邑人運同（官職名）鄧士元送學以為諸生會考、燈油、濟貧之資」；「新莊田共稅一頃四十七畝，明萬曆二十年，運同鄧士元、孫兆麟故絕母王氏，願施入學」〔註30〕。

除了學田收入外，學校還有學鋪收入。這些學鋪一般是學官出資創建或購置，出租於人，收入用於師生應酬及教學所需。如雷州府學，有「南關外曲街鋪舍三間，訓導韓價買二間，歲租銀一兩六錢，備本府朝覲採軸用；訓導秦家棟新買一間，歲租銀八錢，備諸（生）課榜用。」又，府學「大門左邊鋪舍四間，萬曆三十三年訓導韓價創建，歲收租銀一兩六錢以備開學課榜諸用」；府學「南西二隅鋪舍五間，萬曆四十二年教授韋可觀、訓導秦家棟創建，歲收租銀一兩五錢，以備本學新官公宴並添助諸生課榜之費」〔註31〕。

再次，明代雷州人對於教育、科舉的熱切追求。

〔註27〕《宣統徐聞縣志》卷15，《藝文志·鄧邦基城月池記》，第587頁。
〔註28〕《嘉慶雷州府志》卷10，《名宦志》，第307～308頁。
〔註29〕《嘉慶雷州府志》卷18，《藝文志》，第531～532頁。
〔註30〕《古今圖書集成·方輿彙編職方典》第1368卷《雷州府部·雷州府學校考》，第20209頁。
〔註31〕《古今圖書集成·方輿彙編職方典》第1368卷《雷州府部·雷州府學校考》，第20207頁。

　　封建時代，自宋代始，隨著統治者文治政策的推行，大力鼓吹「萬般皆下品，唯有讀書高」，並敞開科舉之門，讓讀書人得以通過科舉晉身入仕，雷州地區就形成了重教育，重科舉的風氣。宋人余靖曾說：「海康郡，瀕海之樂郊也，地域雖遠，風俗頗淳，聖訓涵濡，人多嚮學」。明代，在中央統治者及地方官大力倡導學校教育、科舉事業興旺的背景下，「人多嚮學」的風氣更加濃烈〔註32〕。在明代雷州人眼中，科舉及第是無上榮光，「狀元」是神聖的名詞。因此，讀書求舉成為許多雷州年青人的遠大志向。許多貧困人家都送子弟入學苦讀。一些婦女在艱難困苦中仍秉力支持丈夫或兒子、孫子攻讀。如徐聞庠生馮相，「少孤，刻意於學」，娶妻後，其妻陳氏「復將順之，以成其志，甘貧處窶（貧寒），夫婦敬待如賓」；海康寡婦林氏，夫故翁（家公）亡，生子昌運，生活艱難，矢志守節，「撫昌運成長，且訓勉之。昌運事母惟謹，嘗列庠序（學校），以冠帶侍養」；海康婦女陳氏，夫亡子喪孫又死，一生坎坷，育有一曾孫許上進，「陳（氏）暮齡與孫婦宋氏苦意撫（許）上進，至長，有聲黌序（學校）。三世零丁，竟昌其祚。」〔註33〕《萬曆雷州府志·貞女志》「陳氏」條也記載了陳氏守寡後，「矢志苦節，織紝度日，子長，雋（學業優異）於庠（學校）」。

　　古人有云：「士猶兵也，文場猶戰（場）也」，說的是科舉考試競爭之激烈。故士人不付出百倍的艱辛努力就不能在科場中勝出；而過度的刻苦，又損害了一些雷州士人的健康，以至有因苦讀而眼瞎失明者，有因赴考而命喪異鄉者。海康人吳鍾刻苦讀經，由歲薦入京師國子監，由於過於刻苦，以至目力受損得疾。其子吳大謨多方療之，向上天祈禱曰：「吾父以明（目明）窮經，因以經窮明（損壞眼目），天若憐余，願減余算（壽命）以瘳（療）父目」〔註34〕。《萬曆雷州府志·貞女志》「黃氏」條云：「黃氏，徐聞庠（縣學）廩生劉桂妻……（劉）桂應試，卒於省（廣州），無子，訃至，黃哀泣欲死。」《萬曆雷州府志·貞女志》中，許多寡婦之夫原都是士人：或是「廩生」、「生員」、「舉人」；或是「監生」、「庠生」、「諸生」。這些士人多早夭，也許與攻讀過於刻苦而致損害了健康有關。儘管如此，雷州人求學求舉之風並未稍減，兄弟、父子並雋於庠序，祖、父、孫代代傳學之事仍然屢見不鮮。

〔註32〕《大明一統志》卷82，《雷州府·風俗》，第1253頁。
〔註33〕《萬曆雷州府志》卷19，《貞女志》，第429頁。
〔註34〕《萬曆雷州府志》卷17，《鄉賢志》，第414頁。

三、明代雷州地區教育事業發展之意義

首先，明代雷州教育事業的發展，突出的成就之一是使雷州人才輩出，尤其是政治人才。

通過科舉考試或地方薦舉，一批雷州士人得以晉身入仕。宋代雷州官學教育已然興起，但宋元兩代雷州科舉及第者都寥若晨星，入朝爲官者更爲零。至明代，形勢大變，科舉及第者如雨後春筍紛紛湧現。正如《萬曆雷州府志‧民俗志‧習尚》所云：「國初風教遠訖雷（州），是時人物最盛，蟬聯纓組（按，指入仕爲官），軼於（超過）他郡」。其中，在朝任官職或國子監任教官者，僅見於《萬曆雷州府志‧鄉賢志》的就有：吳宗直，遂溪人，「己卯中南京鄉試，官至禮部郎中」；陳貞豫，遂溪人，「歷官監察御史」；鄧鑒，徐聞人，「歷官侍御史」；鄧宗齡，徐聞人，進士及第，「選翰林院庶吉士，補檢討，名震玉堂」；林文亨，海康人，「永樂壬午舉鄉試第一，登進士，歷官戶部員外郎」；海康人何炫燁，「登進士第，爲御史」；方文襄，海康人，曾任宰相〔註 35〕。另見於《萬曆雷州府志》卷十四《選舉志》的還有：馮彬，雷州衛人，「以薦召爲侍御史」；李璿，海康人，「擢監察御史」；黃惟一，海康人，「由孝廉任監察御史」；林成義，遂溪人，由「吏員薦任戶部主事」；陳淵，徐聞人，「洪武初薦任南京國子監錄」；趙浩然，徐聞人，任戶部主事；陳應炎，徐聞人，任兵科給事中；彭腴，遂溪人，「刑部員外郎，進階郎中」；吳禮智，任監察御史；羅道克，海康人，任刑部主事；劉文仲，任刑部主事；廖謨，「任翰林庶吉士」；林宗溥，任監察御史，等。

更多的雷州士人則是在地方任職。他們能文能武，施政以民爲懷，清正廉潔，政績突出，深受各地民眾愛戴。仍以《萬曆雷州府志‧鄉賢志》所記人物爲例，如張昊，海康人，領永樂甲午鄉薦，授廣西馬平知縣，「有惠政，民立祠祝之」；曾任湖州通判、補永州府的馮鑒，「到任，首革糧長饋遺」之弊；任職永州後，「彌勵厥守，壹意革弊」；馮彬，嘉靖乙酉舉於鄉，己丑成進士，先後任平陽縣令、上海縣令，「並有卓異聲。上海六百里，繁劇最難治。（馮）彬至，汰雜徵，省里費，覈（核實）詭寄，審糧役，俱深中窾（不實）」，以薦爲侍御史，「出按廣西，大揚風紀，溪峒蠻僚莫不震聾歸化恐後。會松江守缺，

〔註35〕《萬曆雷州府志》卷 17，《鄉賢志》林鳳鳴傳云：林鳳鳴爲官三十年，「清介不污，與方文襄同舉於鄉，比方（文襄）入相，不通一箚，人甚高之。」第 413 頁。

擢（馮）彬補之。至則興學校，恤孤煢（沒有兄弟），政持大體，不事苛細。
松江民無（論）智愚皆（愛）戴之」；莫天賦，海康人，登進士榜，除莆田令，
「莆田自倭夷殘破後，民無寧宇。天賦復舊時流移者數千計，食不甘味，竭意
撫徠，民復集；各給牛種，迨二年後乃徵賦；諸生貧者或不能具冠服，輒捐俸
給之，治行大振，莆田人思之，祀諸祠。擢南刑部主事，晉郎中，出守大理。
大理夷漢雜處，最難治。天賦因俗為政，郡有礦輸，當事者按牒取盈，峒不堪
命。（莫天賦）力請裁減，得蠲額十之四，民以獲蘇，時比之召、杜」。按，「召」
指召信臣，西漢人，以明經甲科為郎，累遷南陽太守，為民興利，教化大行，
當時號曰「召父」，後遷南陽太守，又治行第一；「杜」指杜詩，東漢人，仟南
陽太守，創造水排冶鐵，鑄造農具，用力少而見效大，又修治陂池，廣開田地，
有利於當地農業生產的發展，當時諺云：「前有召父，後有杜母」。可見莫天賦
在為官一方，造福一方上的突出貢獻。這僅是眾多同類事例中的幾例。

　　明代雷州士人釋褐任官後，為各方民眾興利除害，促進各地教育事業發
展的事迹，在方志「鄉賢志」或「人物志」中有詳細的記錄。以上數例已可
略窺其概，無須盡列。

　　**其次，教育的發展，倫理道德規範的宣揚，改善了雷州地區社會的風
俗與面貌。**

　　學校教育與一方社會風俗變遷有莫大關聯。南宋時，郡守戴之邵見雷州
地區文明落後，就已認識到「所以善其俗，莫先於學校」〔註36〕。明代官學
教育以程朱理學為正宗，生員必須明經史，知孝、悌、忠、信、仁、義、廉、
恥。學校教育可使士人受到封建禮教的薰陶，通過修身齊家，作為文明的楷
模，成為民眾學習仿傚的榜樣，或者通過聚徒講學，就可使風俗移易。

　　孝悌在封建時代被看作重要美德，它是營造良好家庭倫理關係，從而構
建「和諧」社會的一大「法寶」。宋代理學家張栻在《雷州府儒學記》中說：
「蓋孝弟（悌）者，天下之順德，而人興於孝弟則萬善順長，人道之所由立
也。譬如水有源，木有根，則其生無窮矣」；又說：「今使雷（州）之士講明
孝弟之義，於是，學而興孝弟之行於其鄉，則雷之俗其有不靡然而變者乎！」
〔註37〕而明代雷州士人中，以孝悌聞名於鄉里以至一方者比比皆是。他們對
於社會風俗的影響是顯而易見的。輒舉數例以見之：陳時亨，嘉靖年間由選

〔註36〕《嘉慶雷州府志》卷18，《藝文志・張栻府儒學記》，第 492 頁。
〔註37〕《嘉慶雷州府志》卷18，《藝文志・張栻府儒學記》，第 492～493 頁。

貢任廣西恭城訓導，他「性友愛，兄弟分田，推其腴者與弟，人問其故，曰：『吾弟弱，故稍資之。』」不僅「悌」，而且「與物無競」，重義輕利，不爭不鬥，「有構爭者，（人們）輒相謂曰：『何不學（陳）時亨兄弟？』」歷官戶部員外郎的林文亨，「性淳謹，無貴顯態，鄉閭重之」；以「博學」著名的吳雯，「不俯仰於時，篤宗誼」，重親情，輕勢利，雖學有所成，可以出仕為官，卻因母親守寡在家而放棄出仕，不離母親膝下，勤懇侍奉不輟，受到郡丞的表彰，「士大夫靡不重其孝行云」；林鳳鳴不僅為人「率孝悌」，而且為官「清介不污」，不趨炎附勢，故「人甚高之」，「鄉閭仰德云」〔註38〕。此類事例甚多，不勝枚舉。總之，這些受過學校教育的雷州士人自覺踐行封建倫理道德，他們的事迹，或通過耳聞目睹，潛移默化的方式，或通過官府的旌表、薦舉，樹立榜樣，影響及於民眾、社會，對移風易俗起了重要作用。明代雷州地區教育的發展對於風俗移易的作用，在當時官員彭百鍊所作的《府學射圃亭記》中也有體現。他說：「聖朝（明朝）受命，奄有萬方，州郡皆立學宮以祀先聖先賢，建明倫堂與夫齋舍、庖廩於學宮之後以處師、弟子，為問辨講說周孔（儒學）之所於四方萬里之外，海隅嶺表之地，五六十載之間，風移俗易，翕然丕（大）變，同歸於仁義道德之域，渢渢（按，原指樂聲宛轉抑揚，此指教育興盛）乎何其盛哉！」〔註39〕

再次，推動了雷州地區文化教育事業的進一步發展。

經過學校教育造就的雷州士人，對文化教育一往情深。他們不管入仕致政歸或隱居，都將文化教育視作神聖事業，教授生徒，著書立說，孜孜不倦，推動了雷州地區文化教育事業的進一步發展。僅以《萬曆雷州府志·鄉賢志》所記為例，如，曾任袁州府學訓導的羅章，「五十即致政歸，授生徒，吟詠自適，文行為時所欽」，還著有《宜陽唱和稿》；「恬靜博學」的吳雯雖未出仕為官，卻勤於著述，他「長於詩賦，所著有《譙樓記》及家范、宗譜諸稿」；陳時雍，「少貧苦力學，領嘉靖乙酉鄉薦，……時後俊多出其門」，說明他曾在家鄉授徒講學；馮彬「邃（精通）於理學，且嫻詞賦，所著有《桐岡集》，嘗（曾）修輯郡志」；海康人詹世龍「以內艱歸，因致政，結茅潭津，講解心性，後學宗之為典型」；鄧植「應貢入太學，業成乃還，逾二十年不就銓（選）」，「老於儒官」，即終身從事鄉里教育事業。

〔註38〕 《萬曆雷州府志》卷17，《鄉賢志》，第411～413頁。
〔註39〕 《嘉慶雷州府志》卷18，《藝文志·彭百鍊府學射圃亭記》，第501～502頁。

四、餘　論

　　需要說明的是，明代雷州地區教育事業的發展存在著不平衡性。在雷州三縣中，海康由於是附郭縣，爲府治所在，府學、縣學之外，還有較多的書院，因而，海康縣教育事業最發達，出的人才最多。所謂「海康爲雷郡附邑，士由學校而登貢舉者，歷科相望，視他邑（縣）爲盛」〔註40〕；遂溪縣爲其次；徐聞縣則最落後：「徐（聞）爲雷（州）下邑，斗大一城，三面皆水，俗樸而雅，即（使）城市皆茅茨居。青青子衿（士人）亦笠而跣（赤腳）」，這是明朝天啓年間徐聞知縣應世虞蒞任時的觀感，於此可見徐聞經濟及教育之落後。應知縣把縣志拿來翻閱，發現「科第寥寥」，不禁爲徐聞縣教育事業的不振感到傷心，於是有徐聞登雲塔之建（今存），欲藉此塔改善徐聞風水，爲徐聞文教事業增添一些「生氣」〔註41〕。這種不平衡性的存在，究其原因，大約是，海康因爲是附郭縣，縣官政績如何盡顯現於府官眼下，因而縣官對於興隆教育以創造良好政績也就更加重視和賣力。如海康縣儒學原來「陝隘弗稱」，知縣胡文亮及縣丞王銓捐俸貿地而廣之，於是，「殿堂齋廡以次善治，咸克完美；又以貢士題名碑前此未有，將磨石勒之以助學校」〔註42〕。遂溪雖非附郭縣，但朝廷或省委派至雷州考察政教的官員，遂溪是必經之地，而官員視察的內容，學校教育又是首當其衝的。《萬曆雷州府志·藝文志·許端弘遂溪縣學科貢題名記》就記錄了雷州府推官徐清於明朝天順辛未冬十月因督公務至遂溪縣，首謁先聖廟（設於縣學中），然後召集諸生發表演講，激勵諸生殷勤嚮學，「以策名科第爲榮，馳騁退軌爲勉」，以副朝廷「求賢輔治」之厚望。這就促使遂溪縣官亦不得不把教育作爲當務之急來抓。因此，遂溪縣的教育與海康縣教育幾乎並駕齊驅，「自洪武庚午年（1390），迨宣德壬子（1432），登桂籍、陟顯榮者，繼不乏人。」〔註43〕徐聞則處天涯海角，遠離了官員的視線，加之經濟落後，其教育之落後亦屬自然之事。

　　另一方面，明代雷州地區教育事業的發展又不是一帆風順，持續向前的，而是有波折，有興衰。《萬曆雷州府志·選舉志》結語有云：「我朝專重科目（舉），洪（武）、永（樂）間，雷郡鄉舉每科至十人九人，少亦五六人，率以爲嘗甲

〔註40〕《萬曆雷州府志》卷20，《藝文志·海康縣學鄉貢題名記》，第436頁。
〔註41〕《嘉慶雷州府志》卷18，《藝文志·徐聞縣知縣應世虞建登雲塔》，第540頁。
〔註42〕《萬曆雷州府志》卷20，《藝文志·海康縣學鄉貢題名記》，第436頁。
〔註43〕《萬曆雷州府志》卷20，《藝文志·海康縣學鄉貢題名記》，第436頁。

榜，一科至四人，何盛也；今乃鄉舉歲僅一二人，甲榜自鄧檢討（宗齡）後三十年幾絕響焉。雷（州）猶是雷（州）也，而懸殊若是，豈消息殊運乎？抑惰窳（懶惰）異習也？」史家在猜度明代雷州地區人才之出由盛轉衰的原因時，認為大約是因為雷州地區地理條件優越，經濟發展，人給家足，知足常樂，因而失去了進取之心的緣故，謂：「雷（州）稻梁蔬菽有餘於腹，一芋一葛有餘於體，家給人足而不待於外，目無名公巨卿之可希（期望），身無飢寒困苦之相迫，欲斷齏警枕（比喻艱苦）而坐進，此道難矣！語曰：『沃土之民佚（逸），瘠土之民勞』。雷土（州）之沃也，少勞多逸，細民之幸也，士人之不幸也。」又說：「雷士倘不以溫飽自安，異日者烏知不彬彬郁郁而抗衡宇內也！」〔註44〕似乎某段時期雷州人才少出，是因為生產條件好了，士人「以溫飽自安」之故。其實，依筆者愚見，明代某些時段雷州士人科舉及第者少，並非經濟發展，人人溫飽之過，而是與天災人禍（即雷州頻頻發生的「寇賊」之亂）相關。對此，筆者將另作專文詳論，此不展開。

　　總的說來，明代雷州地區教育事業的發展，相對於宋、元而言，成就突出。教育使許多雷州士人得以成為社會有用之才。《萬曆雷州府志・藝文志・參政四明王來雷州府學登科題名記》開篇就頌揚明代雷州地區文教事業的興盛及邊陲雷州之人才輩出，謂：「皇明混一海宇，四方萬國咸建學立師以甄陶士類，垂八十餘年，文教之盛比隆虞（舜）、（西）周，其遐陬僻壤，人皆絃誦猗歟，盛哉！且雷（州）為東廣（兩廣東部）名邦，雖瀕海而民繁富，庠序之士日相講學，率勤匪懈，故出而應時用者往往與中州（原）等，豈非作養漸磨之久歟！」史臣在《萬曆雷州府志・鄉賢志》後的「論曰」中，也頌揚了明代雷州出了許多「殊品」：「有握符襲組（科舉入仕）而以治行見者，有急流返棹（隱居）而以恬寂勝者，有孝友敦睦而和氣滿宅者，有輕財好施而義聲震於鄉里者，有端方正直而忘機衡泌者；凡此皆懿德也。鳳毛麟趾，士何能全，苟有一焉，亦足以表於世而託於賢者之林矣。」〔註45〕在史家看來，這些政績優異的父母官、不慕虛榮利祿的隱遁之士、營造了家庭和睦氛圍的孝子賢孫、輕財好施的義士、心無城府胸懷坦蕩的正人君子，這些人雖然未必都十全十美，但僅具其一，即已難能可貴，可以歸入「賢者」之列而無愧，值得成為世人學習的楷模了。而這些「殊品」，正是明代雷州地區教育事業發展的碩果。

〔註44〕　《萬曆雷州府志》卷14，《選舉志》，第379頁。
〔註45〕　《萬曆雷州府志》卷17，《鄉賢志》，第418頁。

七、明代雷州地區的「寇賊」之亂

摘　要

　　雷州自古多「寇賊」。有「瑤賊」、「倭寇」、「海賊」及其他「寇賊」。「倭寇」、「海賊」的猖獗與明朝廷推行的「海禁」政策有關；造成明代雷州地區多「寇賊」還有一個重要的原因，即明朝廷對南方少數民族的欺壓、明朝軍隊及過往官員對雷州及其附近地區人民的騷擾；明代在雷州建珠池採珠，也是導致雷州民眾為「寇賊」的原因之一。「寇賊」之亂使雷州人口大減，破壞了地方社會秩序，對雷州民眾的生產生活造成了嚴重的危害，加重了雷州人民的經濟負擔，對於雷州地區教育事業發展的摧殘也是極嚴重的。為減少損失與危害，盡快恢復發展生產，地方官府採取了若干有效的措施。

關鍵詞：明代；雷州地區；「寇賊」

雷州自古多「寇賊」。這話並非誇張。《廣東通志》稱明代的雷州，經歷了一個「雄寇橫戈，逆倭蹂躪」〔註1〕的歷程。《萬曆雷州府志·藝文志·大宗伯王弘誨雷廉副總兵楊應春紀功記》亦謂：「雷州地險而僻，俗惰窳（惡劣）而多盜，猺（瑤）、獞（壯）、蛋（疍）、狼（按，古代對邊疆地區以作戰勇悍著稱的少數民族的蔑稱，如廣西「狼兵」）雜處其間，且東虞（憂慮）倭（寇），西虞雕題（按，指文身斷髮的今廣西、越南等地的少數民族），最稱難控」。這段文字寫的是明代雷州地區的現實。雷州古代多「寇賊」是否由於雷州「俗惰窳」，即雷州人懶惰及慣於為非作惡？答案當然是否定的。這是統治階級對被統治階級（尤其是邊疆地區被統治階級）的誣衊。本文擬以學術界尚未有學者涉足的明代雷州「寇賊」問題為研究對象，通過考察其狀況、成因、危害及官府的對策，以期揭示古代雷州多「寇賊」的真相，同時有助於人們對明代雷州邊疆地區社會歷史的正確、深入的認識。

一、明代雷州地區「寇賊」之種類

（一）「瑤賊」

《嘉慶雷州府志》卷十八《藝文志·副使莫天賦重修雷州城垣記》云：「雷郡（州）濱海為島，猺（瑤）出沒之區」。方志中常常可見「瑤賊」流劫雷州的記載。「瑤賊」，顧名思義，即以居住生活於粵西、廣西的瑤族成員為主，或許混合有其他少數民族成員的以劫掠為特徵的隊伍。這些在方志中被稱為「瑤賊」者，解放後則被一些人稱為瑤族人民「起義」：「從正德元年（1506）至萬曆十一年（1583）間，瑤族人民的起義就多達三十餘次，平均二三年就有一次」〔註2〕。

「瑤賊」流動劫掠雷州各地鄉村，不僅民眾財產、生命失去了保障，深受其害的還有廣大雷州婦女。她們不僅遭受「瑤賊」的性侵，常常還如財物一樣被擄掠而去。一些貞節觀念強烈的雷州婦女不甘受辱，唯有以死抗爭。如，成化元年（1465），「瑤賊」流劫雷州鄉村。徐聞一婦女柳氏年方十八，「彼

〔註1〕〔明〕陳大科，戴耀修，郭棐等纂《廣東通志》卷56，《雷州府·名官序》，第462頁。《稀見中國地方志彙刊》（第四十三冊），中國科學院圖書館選編，北京：中國書店出版，1992年12月版。
〔註2〕廣東少數民族編寫組：《廣東少數民族》，廣東人民出版社，1982年，第53頁。

虜賊見其有姿色，以車載歸，中途欲犯之，柳氏設言吾父有銀藏在某深井中，引至井，遂投井死。」〔註3〕

「瑤賊」流劫雷州早在元代已見方志記載。成化元年大約是明代「瑤賊」的初次來臨。雷州之民驚惶失措，匆忙入城躲避。由於「瑤賊」四處遊掠，城中人滿為患，相持日久，導致疾疫流行，死者大半。朝廷調兵來雷州鎮壓，「總兵官歐陽信師次於雷州，與賊戰，敗績」。「知縣王麟禦賊於那柳村，死之」〔註4〕。

一些雷州民人（包括婦女）為了躲避此次「瑤賊」之亂，被迫遠走流落他鄉，過著寄人籬下的屈辱生活；也有被逼迫而走上絕路者。海康婦女莊氏的經歷可謂典型一例。據方志記載：「成化初，廣西『流賊』（疑即上述『瑤賊』）劫掠鄉邑，人民飢饉。莊氏隨夫避難於新會，寄寓劉銘家，傭以自給。（劉）銘見莊氏有容色，欲犯之，屢誘不從。乃謀鄉人梁狗，同其夫入海捕魚，因擁下水殺之。越三日，莊氏見夫不還，尋之海濱，有一屍流岸側，手足被縛。莊（氏）認其衣服，乃夫也，即歸，攜其女赴水抱夫屍而沒。時莊氏二十有二也。翌日，三屍隨流，繞（劉）銘之門，去而復還。鄉人感傷驚訝，共殯祭之，然未知（劉）銘之殺也。後梁狗與人言其故，人始知之；然畏劉銘強暴，亦未敢發也。既而傳聞漸著，騷人墨客競為詩歌以弔焉。有司聞之，遂捕劉銘、梁狗，詢實，處以極刑。」〔註5〕莊氏以其「貞烈」而得以留名史冊；而其他未見諸記載的為逃避「瑤賊」之亂而流落異鄉的雷州人，不知還有多少飽含辛酸血淚的悲慘遭遇！

這場發生在成化初年的以胡公威為首的「瑤賊」之亂，對粵西、桂東地區摧殘尤烈，最終是由一位雷州籍官員設法平定的。據《萬曆雷州府志・鄉賢志》羅紳傳記載：羅紳，海康人，「由冑監任鬱林（今廣西玉林）知州，時值蠻賊肆掠，（羅紳）協同哨守相機卻敵，城賴以完。招撫渠魁（首領）胡公威等三千人，安置陸川諸屬邑，賊遂屏息。」但就雷州地區而言，「瑤賊」之亂並未因此絕迹。

「瑤賊」以流動搶掠為特點，故又常稱「流賊」；由於「瑤賊」常從廣西而來，又稱「西賊」、「西寇」。《廣東通志》卷56《雷州府・列女》「賀氏」條

〔註3〕　《廣東通志》卷56，《雷州府・列女》，第472頁。
〔註4〕　《嘉靖海康縣志》卷1《疆域》，第6頁。
〔註5〕　《廣東通志》卷56，《雷州府・列女》，第472頁。

記：「賀氏，遂溪民張謙妻，年二十五，（張）謙故，遺腹一子，五閱月方生，時窘於流賊壓境，或勸其別醮（改嫁），賀誓不二心，事舅姑益謹。」這段史料透露出一點歷史信息：在「流賊」壓境，風聲鶴唳之時，雷州地區社會秩序已出現混亂，人們自顧不暇，大約不逞之徒也乘亂而起。在此形勢下，孤兒寡婦最無助，故有人勸賀氏「別醮」，一來可以有個依靠，二來可以免除姦人的覬覦侵犯。

據屈大均《廣東新語》卷七《人語・傜（瑤）人》云：「瑤賊」作亂時，「舉眾蜂起，以殺人為戲樂」。面對「瑤賊」擄掠殘殺，雷州地方軍隊和民眾展開了英勇的抵抗。如，白毅，黎族人，歷功升錦衣衛都指揮同知，以事詿誤，調雷州衛指揮同知，「值瑤賊入境，毅然領軍殺賊，屢戰有功，後於竹叢尾村孤軍抵抗，斬獲甚眾。賊眾幾潰，偶被殺，贈本衛指揮使。」〔註6〕雷州一些地方組織了義勇隊伍，奮勇迎擊「瑤賊」。如海康縣民文帶，「驍奮絕倫。天順（1457～1464）中，瑤賊侵境，（文）帶充義勇，領兵禦賊，每戰皆捷。賊避其鋒。後與賊大戰於白沙坡，被鎗死。」〔註7〕

（二）「倭寇」、「海賊」

「倭」，古代指日本；「倭寇」（又稱「倭奴」、「倭夷」）自然指來自日本的以劫掠屠殺為職志的隊伍。但「倭寇」並非純粹的日本浪人隊伍，他們到中國來殺掠，常常與中國下海為「寇盜」的不逞之徒相結合，互相配合、援助。因此，又常將來自海洋的殺掠者統稱「海賊」、「海寇」、「倭賊」等。

在明代雷州「寇賊」隊伍中，「倭寇」之害最烈。他們所過之處，就像近現代侵華日軍那樣，搶光殺光燒光，還姦淫擄掠婦女，殘殺兒童，充分表現了其殘酷本性。如唐汝迪知雷州時，「倭奴犯郡，（唐汝迪）率眾死守，治糧餉，整部伍，益以民間兵，闔郡□以保全，汝迪之力也。及寇退，室空十九。」〔註8〕洪武二十四年（1391）九月，倭寇集結賊船數十艘，自海康武郎場登岸，大肆焚劫擄殺。雷州衛右營所鎮撫陶鼎率官兵抗擊，英勇戰死。鑒於倭寇為害慘烈，明朝廷詔沿海宜立衛所，以防備倭寇進犯。在雷州沿海增設了海康、海安、樂民、錦囊四個千戶所，練兵屯田，防禦倭寇；此外，還設有多處巡檢司，以加強防務。隆慶年間（1567～1572），倭寇對東南沿海地區騷擾日甚。

〔註6〕 《萬曆雷州府志》卷18，《勳烈志》，第420頁。
〔註7〕 《萬曆雷州府志》卷18，《勳烈志》，第420～421頁。
〔註8〕 《廣東通志》卷56，《雷州府・名宦》，第468頁。

雷州始建白鴿寨於通明港調蠻村，駐紮水師，專司「海上備倭」之責。從此，白鴿寨逐漸成爲雷州水師重鎮。

「倭寇」由於人多勢眾，船堅劍利，來犯之時，氣焰囂張兇狠，官軍也常常處於劣勢。隆慶五年（1571），倭寇犯錦囊城。雷州衛左副千戶黃隆督軍迎戰，結果，「鋒銳莫禦，眾皆散潰。（黃）隆獨挺身力戰，遇害。」〔註9〕萬曆二十九年（1601）三月，倭寇對沿海村莊大肆劫掠。官兵多次進擊，都被打敗，死傷甚多。雷州知府葉修募兵守城不敢出。五月，倭寇再次侵犯雷州城，明將盛萬隆、知府葉修及東山參將鄧鍾調集戰船 60 多艘，鄉勇數千人合力追擊，倭寇敗走。

倭寇之外，還有「海賊」。這些「海賊」多爲中國人，因不滿朝廷的「海禁」政策而下海爲「賊」。隆慶元年（1567）十二月晦，曾一本「海賊」來犯。「果毅有謀」的南頭守備李茂才「督兵麻濱與賊曾一本夜戰，至元旦辰，援兵不至，敗死。」〔註10〕嘉靖年間（1522～1566），李茂、陳德樂率徒眾反叛，下海爲「賊」，聲勢浩大，焚燒城社，屠戮士女，無惡不作。當時，地方官考慮到近來遭倭寇屢屢來犯，軍隊疲於應戰，民眾轉輸困弊，不忍心又興師動眾以行征剿，只得採取「姑從招撫以苟且夕之安」之策，但官府的招撫被「海賊」視作軟弱無能。「自隆慶壬申（1572）迄於萬曆己丑（1589），幾（乎）二十年，竟爾包藏禍心，陽以從撫（以）愚官司，而陰蓄其不軌。」這支「海賊」廣招閩、廣兩省亡命之徒爲爪牙，陰結雷州城中「豪傑」，陰爲耳目腹心。來犯時「浮艟（大船）蔽空，鉦吹拂浪，刃接火攻」，咄咄逼人。官軍被迫迎戰，卻「樓將士（樓船水師）歲被創不可勝計」，處於被動劣勢。在此形勢之下，雷州地區一些「愚氓」爲利益所驅動，棄農而從「賊」，使大片良田荒蕪，官租大減；而那些「劍客奇民、逋亡罪隸、蹋踘擊搏、五合六聚，大都白晝之間剽攫莫可詰」，即不逞之徒乘著官軍疲於對付「海賊」，分身無術之機，數十人團聚爲夥，光天白日下公開搶劫，官府亦無可奈何。一些富有者一方面爲了免於被「海賊」劫掠，另一方面也爲了從中牟利，竟「齎重貲創（造）船具牛酒給奸（接濟『海賊』），坐而倍收其利」；而貧窮者則「願效死命以償子母金錢（高利貸），出沒黏天浩浪中，走死地如鶩」。萬曆戊子（1588）年春，官府將擒獲的「海賊」二首領並其黨徒徙居郡城，以便監控，同時希望

〔註 9〕《萬曆雷州府志》卷 18，《勳烈志》，第 421 頁。
〔註10〕《萬曆雷州府志》卷 18，《勳烈志》，第 421 頁。

他們棄惡從良。但未能如願。「海賊」二酋怙惡不悛，唆使其餘黨蔡克誠、陳良德等擁眾出海，指戈內向，企圖脅迫官府釋放二酋。官府仍然是「遣使招諭，庶幾待以不死」。豈料，「乃兩旬間響應輻輳，登岸長驅，突襲清瀾，焚毀廬舍，煙炎（焰）互天，毒焰且熾」。一月不到，「海賊」氣焰甚囂塵上，如火如荼。事實教訓了雷州地方官：招撫等同於姑息；除了堅決鎮壓平叛，已別無其他選擇！於是，朝廷調集高、雷、廉、瓊四州軍隊配合作戰，分路夾擊。當各路軍會聚雷州，乃下令誡諸將曰：「敢有狐疑持兩端惑軍事者誅！敢有首鼠進退阻軍者誅！」要求軍隊「進無易（輕視）敵，退無避寇，罪在渠魁（首領），脅從可宥」；又下令戒諸道曰：「敢有載酒米餉賊者法毋赦！敢有盜軍情輸賊者法毋赦！」由於軍令法令嚴明，軍民齊心，結果，「軍聲大振，賊勢甚窘」。「海賊」派遣數人喬裝打扮混入郡城，企圖疏通關節，約二酋乘機劫獄，斬關而去。事情敗露，官府將奸細捕捉，立即斬首！官軍兵分三路出擊：「一由廣海督趨南頭諸軍以進；一由潿洲游擊諸軍自南夾攻；一由吳川督北津白鴿（寨）諸軍從中出。諸軍用命，所向克遂有功。五旬之間執馘獻俘，且夕奏捷轅門下。（海賊）諸酋長以次就縛，餘黨悉平。」「是舉也，共擒戮六百夥有奇（多），俘獲賊屬一百有奇，其沉溺重淵，骸骨浮海者不勝計」。〔註11〕

　　但是，「海賊」並未就此絕迹。明末，崇禎五年（1632），「海寇」劉香率眾騷擾雷州沿海，先後在吳川和遂溪登陸，大肆劫奪縱火。七年（1634），劉香海寇再次來犯，焚毀商船，擄掠男女以勒索贖金。八年，都御史熊文燦檄總兵鄭芝龍率兵會剿。劉香戰敗被斬。

　　可以說，「倭寇」、「海賊」之亂幾乎伴隨明朝統治始終。

　　值得一提的是，面對兇殘囂張的「倭寇」、「海賊」，除了軍隊英勇抗敵，功不可沒之外，還湧現了許多民間英雄，他們率領村民、鄉勇毅然禦敵，事迹可歌可泣。如柯有年，「徐聞人，教諭（柯）懋之子，補邑庠（縣學）生，性慷慨尚氣節。嘉靖四十年（1561），海寇劫村甚急，有年語兄扶其父懋出走，以身禦敵而死。賊退，村賴以保（全）」。陳邦傑，「徐聞人，素威武，隆慶初年，海寇剽掠，眾推爲大會長，尋立爲哨官。六年，倭寇逼城，眾洶洶不自保，邦傑挺身出戰，手刃二賊。會賊眾繼至，遂遇害。然賊氣亦索（消沉）。」王言，「徐聞人，勇健非常。隆慶初，海寇登北盆港，掠男婦數十。（王）言

〔註11〕《嘉慶雷州府志》卷18，《藝文志‧鄧宗齡平南碑記》，第527～528頁。

帶土兵（義勇）追躡，遂奪以還，斬賊首報縣，縣令旌之，署爲哨官。六年，倭復逼城，屠戮甚眾。（王）言與陳邦傑同出禦寇。邦傑遇害，（王）言愈奮厲，整率行列，用火器連斃二賊，復手刃其一，因奪其馬而乘之，賊圍遂解，城賴以全。」〔註12〕

（三）其他「寇賊」

明代，方志中對於「寇賊」的記載很多，名目亦繁多。除了以民族身份名之，如「瑤賊」、「黎賊」；或以其活動根據地稱之，如「海賊」、「水賊」、「山賊」、「村賊」；還有以其活動特點或體貌特徵而命名者，如「流賊」、「毛賊」；亦有不辨身份、體貌而籠統稱作「賊」的。凡爲「賊」者皆有一共同特徵——打家劫舍，殺害人命。如：嘉靖三十年（1551），「毛賊犯海康城，（王廷）輔統軍督戰，身先犯敵，矢盡力窮，竟歿於戰。」〔註13〕陳相，百戶，「自廣西調於雷（州），輕便勇敢，隨軍調守陽春鳳凰寨。時陽春山賊猖獗，乘夜來攻。（陳）相督兵拒之，兵潰散，（陳）相挺身力戰，殺數賊，竟爲賊所殺。」〔註14〕雷州地處粵西，粵西多山區，因而「山賊」對雷州的騷擾也時有發生。他們常常神出鬼沒，多於夜晚出動，令雷州民眾防不勝防，危害較大。爲了解除「山賊」之患，雷州駐軍常被徵調至粵西的信宜、陽春等地征剿「山賊」。「村賊」則是據村對抗官府官軍的當地農民，當然也可能存在焚劫行爲。「村賊」把村寨建築得如堡壘一般堅固，易守難攻。官軍若征討，常常要付出較大的代價。如史載：「吳賢，百戶，同軍征廣後山十三村賊。賊設寨險固。（吳）賢勇先登，被刺死」。〔註15〕

二、明代雷州地區「寇賊」的緣起

明代，「倭寇」、「海賊」的猖獗與明朝廷推行的「海禁」政策有關。海禁期間，規定船舶不許出洋捕魚貿易，嚴重影響了沿海地區民眾（尤其是漁民、外貿商人）的利益生計，於是，民眾被迫入海爲「賊」爲「寇」，拿起武器對抗官府。這是「海賊」熾盛的原因。倭寇來犯又與日本歷史有關。明初，日本正處於南北朝分裂階段。幕府無力控制各地「大名」（諸侯），沿海「大名」

〔註12〕《萬曆雷州府志》卷18，《勳烈志》，第421～423頁。
〔註13〕《萬曆雷州府志》卷18，《勳烈志》，第421頁。
〔註14〕《萬曆雷州府志》卷18，《勳烈志》，第420頁。
〔註15〕《萬曆雷州府志》卷18，《勳烈志》，第420頁。

經常派武士出海貿易和搶劫；一些失去土地的「浪人」也經常出海劫掠。他們經常出沒於中國東南沿海地區，瘋狂殺掠。是爲「倭寇」的興起原因。

造成明代雷州地區多「寇賊」還有一個重要的原因，即明朝統治者、軍隊對南方瑤族人民及雷州地區民眾的欺壓和騷擾。

據黃佐《廣東通志》卷 67《外志四》記載，瑤民「其亂始自（明）正統間（1436～1449）」。其作亂的原因就是明朝的無理欺壓。當時，鎮守廣東的太監阮能和兵部尚書陳汝言勾結，對瑤民「百端剝削」；瑤民首領襲蔭（繼承父職）必須「厚賂」貪官，於是，「盜賊四起」。另據《明經世文編》卷 73 記載：成化元年（1465），翰林侍講學士丘濬向皇帝獻《馭夷狄議》，提出：「凡軍民人等有入山峒生理，許其赴官告知，印帖爲照」；「無帖者不許（入山），責令供給，不敢將帶違禁器物，惟許其米穀、牲口、土物，不許受其銀兩及其地所不產之物，違者枷號示眾，沒入其財物，親屬鄰保知情不首罪同，有首告者給以其財物三分之一」。明憲宗表示認可，令地方執行。當時的兩廣總督是韓雍，執行此策可謂不遺餘力，嚴禁食鹽等生活必需品輸入瑤民居住區。於是，「爲奪取食鹽，瑤民不得不攻打通往鹽區的關隘，或攻打州縣，以獲得食鹽」；「明朝統治者的濫殺無辜對瑤民起事起到了推波助瀾的作用。……官軍一入瑤區便濫殺以邀功」，「於是，漢人、壯人、平民紛紛加入到瑤民起事行列，瑤民起事愈演愈烈。」〔註16〕

雷州民眾起而爲「寇賊」，也與軍隊及貪官的掠奪密切相關。

宋人張紘在《思亭記》中描寫了一幅宋代雷州地區民眾安居樂業、社會一片祥和的美好景象，讚美「其俗得乎眞淳之性也」。而這一幅「歌舞昇平」景象是如何營造的呢？張紘說：「自（南）漢降附之後，居斯任者（指雷州地方官）但守職局班（頒）詔條而已，故其官絕無勞擾之事。然則簡者（指太平無事）無他，良由民性眞淳，官無擾耳。」〔註17〕這說明只要「官無勞擾」，雷州則「民性眞淳」，天下太平。然而，到了明代，形勢已經大變。

明朝統治者要加強封建統治，要對包括兩廣、海南在內的邊疆少數民族加緊壓迫剝削，導致了南方少數民族的接連反叛。此時期此起彼伏的「瑤賊」之亂即由此而起。瑤族人反抗，遭到官軍鎮壓，也許家園被焚毀，財物被掠

〔註16〕 顏廣文：《明代廣東地區民族政策的演變與瑤區社會經濟的發展》，《廣東史地考論》，中山大學出版社，2007 年，64～65 頁。

〔註17〕 《嘉慶雷州府志》卷 18，《藝文志・張紘思亭記》，第 487 頁。

盡，無處棲身，無以爲生，不得不採取流動作戰方式，於是劫掠焚燒便不可避免。除瑤族外，海南黎族也頻頻舉起反抗旗幟。明朝調集大軍進駐雷州半島，雷州之民不可能擺脫官軍的「勞擾」，其「眞淳」之性便不復存在，被迫走上了「寇賊」之路。正如《老子》（三十章）所言：「師之所處，荊棘生焉；大軍之後，必有凶年」。

對此，《嘉慶雷州府志・藝文志・馮彬仰止亭記》（作於嘉靖二十一年）有詳細的記錄及清晰的表述，謂：

> 雷（州）與瓊（海南）連也。粵自宏（弘）治辛丑（1501）〔註18〕瓊有黎變，雷（州）嬰（遭）其害，不可勝紀。蓋興兵則羽檄（軍事文書）飛馳，徵取郡邑，爲委積計者百出追呼，累繫（繩索捆綁）如犯重囚。兵既壓境，雲屯蟻聚，焚掠遠近，靡有孑遺。北三府（按，指高、雷、廉三州）至擁衛攜持，奔走先後者動（輒）數千人，供張應給，咸出於民，而朘削誅求又有甚焉。是故，懲羹（喻指受過教訓，遇事小心）之民一聞師來，莫不震駭，惴惴然欲引竄山谷間。

另據《湛江兩千年》一書記載：明弘治十四年（1487），朝廷派遣都御史潘蕃、總兵毛銳率領官軍鎮壓海南儋州七方峒符南蛇爲首的黎族人民起義，「官兵駐雷州時，大量招募民夫，籌集糧草，百姓深受其害」；嘉靖二十年（1541）、二十九年（1550），海南都有黎民起義。明朝調數省官軍近十萬人渡海鎮壓，「官兵經雷州時，大肆搶掠」；萬曆四十一年（1613），崖州黎民又起事，「朝廷派兵路經雷州渡海鎮壓。官兵沿路搶劫，百姓深受其害。」〔註19〕《萬曆雷州府志》卷十五《名宦志・黃瑜傳》載：黃瑜於成化二年薦升雷州知府，時「兵荒相仍，盜賊充斥」，將「兵」與「盜賊」相提並論，從中亦可看出二者之間的因果關係。

官軍爲著鎮壓海南黎族人民的反抗而給雷州地區民眾造成的危害，在方志中可以找到許多證據。如，弘治（1488～1505）、正德（1506～1521）年間，海南黎族人民及雷州半島民眾的反抗鬥爭此起彼伏，官方徵調軍隊鎮壓，對

〔註18〕「辛丑」應爲「辛酉」之誤。經查，明宏（弘）治無「辛丑」之年。根據文中所述，此年「瓊有黎變」，再查對《嘉慶雷州府志》卷3，《沿革志・事紀》，可知宏治十四年（辛酉，1501）發生「儋黎符南蛇亂，都御史潘蕃、總兵毛銳討平之，駐師於雷」。

〔註19〕湛江市志總編室編《湛江兩千年》，廣東高等教育出版社，1993年，第17～20頁。

雷州地區就造成了很大的騷擾和摧殘。《馮彬班侯去思亭記》在頌揚嘉靖九年（1530）蒞任遂溪知縣的班佩的事迹時，就透露了一些信息，謂：「遂溪承兵殘之後，田薄而民瘁，且衝路往來，給費溢出他邑（縣），賦急而民益以困」。〔註20〕鑒於官兵擾民太甚，一些開明的將領採取了相應的措施：一是減輕民眾的軍費負擔；二是嚴明軍紀，犯者必咎，力圖將軍事行動的消極影響減至最小。如提督兩廣軍務、兵部尚書蔡某，「深鑒往弊而更之弦，是舉，計兵以食，計馬以芻，計時以儲積，權度區畫殆盡，職吏守程，無廢無擾。狼兵（廣西少數民族組成的軍隊，以勇悍如狼而得名）來，戮弗輯（不服從軍紀）者二人以殉，眾懼，相戒所過無犯，無敢縱玩。」〔註21〕

除了軍隊的騷擾外，爲著戰事來往的官員對雷州民眾也騷擾極大。《林鳳鳴送海康邑令序》就提到：「海康僻在海隅，正統（1436～1449）、天順（1457～1464）年間毒遭兵凶，凋敝爲甚，且去京師爲最遠，來官者多肆暴虐，愚民敢怒而不敢言，蓋非一日矣。」〔註22〕正因爲官員貪婪放肆對社會危害極大，一旦遇上一位清廉勤政，以民爲懷的官員，雷州民眾便感念不已。

明代在雷州建珠池採珠，也是一項擾民弊政，也是導致雷州民眾爲「寇賊」的原因之一。明大臣林富於嘉靖八年（1529）上奏朝廷的《乞罷採珠疏》就爲我們透露了官迫民反的一些重要信息。明朝自天順（1457～1464）以來，朝廷就開始在雷州設官採珠。由於珠的生長期漫長，而官府卻越採越頻繁，導致珠越來越少，「五年之役，病死者幾（多少）人，溺死者幾人，而得珠幾何？」民眾痛斥朝廷採珠是「以人命易珠」。林富指出，如今珠已近絕迹，只怕以人命換也換不來了。又說，目前，「廣西地方盜賊縱橫，猺（瑤）、獞（壯）盤據，田土荒落，調度頻煩（繁）」，而「宗室祿米、官軍俸糧，大半仰給於廣東」，廣東之民所受剝削深重，「斯田之役其取之又不止十之八九」。在「嶺東嶺西（廣東、廣西）兩道地方，所在饑民告急待哺，申訴紛紜，盜賊乘間竊發，饋餉日贍不暇」的危機時刻，朝廷仍「於此時復以採珠坐令某府某縣派銀若干千兩，某府某縣派夫若干千名，某府某縣派船若干百隻，誠恐民愈窮而斂愈急，將至無所措其手足，而意外之變難保必無。此臣所以揆之以時而知其不可採者三也。」林富給嘉靖帝上「三不可（採珠）之說」，期望統治

〔註20〕《萬曆雷州府志》卷20，《藝文志》，第441頁。

〔註21〕《嘉慶雷州府志》卷18，《藝文志·馮彬仰止亭記》，第517頁。

〔註22〕《萬曆雷州府志》卷20，《藝文志》，第448頁。

者「敦樸素以遠珍麗，省財力以厚黎元」，勿一意孤行，招致民變。嘉靖九年（1530）十月，林富又上一疏，題爲《乞裁革珠池市舶內臣疏》，可見前一疏或被宦官截留不報，或未引起嘉靖帝的重視，仍然把「珍麗」看得比「黎元」更重要。林富在此疏中再次指出採珠及市舶兩項弊政的嚴重危害，云：「珠池約計十餘年一採，而看守太監一年所費不下千金，十年動以萬計，割萬金之費守二池之珠於十年之後，其所得珍珠幾何？正謂所利不能藥（彌補）其所傷，所獲不能補其所亡也。臣故以爲市舶、珠池太監但不必專設以貽日漬月削之害。」同時揭露了被派到地方的宦官「倚勢爲奸，專權生事」，「諸司不敢干預」的問題，希望朝廷罷撤採珠、市舶兩項害民弊政，使「地方受惠，邊徼獲安」。〔註23〕柯時復《雷陽對樂池罷採碑記》也爲我們進一步瞭解採珠之害提供了更多的信息：每次採珠都耗費民財民力不菲：「調民船四百有奇，募商船稱是（亦四百艘有奇），供役千人，押船守港軍兵二千六百名，費糧四千石，旗仗什物莫絕，用帑金四千餘，而饋餉轉送之私（按，指其中送禮行賄不入賬目的開支）不與也」；然而，所得珠「不滿百兩」。在採珠中，還導致合浦與雷州兩珠池的矛盾，幾乎引發「千艘之亂」；另外，被徵用的商船乘機擄掠民眾以彌補自己的損失：「且商船作奸太橫，出則侵界（按，指超越二珠池的分界線）速構，去則掠民取貨，寧獨（不僅）虛勞，幾挑大禍」，還有奸人從中構陷迫害善良。雖然在地方大員一再上疏乞請罷撤的呼籲之下，皇帝不得不下詔罷採珠；但雷州大地已是「暴骨」累累。〔註24〕不甘願「暴骨」原野的雷州民眾唯有上山下海爲「寇賊」！

正德五年（1510），雷州爆發民變，即由守珠池太監牛榮刻剝所激起：「（牛）榮恃勢橫暴，計家資取所入，地方苦之，故變。」〔註25〕正德十四年（1519），守珠池太監趙蘭再次激起民變：「（趙）蘭視牛榮尤橫，賊殺良民陳應魁，誣奏知府王秉良，詔獄，故變。」〔註26〕

自然災害亦是明代雷州地區「寇賊」興起的誘因之一。

自然災害發生，死者已死，殘存者得不到救濟，無以爲生，在絕境中被迫爲「寇」爲「賊」。《嘉慶雷州府志・藝文志・副使莫天賦重修雷州城垣記》

〔註23〕 《嘉慶雷州府志》卷18，《藝文志》，第509～512頁。
〔註24〕 《嘉慶雷州府志》卷18，《藝文志》，第513頁。
〔註25〕 《萬曆雷州府志》卷1，《輿圖志》，第167頁。
〔註26〕 《萬曆雷州府志》卷1，《輿圖志》，第167頁。

爲我們揭示了這方面的信息。其中云：「嘉靖甲子（1564）夏，淫雨連旬，澎湃橫流，壞民居畜產不可勝計。而郡城之南，樓櫓之崩陷汩沒，大較深二丈餘尺，寬數十丈有奇；西北亦如之。蓋雷陽（州）所未有之變也。是時，綠林巨奸（指「寇賊」）雖甫寧息，而潢池弄兵小丑恣其無忌，乘間鬥捷，都邑洶洶，神馳色奪。」這是水災引起的「寇賊」。雖說只是「潢池小丑」，只是佔據河流、沼澤、湖泊爲亂，人數團夥也可能不算太多，武器亦未必很精良，與那些千百爲群的「瑤賊」、「倭寇」殺人放火，無所顧忌未必可以相比，但由於他們「恣其無忌」，無法無天，乘人不備發動突襲，其對社會對民眾的危害依然是不可忽視的，因此才「都邑洶洶，神馳色奪」。對這些「弄兵小丑」，官府也只好採取修築城池，以防爲主的對策。

《編修吳道南海康令陳錦德政碑記》也提到：萬曆初年，「會海潮漲溢，民居其間（按，指海康東南洋田）者，屋宇貲（資）菑（初耕土地）悉漂流，且鹹水灌入，禾苗皆焦，時有迫於飢寒者去而爲盜，山海蝟集，不可搜捕。」〔註27〕

雷州特殊的地理位置及形勢與「寇賊」縱橫亦有一定關聯。雷州地處戰略要衝：其北、其西有高州、廉州，其南爲瓊州（海南），正是三州交通之咽喉。任何一州有警（動亂），雷州均不能不受其影響。故地方志云：「高（州）、廉（州）列其北，瓊管（瓊州總管府）峙其南，中夾兩海（南海、北部灣）而若斷若引，譬之人身，其（雷州）猶喉也。三郡有警，雷（州）必中之，地方蓋多事矣。」〔註28〕另外，雷州沿海洲島眾多，爲奸究伏匿，乘機竊發也創造了有利條件。

三、明代雷州地區「寇賊」之亂的危害及官府對策

「寇賊」群聚行動，無惡不作，令人髮指。故史家說：「情（依常情而論）罪之最重者無過強賊。彼其殺人焚室，姦污勒財，無辜良民備受慘毒。一旦得之，察其果眞，即殺無赦，庶幾紓人心刺骨之憤。」〔註29〕

「寇賊」之亂使眾多雷州之民或被屠戮，或被迫逃難，落藉異鄉，使雷州人口大減。「寇賊」來臨，除了擄掠，還肆意殺戮：「時賊肆殺掠，數百里內杳

〔註27〕《萬曆雷州府志》卷20，《藝文志》，第443頁。
〔註28〕《萬曆雷州府志》卷1，《輿圖志‧論曰》，第168頁。
〔註29〕《萬曆雷州府志》卷15，《名宦志》，第384頁。

無煙火。」〔註30〕成化元年（1465），廣西瑤族胡公威反，流劫至雷州。「是時，承平日久，民不知兵，賊至，俱奔入城，相持日久，城中疫起，十死六七，田野荒蕪，戶口頓減」。〔註31〕據《廣東通志》卷五十五《雷州府・戶口》記載，明初永樂十年（1412）統計，雷州府有戶45538戶，口167179；成化八年（1472）無統計數據，僅有一段說明文字：「按，此以前被猺（瑤）殘破，人民耗散，都（邑）圖（籍）不能復舊，戶口十僅存五，非復昔日之繁盛也。海康止（只）存五十里（居民組織，即「鄉里」），遂溪止存三十里，徐聞止存十八里。」過了十年，到成化十八年，雷州府也只有戶23418，口51733，人口僅爲永樂十年的三分之一！即以海康一縣而言，明初洪武二十四年（1391）的統計數據是戶23595，口97199；但天順、成化、宏（弘）治、嘉靖、萬曆年間，海康縣戶數都在一萬多、口數都在2～3萬幅度，人口的凋零狀態也是清晰可見的。〔註32〕減少的人口，或是斃命於「寇賊」之亂，或是移徙他鄉，再不回歸。此後，直至萬曆年間（1573～1620），雷州人口一直徘徊在戶二萬餘，口4～6萬範圍，時增時減，沒有明顯的增長。由此可見動亂對雷州社會的摧殘。

「寇賊」之亂破壞了地方社會秩序，對雷州民眾的生產生活造成了嚴重的危害，加重了雷州人民的經濟負擔。如，雷州郡城之東，原有「良田彌（滿）數千頃」；然而，「居人在村落者稍苦盜賊，俱徙麗（依附）郡郭（城）而處，以故城南人不啻萬家，稠密聯絡，煙火如雲」。〔註33〕居民爲了在「寇賊」來襲時能及時入城躲避，都由鄉村徙居至城南，生產自然不能不受影響，田園丟荒亦屬難免。「寇賊」臨境，近城的進城躲避，離城遠的只得逃入深山。無論入城或入山，生活之艱苦是可想而知的。《萬曆雷州府志・貞女志》陳氏條云：「時避寇於城，饔餐莫繼。每有食，必先舅姑而已後之」。進城者還可以通過乞討或爲人傭作獲得有限食物，而入山者唯有以野荣樹葉裹腹度日了。直至「寇賊」平息，才能返鄉；如果家已被掠空甚或已被焚毀，則生活更是雪上加霜了！然而，大亂之後尚能殘存已屬萬幸，許多人即使逃入深山也未能逃脫厄運。《萬曆雷州府志・貞女志》載：「鄧氏，徐聞廩生陳大賓妻，鄧邦基從女弟（侄女）也。嘉靖庚申（1560）避賊匿於新倉窟。賊搜而出之。

〔註30〕《萬曆雷州府志》卷15，《名宦志・毛吉傳》，第400頁。
〔註31〕《萬曆雷州府志》卷1，《輿圖志》，第167頁。
〔註32〕劉邦柄修、陳昌齊纂《嘉慶海康縣志》卷1，《疆域・戶口》，嘉慶十七年（1812）刻本，第29頁。
〔註33〕《嘉慶雷州府志》卷18，《藝文志・布政盧夢陽重修城恒記》，第520頁。

鄧氏抱樹曰：『吾得死所矣。』驅之行，不從，刃其左臂。（鄧氏）厲聲曰：『吾臂可斷，志不可奪！』賊復刺其胸而死。」為躲避「寇賊」，官員、民眾常常不得不依附軍隊以求庇護，因此而難免備受兵弁的欺凌。天順元年（1462），徐聞縣城一度由賓樸遷至海安所。其縣治遷徙的原因是，原縣治只築土城，防禦能力有限，「時西寇（即「瑤賊」）剽掠，平其城而墟之，故遷」。縣治遷至海安衛所，固然旨在求得軍隊保護，卻不料隨遷的民眾飽受將兵的欺凌侮辱，所謂「民苦軍桀驁，思故土」。知縣平鋼順從民意，申請上級批准，將縣治復遷賓樸，改築石城，加強防禦「寇賊」的能力。〔註34〕

也有部分雷州人為頻頻出現的「寇盜」所苦，認為暫時躲避終非長久之計，他們選擇遠走他鄉，以為可以找到和平的「樂土」。但現實卻是殘酷的！前述海康婦女莊氏於成化初年「瑤賊」作亂時，一家三口隨從到海康賣穀而返鄉的新會人劉銘、梁狗一起乘船逃難到新會，也沒能逃脫厄運即為一例。

「寇賊」擾亂，官軍鎮壓平亂，軍費常常轉嫁於雷州民眾。如，據方志記載，弘治十四年（1501），「瓊州黎賊……符南蛇反。都御史潘蕃、總兵毛銳討之。（潘）蕃稅於雷（州）」；嘉靖二十年（1541），「黎賊」又反，「都御史蔡經、總兵、安遠侯柳珣征之，稅於雷」；二十七年，「瓊州崖黎復反。都御史歐陽必進、總兵平江伯陳珪征之，稅於雷」。〔註35〕朝廷調兵平定雷州的「寇賊」之亂，自然亦應是「稅於雷」。

「寇賊」之亂對於雷州地區教育事業發展的摧殘也是極嚴重的。海康縣儒學頗受官府重視，一再修葺，生徒課業，絃誦之聲不絕。然而，「成化十四年（1478），憲副陶魯遷於郡學西，其年毀於猺（瑤），（縣）學併入府學」。「瑤賊」到來，搶劫縱火，學校頓成廢墟，師生流散，府、縣學不得不合二為一。徐聞縣儒學亦於明朝「天順元年（1462）避寇附於海安所。」〔註36〕

史臣注意到了明代雷州地區教育事業的發展波折較大，某些時期人才輩出；某些時期又人才凋零。如徐聞縣，「徐（聞）自成化戊子（1468）後，科目缺九十年。」〔註37〕即近百年無登科第者。史家在尋找答案時，認為可能

〔註34〕《古今圖書集成·方輿彙編職方典》第 1368 卷，《雷州府部·雷州府城池考·徐聞城池》，第 20199 頁。
〔註35〕《萬曆雷州府志》卷 1，《輿圖志》，第 167 頁。
〔註36〕《古今圖書集成·方輿彙編職方典》第 1368 卷，《雷州府部·雷州府學校考》，第 20207、20209 頁。
〔註37〕《嘉慶雷州府志》卷 16，《人物志·陳素蘊傳》，第 420 頁。

是雷州地區經濟發展了，士人知足常樂，失去了奮鬥之志的緣故，謂：「我朝專重科目（舉），洪（武）、永（樂）間，雷郡鄉舉每科至十人九人，少亦五六人，率以為嘗甲榜，一科至四人，何盛也；今乃鄉舉歲僅一二人，甲榜自鄧檢討（宗齡）後三十年幾絕響焉。雷（州）猶是雷（州）也，而懸殊若是，豈消息殊運乎？抑惰窳（懶惰）異習也？」又說：「雷（州）稻梁蔬菽有餘於腹，一苧一葛有餘於體，家給人足而不待於外，目無名公巨卿之可希（期望），身無飢寒困苦之相迫，欲斷虀警枕（比喻艱苦）而坐進，此道難矣！語曰：『沃土之民佚（逸），瘠土之民勞』。雷土（州）之沃也，少勞多逸，細民之幸也，士人之不幸也」；「雷士倘不以溫飽自安，異日者烏知不彬彬郁郁而抗衡宇內也！」〔註38〕似乎某段時期雷州人才少出，是因為生產條件好了，士人「以溫飽自安」之故。這是錯誤的觀點。因為，一來，用這種觀點無法解釋為何明初雷州人才輩出的現象——難道這是因為雷州土瘠民貧，因而士人皆思進取的結果？二來，此說與《萬曆雷州府志・名宦志・論曰》所說：「雷（州）在粵為最南，地為最瘠。三縣錢糧共以五萬餘計，諸物不產，諸貨不湊」存在前後矛盾之處。其實，造成某些時段雷州地區教育落後，人才不振的真正原因是「寇賊」之亂。從史臣這段文字看，雷州教育在成化至萬曆年近百年間，處於衰落期。查方志「事紀」可知，此期間，雷州地區自然災害與「寇賊」之亂接踵發生。僅就「寇賊」而言，如，成化元年（1465），廣西「瑤賊」流劫至雷州，雷州人「十死六七，田野荒蕪，戶口頓減」；至十四年，仍然「地方殘破，絃誦者少」；弘治十四年（1501），瓊州「黎賊」反，官軍興兵征討；正德十一年（1516），「賊劫遂溪縣」；嘉靖二十年（1541）、二十七年（1548），「崖黎」又反，官軍再次征討，駐師徵稅於雷州；四十二年（1563），「狼兵突至，劫徐聞縣庫」；四十三年，「廣西流賊突至」；〔註39〕隆慶三年，海寇吳平流劫廣東沿海，「其遺孽曾一本復嘯聚海上，高雷諸府騷擾者數年」；五年冬十二月晦，「倭賊寇（雷州）府西南郊，擄掠男女，地方幾破」；萬曆年間在雷州採珠對地方騷擾甚烈，「寇賊」起而作亂；萬曆二十九年春三月，「倭賊自淡水登岸，據龍鬱村」。此外，萬曆年間海南「黎賊」又頻繁反抗，朝廷一再調軍征討。〔註40〕所有這一切（加上各種自然災害），都使雷州地區不得

〔註38〕《萬曆雷州府志》卷14，《選舉志》，第379頁。
〔註39〕《萬曆雷州府志》卷1，《輿圖志・事紀》，第167～168頁。
〔註40〕《嘉慶雷州府志》卷1，《輿圖志・事紀》，第168頁。

安寧，人口大減，教育的衰廢實屬必然。

「寇賊」之亂對於交通的破壞也是顯而易見的。明代，雷州建設了驛站，便利了官民的行旅交通：「由遂溪至郡（城）一百八十里，其中爲城月驛；由郡至徐聞二百里，其中爲英利驛」。然而，「城月枕海，故多海寇；英利負山，故多山寇。此兩地皆畏途，過之者父子兄弟兵刃相戒也」。〔註41〕「父子兄弟兵刃相戒」，對於數十爲群，突如其來的「寇賊」，其實是起不到多少保障作用的，行旅被劫被殺者當不在少數，道路寂無行人也是可以想見的。

面對「寇賊」縱橫的局面，朝廷、地方官府的應對之策，首先當然是軍事鎮壓，堅決平亂。除依靠地方駐軍外，還採取募兵辦法。如王麟，天順二年知海康縣事，時「流賊猖獗，募勇敢協剿，有功。」〔註42〕萬曆年間，「倭奴」來犯，知府葉某「募丁壯丈夫有能生致倭奴斬獲者賞有差」，雷州得以安寧。〔註43〕地方志中具體記載了大量地方駐軍與「寇賊」作戰的事跡。在作戰中，湧現出大批忠勇之將士，其中不少人在作戰中捐軀。也有知縣在率軍對「寇賊」作戰中犧牲者，如海康知縣王麟等。地方志中的《勳烈志》記載的大多是平「寇賊」而獻身的大小將領，可視作一座「平賊紀念碑」。

除了軍事鎮壓外，爲減少損失與危害，盡快恢復發展生產，地方官府還採取了一些相應的措施。

一是加強城防建設。在「寇賊」人多勢眾，力量強大，而地方官軍力量常感不足的形勢下，防禦「寇賊」較有效的手段是入城自保。爲此，明代，地方官對於郡城、縣城的城垣建設都極重視。從《古今圖書集成·方輿彙編職方典·雷州府城池考》中，可以看到，明代，雷州地方官對於郡城的興建維修，其頻率遠高於前後各朝代。自洪武甲寅（1374）指揮張秉彝、朱末、周淵、通判李希祖「大築雷城」之後，正統庚申（1440）、成化間（1465～1487）、弘治甲子（1504）、正德丁丑（1517）、嘉靖己丑（1529）、壬辰（1532）、己亥（1539）、甲寅（1554）、癸亥（1563）、甲子（1564）、乙丑（1565）、萬曆己巳（1605）〔註44〕、丙午（1606），雷州府城都曾委任重要官員（包括指揮、知府、海北道僉事、通判、同知、分守道等）負責進行修葺，或「展其舊基，

〔註41〕《嘉慶雷州府志》卷18，《藝文志·布政盧夢陽重修雷州城垣記》，第521頁。
〔註42〕《萬曆雷州府志》卷15，《名宦志》，第393頁。
〔註43〕《嘉慶雷州府志》卷18，《藝文志·尚書王宏誨雷守葉永溪公生祠記》，第539頁。
〔註44〕查萬曆無「己巳」紀年，疑當爲「乙巳」，字形相近而誤。

加之高大」；或「於四門上各建重樓」；或「城內環濬壕塹儲水」，力圖把雷州城建築得固若金湯。官府如此不惜人力物力一再重建重修府城，其重要動因之一就是防「寇賊」。如嘉靖癸亥（1563），「同知蕭文清重築城外樓櫓。時山海賊每突至城下。文清始於四城門百步外各建樓捍守，東曰『安東』，西曰『靖西』，北曰『鞏北』，南曰『鎮南』。」遂溪縣在明朝以前無城池。明洪武甲寅（1374），知縣元太初始築土牆，後改築石城，設瞭墩、窩鋪，開東、南、北三門，城樓三座，濬以壕塹。成化初，「瑤賊煽亂，民病防守」，知縣張憲「興工築濬城池」，「乃塞東門，止存南北二門」。徐聞縣在明以前亦「未有城」。明正統三年（1438），知縣李鷟始築土城，後被「寇賊」攻陷，縣治不得不遷至海安所。回遷之後，再築石城，「周圍六百餘丈」；正德庚午（1510），知縣王澤又「增築濬壕，增城高一丈四尺，廣八尺有奇」。〔註45〕有了堅固的城防，當「寇賊」來臨時，民眾入城，堅壁清野，即可化險為夷。

　　二是駐兵防守。明代對於雷州地區的海防建設很重視，一方面是設兵防守。據《大明一統志》記載：明初，洪武二十七年（1394）前，在雷州已設置一衛四所，其中，雷州衛在縣治東，洪武五年建；海康守禦千戶所在海康縣西 170 里；樂民守禦千戶所在遂溪縣西南 190 里；海安守禦千戶所在徐聞縣南 20 里；錦囊守禦千戶所在徐聞縣東 100 里。四千戶所皆隸屬於雷州衛。另據《萬曆雷州府志》卷十二《兵防志一·軍制》云：「國初，閩、浙、廣東沿海一帶俱患倭，故各設軍備之。雷（州兵）制：撥（衛）所軍七百名分上下班防守，所官領之，擇衛指揮一員提督。隆慶年間，官軍失機革不用，改水寨兵防倭。萬曆元年，軍門委本府鄭推官將原設備倭並中軍哨旗軍，除公辦料價外，餘通左、右、中、前四所，揀選六百名分左、右、前、後四哨，各哨官一員，分領軍政，推選指揮一員統領內，一哨守墩，一哨守路，二哨守城。萬曆三十二年，本府高推官詳議選鋒一哨、旗軍一百二十名，與標兵一體調用。今團操選鋒實止五百餘名，同營兵操練及防守墩路，半年一換。」〔註46〕

　　另一方面，特地從內地調派一些名將到雷州來任職。如，萬曆年間，曾任雷廉副總兵的楊應春，「起家巍第（武舉出身），負文武才，歷任兩京（北

〔註45〕　《古今圖書集成·方輿彙編職方典》第 1368 卷，《雷州府部·雷州府城池考》，第 20198～20199 頁。

〔註46〕　《萬曆雷州府志》卷 12，《兵防志一·軍制》，第 335～336 頁。

京、南京）、梁、晉、雁、代諸邊，稱名將。萬曆甲辰（1604）冬奉簡命拜雷廉總戎將軍」。楊應春到雷州後，鑒於雷州海防力量薄弱，防禦設施不足，「於是，勤簡（選拔）練，申禁令，飭戰守，其爲地方謀日兢兢焉」。〔註47〕其他奉命守雷的官員或將領也積極貫徹朝廷加強雷州防禦的精神，採取了一系列相應措施，使「寇賊」有所畏懼，地方得以安寧。如，薛夢雷，萬曆十二年（1584）任雷州守巡，於「沿海設敦（墩）臺，派軍禦寇。郡北空曠，建敦場、營房，宿兵障蔽北關，居民賴以安堵」；趙可懷，萬曆年間任雷州守道，「水陸營寨加意清刷，兵無虛惰，海氛清息，……居雷（州）數月，釐（治）奸剔蠹，兩郡（雷、瓊）賴之」；鄭國賓，隆慶間（1567～1572）任雷州推官，兼攝縣篆，「增設沿海墩臺」，使「海警有備」；郭鉞，萬曆初知海康縣事，「重建十里鋪，築墩臺以禦寇，四境晏然」，等等，事例甚多。以上均見《萬曆雷州府志・名宦志》。

三是組織鄉兵自保。萬曆年間，朝廷委派宦官在廣西合浦及廣東雷州設「珠池」採珠，成爲擾民一大弊政，部分民眾起而反抗，騷擾採珠，被稱作「珠寇」。雷州地方官就曾「清沿海之野，輯鄉保之兵而益之，不動聲色而褫（奪）眾珠寇之魄，俯首而去。」〔註48〕

四是招集流散，竭力撫諭。「寇賊」亂後，許多人失去親人，失去財富，家室遭毀壞，失去了生活生產的信心和條件，或流落異鄉，或上山下海爲「寇賊」。因此，招集流散，竭力撫諭，就成了地方官府的當務之急。否則，生產不能恢復，社會秩序也難以重建。這方面的事迹於方志中也可列舉許多。如，黃瑜，成化二年知雷州，「時兵荒相仍，竭力撫字（養育），盜息民安。」〔註49〕此所謂「兵荒」實指「寇賊」之亂；唐汝迪任雷州知府期間，適逢「倭奴」來犯，寇亂之後，雷州「十室九空」，滿目瘡痍，唐汝迪「勸民平糶，乃有濟」；謝朝爵，隆慶間知徐聞縣事，「時海寇充斥，民多逋（逃）匿。（謝朝）爵至，首諭招撫，民皆復業」；萬曆元年任守道的諸察，「倭變之後，勞心□循，民賴以安」；陳錦，萬曆初知海康縣事，當時「流移未復，招以集之；歲戊子（1588）蝗災、己丑（1589）潮災，（陳）錦軫民瘼，請蠲徵十

〔註47〕 《萬曆雷州府志》卷 20，《藝文志・大宗伯王弘誨雷廉副總兵楊應春紀功記》，第 445 頁。
〔註48〕 《嘉慶雷州府志》卷 18，《藝文志・吏科給事中許子偉高司理濬河記》，第 534 頁。
〔註49〕 《廣東通志》卷 56，《雷州府・名宦》，第 466 頁。

之三。」以上所引數例均見《萬曆雷州府志・名宦志》。此類事例甚多，不具述。

參考文獻

1. （明）陳大科，戴耀修，郭棐等纂：《廣東通志・下》，《稀見中國地方志彙刊》（第四十三冊），中國科學院圖書館選編，北京：中國書店出版，1992 年 12 月版。

2. （清）雷學海修，陳昌齊纂：《嘉慶・雷州府志》，《日本藏中國罕見地方志叢書》，嘉慶十六年（1811 年）刻本，湛江師範學院圖書館藏。

3. 廣東少數民族編寫組：《廣東少數民族》，廣東人民出版社，1982 年版。

4. （清）劉邦炳修，陳昌齊纂：《嘉慶・海康縣志》，《中國地方志集成・廣東府縣志輯》，上海：世紀出版集團、上海書店出版社 2003 年，據嘉慶十六年（1811 年）刻本影印，湛江師範學院圖書館藏。

5. （明）歐陽保等纂修：《萬曆・雷州府志》，《日本藏中國罕見地方志叢書》，萬曆四十二（1614）年刻本，書目文獻出版社，湛江師範學院圖書館藏。

6. 顏廣文：《明代廣東地區民族政策的演變與瑤區社會經濟的發展》，載顏廣文著：《廣東史地考論》，中山大學出版社，2007 年版。

7. 湛江市志總編室編：《湛江兩千年》，廣東高等教育出版社，1993 年版。

8. （清）陳夢雷：《古今圖書集成》，北京：中華書局，巴蜀書社，1987 年版。

八、清初雷州地區的平亂與社會重建

摘　要

　　清初順治、康熙兩朝，值改朝換代之際，地處邊陲的雷州地區，幾十年間處於局勢動盪之中。不僅明清兩朝軍事力量在此展開長期的、勢均力敵的搏殺，爭奪；一些無能承擔苛捐雜稅、「徵糧比餉」的民眾被逼上「梁山」；一些不法之徒也乘亂而起，趁火打劫。這些被封建官府統稱爲「盜」、「賊」、「寇」的團夥，佔據山區、海島，不時四出剿掠，殺害人命，使雷州大地處於滿目瘡痍之中。在此過程中，清朝廷及地方官府一方面徵調軍事力量，對雷州各地的「盜賊」進行征剿；另一方面又在軍事、行政上做了大量工作，包括修武備，固邊防；禁暴虐，除積弊；招撫流民，墾荒種植；復興學校教育等等，使被長期動亂摧毀的地方經濟逐漸得到恢復、發展。清初雷州地區的動亂至康熙朝才漸被平息，雷州社會的動盪局勢才漸趨和平安定，爲日後雷州地區經濟的發展，文教的昌盛奠定了基礎。

關鍵詞：清初；雷州；「海盜」；「山賊」

本文所謂「清初」，指順治（1644～1661）至康熙（1662～1722）近 80
年時間。這段時期，由於滿清統治者推行剃髮、圈地等反動措施，激起漢族
人民激烈的反抗鬥爭；加上西北民族分裂勢力及西南吳三桂等「三藩」之亂，
使清朝統治一時未能穩定。清軍勞師費財，四處征戰，力量分散。這使清初
半個多世紀中封建統治如風雨飄搖。即以地處大陸最南端的雷州半島而言，
自順治四年（1647）清兵進入雷州半島起，雷州大地便陷入了血雨腥風之中。
明清兩軍爭奪征戰，民眾起而抗清，不法之徒聚眾劫掠，使雷州之地「盜」、
「賊」充斥，久無寧日。直至康熙統治終結，隨著東南鄭成功抗清鬥爭的失
敗，三藩之亂的被平定，西北民族分裂勢力陰謀的漸趨破滅，國家統一局面
才漸趨穩定。與此相聯繫，雷州地區也才逐漸從長久的動亂中走出。「盜賊」
之亂基本平息，民眾復業，經濟發展，教育得以復興。由於記述雷州地區歷
史沿革較詳的幾部方志均為珍藏本，借閱不易；加之均為無標點影印本，且
多處漫漶不清，給閱讀研究帶來不便，因此，迄今未見有關清初雷州地區歷
史變遷的專題論述。筆者認為，回顧清初雷州地區的歷史，探討其長久致亂
的因由，考察並揭示清初地方官府行之有效的平亂及維穩、恢復發展措施，
對於今人認識歷史，更好地開展地方政治、經濟及文教各項事業的建設，仍
然是有意義的。

一、清初雷州地區社會動亂概述

清初數十年間，雷州之地「盜」、「賊」遍地。他們以山林、海洋為「巢
穴」，既與清軍作鬥爭，也四出擄掠鄉村，殺害人命，使許多雷州民眾或無辜
被害，或被迫「從賊」，或不得不遠徙異國他鄉。以下根據方志的記載，對清
初雷州地區規模、影響較大的「盜賊」之亂略作概述。

黃海如之亂。順治三年（1646），清軍入粵。四年二月，清兵至雷州。明
參將蔡奎率所部迎降。清總兵官汪宗宏與「降盜」黃海如（明雷州總兵，以
「狼狠好殺」著稱）奉命同鎮雷州。雷州「官民安堵」。同年九月，明朝監軍
古鼎、都督孫時顯帥「狼兵」〔註1〕圍攻雷州城，不克。已降清朝的黃海如乘

〔註1〕狼兵制度肇始於明代，是明代軍制的重要組成環節。狼兵，專指廣西出身之
　　　 戰鬥人員，此類人不隸軍籍，彪悍武勇，於明代「剿賊」、「禦倭」多有使用，
　　　 且戰績不俗。但由於缺乏有效的管束手段，軍紀混亂，燒殺害民之舉亦所在
　　　 多多，以至百姓有懼狼兵甚於賊之說。

機反叛。十二月，黃海如駕船南渡劫掠雷州各地，並勾結降清的明將蔡奎裏應外合，將雷州城攻陷。黃海如「遂據府城，稱『宮保』，土賊陳仕升、張彪爲之爪牙。富者破家，貧者斃命，大爲民害。」順治六年（1649），清都督閻可義帥師撫定雷州，破黃海如於平崗坡。黃海如敗逃，「下徐（聞）駐紮，屠戮士民，運米浮海而去。是時，海如敗遁入海，爲風所覆，雷（州）人始得安生。」〔註2〕

王之翰、黃占三（又作「王尖三」、「王占三」）之亂。順治九年（1652），清靖南王耿繼茂統師至雷州，擒殺明高雷鎮海康伯李明忠。明軍殘餘各據一方，堅持抗清鬥爭。其中，「雷（州）人王之翰入山不剃髮，征之不克。翰在北筍巢；翰之弟（王）之鑒在內港巢；左營陳傑在烏叫巢；右營黃占三在方家巢；王禮士、梁州牧黃憲等各聚黨劫殺，佔據西海一帶地方垂（將近）五六年」〔註3〕。順治十三年（1656），清廣東巡按御史張純熙巡按至高州、雷州，耳聞目睹了地方叛亂的危害及形勢的嚴峻。他在平定王之翰叛亂後給清朝廷所上的《招撫西海疏》中，描述了他初到雷州看到的動亂之後的情形，云：「（雷）州境三面環海，一望曠莽，荒涼之狀，臣不能悉（知道）也。每夜宿即與賊爲鄰，時聞炮火之聲；又與虎爲伍，時聞喊號之聲；又颶風暴雨，揭瓦翻屋。臣夜坐不寐，各兵枕戈披甲……州城中茂草侵天，瓦礫滿地；城外新招殘黎編草爲窩，苟延餘喘，觸目傷心，非復人境」。因此，乍到雷州，張純熙即對叛亂者張榜告示，極力撫諭；同時派遣官員、將領親往西海招諭王之翰。王之翰覆書表示願意輸誠歸降。張純熙隨即覆信，遣雷州同知周嘌、推官趙永祚親至「賊」寨見王之翰。張純熙的誠意感動了王之翰。他「遂出與二官相見，不勝歡欣。之翰隨出嚴示，曉諭彼寨士民盡行剃髮，隨令彼監紀同知陸問、參將李青、朱海、辛耀、梁元、楊騰開齎戶口冊籍，隨同知、推官來見。」〔註4〕

王之翰雖接受招撫歸順，但其部將黃占三卻拒不歸順，仍佔據海康地方爲亂。清總兵栗養志採取剿撫兼施之計，一方面派遣使者移書令黃占三交出

〔註2〕 王輔之修，駱克良等纂：《宣統徐聞縣志》卷2，《沿革志》，宣統三年（1911年）影印本。

〔註3〕 喻炳榮修，朱德華、楊翊纂：《道光遂溪縣志》卷2，《紀事》，道光二十八年（1848年）影印本。

〔註4〕 雷學海修、陳昌齊等纂：《嘉慶雷州府志》卷18下，《藝文志·巡按御史張純熙招撫西海疏》，嘉慶十六年（1811年）影印本。

「海賊」楊二、楊三兄弟，作為接受黃占三歸降的前提條件，這令黃占三猶豫不決；另一方面，趁黃占三無備，清軍「已入據其險矣，遂擒占三等誅之。西海平。」〔註5〕

王之鑒、鄭昌之亂。王之鑒為王之翰之弟，另率一支隊伍據山為「盜賊」。遂溪南昌村人鄭昌從之為頭目。彭鈺作於順治十三年（1656）的《平寇功迹序》謂：「雷（州）之西濱大海，與廉（州）相絡繹，大山叢菁，綿（延）數百里。故雷盜王（之）鑒窟其中，最稱難制。我師（清兵）弓馬既非便，入輒不能再宿（兩夜）。是以賊狃（輕慢）為得計，而（清軍）莫之如何。」〔註6〕俗語說，堡壘最容易從內部攻破。王之鑒與鄭昌兩頭目為爭權奪利而存在矛盾。官軍出師征討，鄭昌出降，並為清軍作嚮導，引清軍從小道入山，擒斬王之鑒。其後，鄭昌降而復叛，仍以西海（又稱「西土」、「西山」）為巢穴，招徠吳川、石城（今廉江）兩地「惡少無賴」，四出劫掠，使遂溪、石城兩地鄉村遍受其害。他們將所擄獲的男女老少拘禁起來，向其家人索取贖銀，「賊火遍於近縣，而（清）守將莫敢出救」。提督高、雷、廉三府的清軍將領栗養志發誓要平定鄭昌之亂。他使人將官軍出師征討的日期傳揚出去。「賊」聞訊退守巢穴南昌村。但出師之期已過，卻遲遲不見官軍動靜，「賊」於是守備漸趨鬆懈。鑒於「賊」在遂溪通往南昌村的大路上重重設柵以阻遏官軍，官軍避實就虛，從石城發兵，再從麻水村渡海，突入其巢，「發炮，賊眾倉遑驚潰，遂斬（鄭）昌，搗其巢穴，搜捕餘黨，釋被擄男婦千有奇，獲諸盜梟黠者悉斬之以徇（示眾）。民皆歡呼，稱神師云。」〔註7〕

「海盜」之亂。康熙十六年（1677），以雷州西部山海為依據的「盜賊」發動大規模的軍事行動。當時，「雷陽（州）山海交訌（爭鬥，混亂）。楊家墟、南渡兩役，官軍盡沒」。在此形勢危急之際，清朝廷緊急調派樂昌協鎮潘拱宸至雷州任協鎮，委以平叛重任。潘拱宸，燕（今北京附近）人，順治十三年（1656）武進士，此前曾援剿江寧（今江蘇南京），打敗鄭成功抗清隊伍，繼而歷經江蘇、河南、浙江、廣東各地，鎮壓抗清鬥爭，均為清朝立下汗馬功勞，是清朝頗為倚重的一員將領。潘拱宸果然不負朝廷付託，他「自戊午（康熙十七年，1678 年）多捧檄之（至）雷（州），甫一月，內修戎事，外行

〔註5〕 《道光遂溪縣志》卷7，《宦迹·栗養志傳》。
〔註6〕 《嘉慶雷州府志》卷18下，《藝文志·彭鈺平寇功迹序》。
〔註7〕 《道光遂溪縣志》卷7，《宦迹·栗養志傳》。

招徠，簡選勇敢，由溪頭等處密渡，出奇焚殺者數數（多次），軍威於是大振。隨大舉渡南。賊眾望風披靡。活男婦子女數萬，招撫偽官一百餘員，撫丁二千有奇。下令軍中不妄戮一人，（妄）取一物，如李愬入蔡州，謂蔡人皆吾人也。雷地亡而復存，雷民死而復生。」〔註8〕

楊二、謝昌之亂。康熙十七年（1678），平南王尚之信克復高、雷、廉三府之後，令副都統金榜選等駐防雷州府。時「有海賊楊二等，在沿海地方肆行搶劫。金榜選等率官兵攻奪炮臺，三戰三捷，斬賊千餘，大獲賊船、炮火、器械。」〔註9〕十一月，清軍追「賊」至海安，偽副將葉可昌等棄城登舟。二十三日恢復錦囊城（今徐聞縣東部錦和鎮城內村古城），斬「賊」一百七十餘名，解救難民萬餘口〔註10〕。

康熙二十年（1681），「海逆謝昌率黨沿海劫殺，入寇梅菉，擄男婦貨物殆盡，盤踞東海島上，勾通餘孽，分地割據。李發、冼標劫掠吳（川）、遂（溪）附海地方；楊二、梁羽鶴阻南渡爲亂」。謝昌率「海盜」攻陷海口，進迫海南。廣州水師總兵（駐順德）蔡璋奉命統舟師由海道直搗謝昌巢穴，救出被擄男女老少數千人，「撫養婦女，著人看守，不許丁兵淫亂」，並出告示許親人領回，發給路費〔註11〕。

除上述規模較大的反叛作亂活動外，還有許多規模較小，此起彼伏，因而方志中或簡略記載，或略而不載的「土寇」、「海盜」、「山賊」、「水賊」之亂。如：

順治八年（1651）五月，「土賊」與「偽賊」（明軍）李元超聯合，攻陷遂溪縣城。清首任遂溪知縣田含璞出奔石城（今廉江）。順治十二年（1655），「時海寇猖獗，擄掠鄉村」。當時任徐聞營游擊的傅進忠率師征討。他「匹馬先驅，奮勇搗賊，賊眾驚潰。惜援兵遲至，馬陷澤中，爲賊所害，合邑傷之。」〔註12〕康熙三年（1664）冬，「水賊」黃明標寇山西。清調遣雷州協鎮及化州、石城七營兵共同討平之，招撫難民五千餘戶，等等。

造成雷州地區數十年動亂的，除了以上由明軍殘餘力量或雷州本地民眾構成的「盜」、「賊」、「寇」外，還有因種種原因引起的清軍「兵變」。如康熙

〔註 8〕 《嘉慶雷州府志》卷18下，《藝文志‧郡人洪泮洙〈協鎮潘拱宸平雷功績記〉》。
〔註 9〕 《清實錄》，中華書局1986年，卷76，第972頁。
〔註10〕 《清實錄》，卷79，第1005頁。
〔註11〕 《道光遂溪縣志》卷7，《宦迹‧蔡璋傳》。
〔註12〕 《嘉慶雷州府志》卷14，《勳烈志》。

十四年（1675）六月，清高州總兵祖澤清反叛，雷州協鎮副將譚捷元、白鴿寨士官陳大有起兵響應，「全雷俱陷。（叛軍）縱兵劫掠居民，沿海村落屠劫尤劇」〔註13〕。同年，徐聞縣發生「假兵變亂，劫掠城墟鄉村，民無逃生。」〔註14〕康熙十六年夏，祖澤清歸順；次年春復叛。

二、清初雷州地區動亂頻發的原因及其影響

雷州地區之所以在清初形成了長達數十年的「寇」、「盜」之亂，原因是多方面的，既有地理方面的因素，更有社會、政治、軍事等方面的因素。

從地理方面說，雷州地處瓊（海南）、高（州）、廉（州）之間，介於今海南、廣東、廣西三者交界之處，屬邊遠之地，封建統治力量向來薄弱。從地形上說，雷州北負山，而東、西、南三面環海，多島嶼；交通上，陸路則叢林莽野，水道則驚濤駭浪。這為不法之徒作亂提供了便利的條件，使他們得以輕易逃脫、藏匿。故方志有云：「粵洋分三路，高、雷、廉、瓊為西路；雷又為高、廉、瓊之衝，自來蜑氛難靖，皆隨起隨伏」〔註15〕。例如，清初「海禁」期間，雷州一些不願內遷的沿海地區民眾被迫逃入海中，以海島為「巢穴」，進行反抗鬥爭。其中，東海島就成了「賊淵藪」〔註16〕。

社會因素方面，筆者認為，對清初雷州數十年動亂有重要影響的因素，包括：

（一）明清易代之際，新舊兩朝軍事力量在包括雷州在內的南部地區進行了長時間的爭奪，仿似「拉鋸」，雷州地區時而屬明，時而屬清，長時間的勝敗無常，形勢不確定，是導致動亂頻發、久存的一個重要原因。

順治四年（1647）二月，清兵入粵後，清廣東總督佟養甲、提督李成棟派遣總兵方國泰、副總兵汪宗宏率兵先後進踞高州、雷州。清軍兵臨雷州，以迅雷不及掩耳之勢就奪取了雷州的統治權。明殘餘政權不甘心失去雷州。九月，明監軍古鼐、都督孫時顯帥狼兵攻奪雷州，在原已歸降清朝的降將降兵的配合下，明軍終於攻陷雷州，奪回了雷州的控制權。順治八年（1651），

〔註13〕喻炳榮修，朱德華、楊翊纂：《道光遂溪縣志》卷 2，《紀事》，道光二十八年（1848 年）影印本。

〔註14〕王輔之修，駱克良等纂：《宣統徐聞縣志》卷 2，《沿革志》，宣統三年（1911 年）影印本。

〔註15〕《嘉慶雷州府志》卷 13 上，《海防志》。

〔註16〕《嘉慶雷州府志》卷 3，《沿革》。

清總兵徐有功率軍進攻高、雷、廉三州，次年，又從明將手中奪回雷州。順治九年（1652），明安西王李定國命馬寶率兵數萬，自廣西進攻高州、雷州，再次奪回雷州。順治十一年（1654）十二月，清廷遣軍 10 餘萬南下，與平南王尚可喜、靖南王耿繼茂會師。高、雷兩州復歸清朝。至此，才基本結束了高、雷二府時而屬明，時而屬清的混亂局部。儘管如此，由於明殘餘勢力及民眾抗清隊伍退入山海，繼續堅持抗清鬥爭，這就使得清朝在雷州的統治仍欠牢固。康熙十四年（1675）至十七年（1678），由於受「三蕃之亂」的影響，高州總兵祖澤清反叛，又一度使雷州脫離清朝的統治。

在明、清兩軍爭奪雷州的過程中，軍費開支須由雷州民眾承擔，迫使許多民眾逃亡，以山、海為依據，既抗明軍，又攻清軍；另外，戰爭中，兩軍皆軍紀敗壞，都存在大肆劫掠城鄉民眾的現象；明殘餘政權由於內爭激烈，以致佔領雷州的明軍常常發生內訌，互相火拼〔註 17〕。政治局勢的動盪導致了社會矛盾的激發，社會秩序的失控。不僅明清兩軍在爭奪，民眾也分成願意臣屬明朝與願意臣屬清朝兩派，並展開鬥爭，如親歷其亂的當時人陳舜系（吳川人）所記：當時吳川「縣分東西，水東為清（統治），西為明（統治）。雖平日相信之人，俱反面捉殺。」〔註 18〕由於局勢極度混亂，一些隊伍因此成為游離於明、清兩朝的獨立力量，演變成打家劫舍的「匪幫」。如黃海如部，既從清軍手中奪取了雷州城，又成為明軍的攻擊對象。又由於形勢長期不明確，使一些軍隊在明、清兩方叛服無常，結果在雙方都失去了信任，失去了依靠，走投無路，最終唯有入山入海為「寇」為「盜」。

（二）清初推行「遷界」、「海禁」政策，使雷州沿海地區民眾失去生存條件，激起民眾頑強的反抗鬥爭。

清初，鄭成功抗清隊伍佔據東南沿海島嶼、海域，開展抗清鬥爭，使清朝統治長期難以穩定，成為清統治者的「眼中釘」、「肉中刺」。為了「扼殺」這支頑強的抗清隊伍，清統治者企圖從切斷大陸沿海民眾對鄭成功隊伍的秘密援助入手，推行「遷界」、「海禁」政策。順治十二年（1655），清廷下令「禁海」，嚴令禁止大陸民眾下海捕撈、貿易。順治十八年（1661），又下令「遷界」，迫

〔註17〕如陳舜系《亂離見聞錄》所記：順治四年（1647）十一月，「明守道古霺帶廣西狼瑤兵圍雷州，又有孫守道亦來恢復，二人爭功相殺，各失其兵」（李龍潛等點校，《明清廣東稀見筆記七種》，廣東人民出版社，2010 年，第 24 頁）。

〔註18〕陳舜系著，李龍潛等點校：《亂離見聞錄》，《明清廣東稀見筆記七種》，廣東人民出版社，2010 年，第 22 頁。

使東南、南部沿海居民內遷。康熙帝即位後，於康熙元年（1662）重申「海禁」，勒令包括雷州三縣在內的沿海村莊及所有居民內遷 50 里，在界外地區不准百姓居住，房屋拆毀，田地禁種。不遷者或越界出海捕撈者立即處斬！「兵丁遍村搜捉，虜（擄）幼男女無算」〔註19〕。康熙三年（1664），清廷再次強迫沿海居民內遷 30 里。內遷民眾無家可歸，無地可種，無法出海，哭聲載道。這無疑剝奪了雷州地區眾多漁民、農民的生存條件。康熙年間任遂溪知縣的宋國用就曾向上級報告，指出了「遷界」、「海禁」的危害性，不僅嚴重影響了民生，還爲「盜賊」生存發展創造了有利條件，只有害而無益。他說：

> 遂邑（溪）復（腹）地大半□碙砂浮，惟東海一隅土厚地衍（平坦），魚鹽鱗集，誠一邑之沃壤也。遷界以來，遂爲棄土，毋論界外。東海不敢越津飛渡，即已展之界內猶恐巡邏謹密，誤罹法網，樵牧者束手，耕種者裹足，而沿海竈丁無敢廬舍聚居，間有煎曬，勢必朝去夕還，以致風雨漂蕩。即有內港採捕，悉畏防弁搜求。小民有望洋之歎，客人多聞風之懼，是東海未復之不便於民者也。東海橫亙數十里，外洋石峭濤洶，舟莫敢近，且上有芷芎、硇洲相峙門戶，下與錦囊聯爲聲援，洵（實在）爲雷郡之左臂外藩也。今白鴿寨雖設水師，新復哨船，而對面空虛，不敢出汛巡查，保有無奸宄伏莽巢穴其上，豈非棄地以資盜糧乎！況大洋飛艙（戰船）往來無定，及至申請策應而賊船已經遠遁。是未獲剿賊之功，先受妄報之罪。是兵之困於東海未復者此也。若令復還故土，則飛鴻來集，魚鹽之利，懋遷化居，而兵聲遠震，似犄角相援之勢矣。」

宋國用的報告得到上司的認同，「監司深然之」〔註20〕。

儘管不少開明的官員上章指出「遷界」、「海禁」政策帶來的嚴重後果，但清朝最高統治者以消滅鄭成功隊伍爲當務之急，執行「遷界」、「海禁」政策並不動搖。遷民之後，沿界建築墩臺，五里一墩，十里一臺，並派重兵把守。直至康熙二十三年（1684），東南鄭成功抗清鬥爭歸於失敗，清朝統治者的心頭大患解除之後，清廷才下詔宣佈解除海禁。「遷界」、「海禁」期間，陷於絕境的雷州民眾唯有「逼上梁山」。這是清初雷州地區「山賊」、「海盜」熾

〔註19〕陳舜系著，李龍潛等點校：《亂離見聞錄》，《明清廣東稀見筆記七種》，廣東人民出版社，2010年，第 35 頁。
〔註20〕喻炳榮修，朱德華、楊翊纂：《道光遂溪縣志》卷2，《紀事》，道光二十八年（1848 年）影印本。

盛的一個重要原因。

（三）「三藩之亂」的影響。

「三藩」是指平西王吳三桂、靖南王耿精忠和平南王尚可喜。「三藩」分別盤踞雲南、福建、廣東，逐漸發展形成割據勢力，其中以吳三桂勢力最大。康熙十二年（1673），清政府下令撤藩。吳三桂不甘心束手待斃，率先反叛，自稱「天下都招討兵馬大元帥」；次年，稱「周王」，迅速攻陷四川、湖南等地。靖南王耿繼茂子耿精忠、平南王尚可喜子尚之信接著響應。耿精忠攻入浙江、江西。同時，廣西、陝西等地地方督撫也相繼舉起反旗。一時，「賊勢大熾」。一些原已歸降清朝並受到重任的將領，錯誤判斷形勢，認爲清朝統治行將崩潰，「反清復明」即可實現，便也跟著舉起了反叛大旗。康熙十四年（1675）六月，高州總兵祖澤清起兵叛清。雷州副將譚捷元、白鴿寨士官陳大有等隨之響應。高、雷二府爲祖澤清佔據。吳三桂封祖澤清爲「信威將軍加清遠侯」。在三藩之亂期間，形勢變幻莫測，祖澤清也時叛時服，反覆不定。直至康熙十七年（1678），祖澤清爲清兵打敗擒獲，解京處死，雷州地區的叛亂才暫告止息。

如何看待上述清初雷州地區持續了數十年之久的「盜」、「賊」之亂？封建時代，官府將所有反對（抗）封建統治的人民群眾的正義鬥爭及敵對勢力，都統稱爲「盜」、「賊」、「寇」；而將不法之徒乘亂群聚，打家劫舍，殺人越貨的罪惡行爲，也概稱之爲「盜」、「賊」、「寇」。這就給我們正確認識和評價清初數十年雷州地區的「盜」、「賊」、「寇」增添了困難。例如，順治年間佔據西山（又稱「西海」、「西土」）與清爲敵的王之翰隊伍，是一支什麼性質的隊伍？有人把它看作正義的「農民軍」，認爲他們團聚於西海是開展抗清鬥爭的。謂：「是年，以王之翰、王之鑒兄弟爲首的農民軍佔據雷州西海岸一帶，堅持抗清。直至順治十三年（1656），爲西山巡按御史張純熙鎮壓。」〔註21〕另有學者將楊二、楊三的隊伍也視作「農民起義」，說：「康熙初，楊二、楊三領導的農民起義，據沿海抗清，堅持 20 年之久……」〔註22〕但是，只要我

〔註21〕湛江市志總編室編《湛江兩千年》，廣東高等教育出版社，1993 年，第 22 頁；湛江市地方志辦公室編《湛江古今大事（公元前 214 年～公元 2005 年）》，北京：民族出版社 2006 年，第 33 頁。

〔註22〕陳學愛：《遂溪學宮考略》，政協廣東省遂溪縣委員會編：《遂溪文史（第九輯）》，第 43 頁。

們仔細考察歷史事實，就可以發現，這些隊伍是不宜稱爲「農民軍」、「農民起義」的。

據方志記載，王之翰、王之鑒、鄭昌等盤踞於西海，領導層中爭權奪利，「鄭昌既殺（王之）鑒，有其眾，益嘯聚石城、吳川之奸宄不逞者爲逆，四出劫掠，盡驅子女而桎之取贖，火及近郊。於是，石城與遂溪被禍獨慘。」〔註23〕這段文字出自封建士大夫之手，其中描述難免有誇大、誣衊成分，但基本事實是清楚的：以王氏兄弟爲首的這支隊伍佔據雷州西（北）部介於遂溪、石城（今廉江）之間的山區中，以茂密叢林爲掩護，作「巢穴」，並不時出動對鄰近的鄉村進行「劫掠」，將男女老少擄去，向其家人索取贖金，使石城、吳川、遂溪三縣之民深受其害。據方志記載，王之翰、黃占三隊伍還脅迫當地人共同作亂，不從者則格殺勿論。如有海康人黃蓮，就因爲「抗節不服」，被黃占三、王之翰「率眾殺其族盡」〔註24〕。巡按御史張純熙在給朝廷的奏章中，也揭露了王之翰部「慘殺人民，捉擄男婦，且勒（脅迫）民投順，徵糧比（考校，核查）餉」的事實〔註25〕。楊二、楊三的隊伍同樣「在沿海地方肆行搶劫」，並拘禁大量無辜民眾以爲人質。陳舜系《亂離見聞錄》也記載：三藩之亂期間，高雷總兵祖澤清叛，有洗（冼）傑成等叛亂者「即往龍門，勾海寇楊二爲害」，「近水居民，一時從亂，十日內多至十數萬」。他們「蟠踞西水一帶，村村供餉，搶殺任意，……院村、橫山及附城夜夜殺人燒屋，官兵困守孤城，百姓死者無數。」〔註26〕陳舜系是當時吳川人，一介平民，所記當不會誇張、虛構。由於力量及裝備上處於劣勢，這些隊伍一般不敢主動出擊清軍；而清軍由於主要是騎兵，只利於平原作戰，難於深入叢林、海洋征討，因此，對這些「寇賊」也常常束手無策。試想，這樣一些佔據叢林、海洋，打家劫舍，勒索財物，拘禁甚至殘殺無辜，卻不敢攻擊官軍、官府的隊伍，即使其成員主要由農民組成，就能稱作「農民軍」、「農民起義」嗎？只有不損害民眾利益，以封建官府、官軍、官僚爲鬥爭目標，旨在改造不合理的社會制度的隊伍，才堪稱「農民軍」、「農民起義」。

〔註23〕《嘉慶雷州府志》卷18下，《藝文志‧彭鈺平寇功迹序》。

〔註24〕《嘉慶雷州府志》卷16，《人物志‧義僕傳》。

〔註25〕雷學海修、陳昌齊等纂：《嘉慶雷州府志》卷18下，《藝文志‧巡按御史張純熙招撫西海疏》，嘉慶十六年（1811年）影印本。

〔註26〕陳舜系著，李龍潛等點校：《亂離見聞錄》，《明清廣東稀見筆記七種》，廣東人民出版社，2010年，第45頁。

筆者認爲，這些在志書中被稱作「盜」、「賊」、「寇」的隊伍，其中有些原是明朝的殘餘軍事力量；有些原是抗清義軍；有些是懷著「爆發」夢、叫嚷著「若不肘懸黃金斗印，身坐八人輿駕者不還鄉」〔註27〕而招兵買馬者；有些則是乘亂趁火打劫的流氓匪徒。不論是明軍殘餘也罷，抗清義師也罷，投機取巧、流氓匪徒也罷，一旦他們逃入了深山、大海，爲了生存，唯有依靠劫掠鄉村、勒索財貨爲主要行動方式；只是當清軍出兵鎮壓時，他們才負隅頑抗，毅然與清軍作戰。

清初雷州地區「盜」、「賊」橫行數十年，對雷州地區社會民生造成了嚴重的危害。

首先是眾多的無辜民眾被擄掠，遭殘害，造成了雷州鄉村的凋弊。

擄掠財貨是「海盜」、「山賊」求得存在的重要途徑。爲了擴充力量以便與清軍對抗，「盜」、「賊」還迫脅民眾爲「盜」爲「賊」，脅而不從者則格殺勿論。劫掠財貨更是「盜賊」的常見行爲。如，黃海如之亂中，徐聞有梁氏兄弟舉人三人俱被冤殺。黃海如被清軍打敗後，「下徐（聞）駐紮，屠戮士民」〔註28〕。王之鑒、鄭昌之亂被平定，清軍「釋被擄男婦千有奇」，「民皆歡呼，稱神師云」〔註29〕。康熙十四年（1675），祖澤清叛，「全雷俱陷，縱兵劫掠居民，沿海村落屠劫尤劇」〔註30〕。康熙二十年（1681），「海逆」謝昌「率黨沿海劫殺，入寇（吳川）梅菉，擄男婦貨物殆盡」。清軍搗毀其巢穴，救出被擄民眾數千人〔註31〕。總之，有關雷州「盜」、「賊」劫掠鄉村、殺害無辜、拘禁民眾的記載，在方志中可謂俯拾皆是，不勝牧舉。順治十三年（1656），巡按御史張純熙在給朝廷的奏章中，提到雷州劉成玉等「寇」、「盜」「勾黨慘殺人民，捉擄男婦，且勒民投順，徵糧比餉」〔註32〕。其實，這些罪行並非僅「海寇」劉成玉如此，而是絕大多數的雷州「盜」、「賊」均如此。因此，

〔註27〕 陳舜系著，李龍潛等點校：《亂離見聞錄》，《明清廣東稀見筆記七種》，廣東人民出版社，2010年，第25頁。

〔註28〕 王輔之修，駱克良等纂：《宣統徐聞縣志》卷2，《沿革志》，宣統三年（1911年）影印本。

〔註29〕 《道光遂溪縣志》卷7，《宦迹·栗養志傳》。

〔註30〕 喻炳榮修，朱德華、楊翊纂：《道光遂溪縣志》卷2，《紀事》，道光二十八年（1848年）影印本。

〔註31〕 《道光遂溪縣志》卷7，《宦迹·蔡璋傳》。

〔註32〕 雷學海修、陳昌齊等纂：《嘉慶雷州府志》卷18下，《藝文志·巡按御史張純熙招撫西海疏》，嘉慶十六年（1811年）影印本。

平定「盜」、「賊」之亂，不僅是封建官府維護穩定統治的需要，同時也是廣大雷州人民的迫切渴望！清初親歷了社會動亂的雷州第一位進士洪泮洙在《協鎮潘拱宸平雷功績記》中說：康熙十六年，「西陲（按，指佔據西海的「盜賊」）犯順，連結諸寇，山海搖動……雖大兵雲集，壁壘相望，迄無成功。雷（州）之父老咸撫髀歎曰：『安得經文緯武束兵愛民如昔年署雷潘公者重拯我雷民乎！』」〔註33〕

「盜」、「賊」之亂還激化了民眾之間的矛盾，造成了村與村的敵對，使之關係緊張，甚至長時間互相仇殺。「盜」、「賊」主要是「土寇」，即當地人，當他們率眾對鄰村或其它村莊進行搶劫、殺人時，便與鄰村、其它村結下了仇怨，引發殘酷的互相仇殺。如順治九年（1652），雷州徐聞縣張、駱兩姓互相殘殺，連年不解，殃及全縣，使眾多農民逃亡，田地丟荒，死者甚眾，就因為「土賊」張彪為盜〔註34〕。陳舜系《離亂見聞錄》也有相關記載，謂：「雷州徐聞縣為張彪所（蹂）躪，大荒，人相食。每人換米五升或一二斗。梁舉人秉忠、秉恕闔家八十餘口，餓死於床。」〔註35〕

由於持久的「盜賊」之亂，也由於清政府的「海禁」政策，使雷州之民無以維生，一些雷州之民只得漂洋過海，向他鄉甚至異域遷居。如雷州東嶺村人莫玖於康熙十年（1671）率領一批華人遷入越南，定居在越南南部〔註36〕。又如程世則，「海康人，順治初隨父避盜瓊南」〔註37〕。

其次是對雷州地區教育事業的嚴重摧殘。

人才盛衰視乎學校教育之興廢。學校教育的意義在於興禮儀，美風俗，育人才，因而是社會不可忽視廢棄的重要事業。雷州於天下（大陸）為極南，教育事業興起較遲。但從宋至明，數百年間，雷州地區的文教事業已獲得長足的發展，成效也極顯著。正如清初海北南道參議秦鈜在《遂溪學宮記》中所言：雷州「雖僻在裔（邊）境，而漸被日久，聲名文物幾垺（等同）中土（原）」。

〔註33〕 《嘉慶雷州府志》卷 18 下，《藝文志·郡人洪泮洙〈協鎮潘拱宸平雷功績記〉》。

〔註34〕 《嘉慶雷州府志》卷 3，《沿革》。

〔註35〕 陳舜系著，李龍潛等點校：《亂離見聞錄》，《明清廣東稀見筆記七種》，廣東人民出版社，2010 年，第 26 頁。

〔註36〕 《湛江二千年》，第 25 頁。

〔註37〕 《嘉慶雷州府志》卷 16，《人物志》。

但是，改朝換代之際長達幾十年的「盜賊」橫行造成的社會動亂，使雷州地區的文教事業遭受了嚴重的摧殘。學校成了廢墟。教師、生員或被殺戮，或被迫逃匿於山林他鄉。學校教育一蹶不振。順治十三年，廣東巡按御史張純熙在《臨雷考試特恩疏》中說：「雷州一郡僻處天末，……無如（哪裏想到）恢克以來，兵荒、盜賊，迭見頻仍，以致詩書灰燼，絃誦絕音。自王之翰霸據海西五年，兩舉賢者，未嘗一沾盛典」；又云：「雷士兵火餘生，書籍俱無，筆硯久廢。」〔註 38〕秦鉽作於順治十七年（1660）的《遂溪學宮記》云：「自邇者（近來）數年以來，運逢鼎革，萑苻（按，喻指盜賊、叛亂）乘間竊發，蹂躪最甚，詩書之氣或幾乎熄」。他到雷州遂溪縣考察，但見「滿城瓦礫，遍野蒿萊。問泮水一宮（縣儒學），鞠爲茂草久矣。」〔註 39〕雷州推官何芳騰作於康熙三年（1664）的《海康儒學記》，也略述了清初社會動亂，戎馬倥傯對於海康縣儒學的破壞，謂：「我朝定鼎，以雷（州）居天末，山海頻蠢（騷動），城邑丘墟，時煩征討，兵馬雲集，海邑（康）澤宮（縣學）竟作馬牧之場，不獨殿廡齋廨，蕩然無存，而斷碑舊址且沉埋於瓦礫蔓草中，幾無復辨之者矣。」〔註 40〕反映的也是社會動亂對文教事業的摧殘。

一些學校在亂後得到修建復興，其後的動亂使學校再遭毀棄。以遂溪縣學爲例。順治十七年（1660），在遂溪縣令馬光遠的關懷下，破敗的縣儒學得以重建，「邑弟子之登琴堂而問業者日益眾」。人們對學校教育事業的發展充滿了期待：「他日者將見人才輩出，爲邦家之光，爲閭里之榮，其在斯乎！其在斯乎！」〔註 41〕然而好景不長。至康熙年間，動亂再度把遂溪縣儒學變成廢墟。遂溪知縣宋國用作於康熙二十三年（1684）的《重修遂溪學宮記》中略述道：「世祖（順治）十有七年，前（縣）令馬公（光遠）奮修葺，殿廡儀戟等處丹雘塗茨，煥新耳目。不旋踵而萑苻（喻指叛亂）告警，蹂躪遍郊，學宮鞠爲茂草矣」〔註 42〕。

此外，「山賊」、「海寇」占西海則阻商路〔註 43〕，「出外洋則擄商船」

〔註 38〕《道光遂溪縣志》卷 11，《藝文志・臨雷考試特恩疏》。
〔註 39〕《嘉慶雷州府志》卷 18，《藝文志・海北南道參議秦鉽〈遂溪學宮記〉》。
〔註 40〕《嘉慶雷州府志》卷 18 下，《藝文志・推官何芳騰〈海康儒學記〉》。
〔註 41〕《嘉慶雷州府志》卷 18，《藝文志・海北南道參議秦鉽〈遂溪學宮記〉》。
〔註 42〕《嘉慶雷州府志》卷 18 下，《藝文志・知縣宋國用〈重修遂溪學宮記〉》。
〔註 43〕據載，西海「接壤石城，北連西粵，爲商賈所必出，行旅所雜沓。（無）奈樹林深翳，野皆曠蔓，百里內外並無村落，向爲盜藪，商旅裹足，遠近患之。」（《嘉慶雷州府志》卷 18 下，《藝文志・吳錫綬〈弭道說〉》）。

〔註 44〕，甚至劫殺海陸商賈，令商旅裹足，貨不流通，其對商業貿易的摧殘也是不言而喻的。

三、清初雷州地區的平亂及社會重建

（一）剿撫兼施，敉平叛亂

剿撫兼施是封建時代官府用於鎮壓人民的反抗鬥爭或各種社會動亂的一種重要手段，以剿捕為主，以撫諭為輔；無剿則不能克敵，敵不畏威，撫便不能奏效。

在清初數十年的社會動亂中，「盜」、「賊」以山林海洋等有利地形為依託，對付官軍的鎮壓，使清騎兵的優勢難以發揮，有時甚至遭遇「官軍盡沒」之厄，但這並未動搖清朝廷以軍事平叛的決心。清初雷州地區的此起彼伏的叛亂就是在軍事征討之下被逐一平定的。

在軍事征剿的同時，清政府還注重招撫，以減少軍隊付出的代價，減少無辜民眾的傷害，盡早結束動亂局面。前述西海之「賊」王之翰的出降，就是巡按御史張純熙派遣重要官員往來奔走，耐心規勸，以誠感人，而最終讓負隅頑抗的「盜賊」歸順的典型一例。「此一役也，不煩勞師動眾，糜兵費餉，坐使十餘年負固之寇輸心歸誠。從此兵戈可息，暫見太平。」〔註45〕

事實上，清初，官府在雷州地區的平叛定亂中，運用撫諭而奏效的事例還有不少。如，王之鑒、鄭昌據西山為亂，「參將江起龍、遂溪縣（令）馬光遠、守備喬文煥撫（鄭）昌，昌縛（王之）鑒以獻」〔註46〕。康熙十七年（1678），「賊」阻南渡，進逼郡城，南方消息不通。雷州協鎮潘拱宸「選勇毅者先往各處招撫，以孤賊勢」。右營都司徐飛奉命深入「賊」巢穴，「諭以禍福，賊聞之解散。由是，樂民、海康賊所據之地以次恢復，民咸賴之」〔註47〕。招撫的原則是，只要作亂者放下武器，停止為惡，回鄉墾種，即既往不咎。招撫常能湊奇效 —— 畢竟，民眾反叛多是在失去了生存條件之下的被逼上梁山，或為「盜賊」脅從；一旦可以安居樂業，誰還願意背井離鄉，身處山海

〔註44〕《嘉慶雷州府志》卷 13 上，《海防志》。
〔註45〕雷學海修、陳昌齊等纂：《嘉慶雷州府志》卷 18 下，《藝文志·巡按御史張純熙招撫西海疏》，嘉慶十六年（1811 年）影印本。
〔註46〕《嘉慶雷州府志》卷 3，《沿革》。
〔註47〕《嘉慶雷州府志》卷 14，《勳烈志》。

頑抗到底！

（二）武備修明，鞏固邊防

兵可百年不用，不可一日不備。雷州一地，陸路則叢林莽野，水路則驚濤駭浪，情況複雜，故軍事設防尤顯重要。正如《宣統徐聞縣志》卷十《兵防志》序所言：「守土者非於兵力加之意，則防守不固，風鶴時驚，吾民豈有安枕哉！」《嘉慶雷州府志》卷十三《海防志》也說：「苟守之嚴而防之密，彼匪徒雖充斥於波濤浩淼中，固未敢公然舍舟楫履陸地，焚室廬，虜男女，搶財物，致近海居民無一處之得寧也。」這些話點明了軍事防禦是否得力、可靠，與社會治安密切相關之理——防備鬆懈，則盜賊崛起；防備嚴密，則盜賊匿迹。《嘉慶雷州府志》卷十三上《海防志》更有詳細分析和論述，謂：「海盜非別有種類，即商漁船是。商漁非盜也，而盜在其中。我有備，則欲為海盜者不得不勉為商漁；我無備，則勉為商漁者難保不陽為商漁而陰為海盜，久之而潛滋暗長。嘯聚既多，遂立幫名，抗官軍，居然自別於商漁，而瀕海居民乃大受其擾。」也說明了「盜賊」並非天生注定的；他們常常來自商人、漁民；當國家統一，封建統治穩固，軍備充分時，商人、漁民便安分守己地從事貿易捕撈；否則，商人、漁民便難免不會心存僥倖，鋌而走險，起而劫掠商旅鄉村，成為一方禍患。

為加強雷州軍事設防，順治八年（1651），清朝令於雷州「裁明代鎮守參將、衛所指揮、鎮撫千百戶，設雷協副將一員；左營都司一員、中軍守備一員；右營都司一員、中軍守備一員；徐聞營游擊一員、守備一員；錦囊、遂溪營守備各一員；白鴿寨鎮守水師參將一員。各統轄千把總共額設馬步守兵五千三百六十七名。又於舊衛屯糧，設衛守備一員；外衛四所，設千把總二員」〔註48〕。除設各營駐防海陸衝要之外，雷州沿海之地在清初還設有墩臺數十處，「其沿邊汛地、墩臺相望，烽火相通，固圉（邊疆）之法可謂善矣」〔註49〕。

由於武備修明，康熙朝雷州「盜賊」漸次平息。故《宣統徐聞縣志》卷十《兵防志》曰：「國朝（清朝）武備修明，因地設防，星羅棋佈，故寇氛廓靖，閭里安堵」。

〔註48〕 《嘉慶雷州府志》卷3，《沿革》。
〔註49〕 《嘉慶雷州府志》卷13上，《海防志》。

（三）禁暴虐，除積弊

貪宮污吏及不法之徒的暴虐，社會的各項積弊，是影響民生，因而也影響社會治安的重要問題。清初，為了穩定社會秩序，雷州府、縣各級地方官及軍隊將領，都重視禁暴虐，除積弊，以此作為自己行政的重要工作。

成群結夥，擁眾千萬的「盜賊」靠軍隊鎮壓；而散兵遊勇或百十為群的「雞鳴狗盜」則要靠地方長吏肅清。如，先啓玉原是降清將領，有「酷弁（低級武官）」之稱。他「視民命如草菅，拆學宮為馬房，不可勢禁」，被參議陳嘉善劾奏伏誅，「兵民於是相安」〔註50〕。雷州知府陳允忠在禁暴虐方面也很有貢獻。據方志記載，他在「康熙三年平黃明標之難，活西山難民數千口；四年，妖人陳老子聚眾於時禮嶺，捕得誅之，散其黨數百人；七年，殲陳大旗，擒營伍同為亂者百餘人，皆不調度一兵一馬，不費民間一絲一粟。」〔註51〕賈之屏，康熙四十二年知遂溪縣，「善於捕賊，摘發如神，閭閻村落，雞犬恬然，無復鼠竊之害，民甚感之。」〔註52〕吳鎬，康熙四十七年知徐聞縣，「剛方嚴正，事必認真，誅鋤豪強，不使刻剝貧苦。」〔註53〕

清初，改朝換代之際，舊朝弊政未除，新朝弊政又生，累積起來，成為雷州民眾的沉重負擔，是造成民眾逃亡的一大原因〔註54〕，也是軍隊不安的潛在因素。因此，要維持雷州地區穩定，除積弊是一項意義重大之舉。在注重掃除積弊，緩解民（兵）困方面，方志所記的官員、將領更多，事迹更感人。如，董期生，順治十年由舉人任雷州府推官，「持法廉平，時雷郡荒糧未豁，吏緣為奸。期生廉置之法，積弊乃清」〔註55〕。陳允忠，順治十六年知雷州府，「廉潔愛民，屏除積弊，里長無值月之苦，部民無夫役之費」〔註56〕。吳盛藻，康熙八年任雷州知府，「時地方凋弊，甫下車，即訪問民隱，凡供需陋規革除殆盡」〔註57〕。康熙二十二年知海康縣的鄭維飆，「均里役，革耗羨」〔註58〕；同年

〔註50〕《嘉慶雷州府志》卷10，《名宦志》。
〔註51〕《嘉慶雷州府志》卷10，《名宦志》。
〔註52〕《嘉慶雷州府志》卷10，《名宦志》。
〔註53〕《嘉慶雷州府志》卷10，《名宦志》。
〔註54〕《嘉慶雷州府志》卷16，《人物志‧蔡演業傳》有云：「順治間，前朝弊政掃除未盡，稅荒役重，族多散亡」。
〔註55〕《嘉慶雷州府志》卷10，《名宦志》。
〔註56〕《嘉慶雷州府志》卷10，《名宦志》。
〔註57〕《嘉慶雷州府志》卷10，《名宦志》。
〔註58〕《嘉慶雷州府志》卷10，《名宦志》。

知遂溪縣的宋國用，「洞悉地方利弊，盡心經理，詳復東海禁地魚鹽之利以饒民之貧，無力者助之牛種，俾墾藝（種植）有資。時輯（整修）白鴿寨土城，民苦征役，詳請停之。……凡可為民興利除害者次第舉行」〔註59〕。「雷（州）經兵火後，戶口零落，荒蕪遍野。知府陸彪聞之撫院，奏豁免荒稅十之四五。由是民無被累，官無參罰，而流移之民漸復業矣」〔註60〕。這樣的地方官在清初雷州還有不少。

在地方軍隊中，一些明智的將領也以除積弊作為安定軍心，防止變亂，提高軍隊戰鬥力的措施之一。如譚捷元，武舉，康熙十年任雷州協鎮，「捷元雄才偉抱而布置周詳，兵守紀律，民獲安堵。其營中扣克剝削之病掃除殆盡」〔註61〕。

（四）招流移，勸開墾

清初數十年間，「盜賊」橫行，加之「遷界」、「海禁」，迫使雷州大量民眾或遷徙，或逃亡。鄉村處處廢墟，農田一片荒蕪。因此，對於清初雷州的地方官而言，當務之急是招撫流移，勸令開墾，以恢復發展生產。

許多府、縣官員正是以此作為自己施政的重點，並取得了顯著的政績。如，順治八年任海北南道參議的陳嘉善，「時兵馬縱橫，閭閻無家」，他「招撫流離，加意賑恤」〔註62〕。順治十三年，巡按御史張純熙到雷州，目睹了動亂後「田疇荒蕪滿目」的情境後，「乃大張告示，招撫流亡」〔註63〕；吳之琯，順治十四年知徐聞縣，「時地方殘破，百姓未有寧宇。之琯勞徠安集，公而忘私，淡泊自安，始終一節」；〔註64〕康熙八年任雷州知府的吳盛藻，剛上任，面對凋殘局面，即革除各項陋規，「以至招流亡，勸開墾，不數年而家給人足」〔註65〕；智如愚，康熙十一年知遂溪縣，「時地方初定，閭閻（鄉里）之瘡痍未復，（智）如愚勞心撫字（養育），開市建鋪，招集流亡，……在遂（溪）六年，廉惠之聲大著」〔註66〕。閻如玼，康熙十九年知徐聞縣，「性慈祥，不尚刑威，撫凋殘遺黎惟恐

〔註59〕《嘉慶雷州府志》卷10，《名宦志》。
〔註60〕《嘉慶雷州府志》卷10，《名宦志》。
〔註61〕《嘉慶雷州府志》卷13下，《營官・國朝》。
〔註62〕《嘉慶雷州府志》卷10，《名宦志》。
〔註63〕《嘉慶雷州府志》卷10，《名宦志》。
〔註64〕《嘉慶雷州府志》卷10，《名宦志》。
〔註65〕《嘉慶雷州府志》卷10，《名宦志》。
〔註66〕《嘉慶雷州府志》卷10，《名宦志》。

失所，惠愛之聲合邑傳頌」〔註67〕；孫挹，康熙二十八年知徐聞縣，「以清簡爲治，力除繁苛，勞心撫字，教養兼舉，招民開墾而田疇日闢」〔註68〕。

不僅是地方行政官員，一些將領也將招民墾荒視爲其不容推卸的責任。如康熙二十三年任雷協副將的安守正，「時當楊二、梁羽鶴寇亂之後，民無所安。（安守正）悉爲經紀，俾之復業。」〔註69〕

在招撫流民墾荒中，遂溪營守備吳錫綏的事迹尤其值得一提。他在西海吳之鑒、鄭昌之亂平定後，即利用守軍與流民力量相結合，且守且墾，「命騎從斬荊蓁焚茸蔚而木拔道通，復招徠黎庶勸墾種，聯村堡而守望有藉（依靠）……比年以來，兵可守而民可居。凡前日之蒼煙白露也，地多闢而野有廬；凡前日之斷塹荒地也，擔者憩而荷者止；凡前日之畏途逡巡也，刀犢售而萑苻（動亂）息；……」招民墾荒改變了西海地區原來荒涼落後，成爲「盜賊」「淵藪」的狀況，使行旅暢通，商貿興盛，民眾安居，一片太平景象〔註70〕。

（五）復興學校教育

除了招民墾荒，發展經濟外，對地方官施政來說，還有一項刻不容緩的工作要做，這就是復興教育。方志中，同樣記錄了不少地方官（包括教官）在清初動亂中及動亂後努力復興文教事業且有顯著貢獻的事迹。

如，海康縣儒學在清初動亂中成了廢墟。順治十八年（1661），督學顧某提議修復。然而，剛著手的縣儒學復興工作旋因顧某離任而中綴。康熙元年（1662），朱廷瑞任職分守海北南道，「以興起文教爲任」，使興學之舉得以延續。自順治十八年至康熙三年（1664），歷時四年，海康縣儒學修葺一新〔註71〕。康熙二十二年任海康知縣的鄭維飆，「尤懇懇（眞誠、熱心）於振興文教，一時科名甚盛」〔註72〕。

雷州遂溪、徐聞兩縣儒學也在清初得以復興。遂溪縣儒學明末清初毀於動亂。順治十四年（1657），馬光遠任縣令後，以修復爲己任，對學宮「大加修築」，使之「煥然一新」〔註73〕。不久遭亂，學宮又成廢墟。康熙二十二年

〔註67〕《嘉慶雷州府志》卷10，《名宦志》。
〔註68〕《嘉慶雷州府志》卷10，《名宦志》。
〔註69〕《嘉慶雷州府志》卷14，《勳烈志》。
〔註70〕《嘉慶雷州府志》卷10，《藝文志‧吳錫綏〈弭盜說〉》。
〔註71〕《嘉慶雷州府志》卷18下，《藝文志‧推官何芳騰〈海康儒學記〉》。
〔註72〕《嘉慶海康縣志》卷4，《名宦志》。
〔註73〕《嘉慶雷州府志》卷10，《名宦志》。

（1683），宋國用任縣令，又重修學宮，「鳩（聚集）工庀（具備，整理）材，擇人督理」，半年多時間即告落成，既有維修，也有新創〔註74〕。徐聞縣儒學在康熙九年（1670），知縣宋灝重修；康熙二十一年（1682），知府沈聯鑣、知縣閭如玭共同組織修葺〔註75〕。康熙二十八年任徐聞知縣的孫挹，「三修學宮而文教振興」〔註76〕。

四、結　語

綜上所述，清初順治、康熙期間，值改朝換代之際，地處邊陲的雷州地區，幾十年間處於局勢動蕩之中。不僅明清兩朝軍事力量在此展開長期的、勢均力敵的搏殺，爭奪；一些無能承擔苛捐雜稅、「徵糧比餉」的民眾被逼上「梁山」；一些不法之徒也乘亂而起，趁火打劫。這些被封建官府統稱爲「盜」、「賊」、「寇」的團夥，佔據山區、海島，不時四出剽掠，殺害人命，使雷州之民或被脅迫從「賊」，或舉族逃散藏匿，甚至遷徙異域，一去不回，也使雷州大地處於滿目瘡痍之中。在此過程中，清朝廷及地方官府一方面徵調軍事力量，對雷州各地的「盜賊」進行征剿，並爲此付出了很大的代價；另一方面又在軍事、行政上做了大量工作，包括修武備，固邊防；禁暴虐，除積弊；招撫流民，墾荒種植；復興學校教育，等等，使被長期動亂摧毀的經濟逐漸得到恢復、發展。清初雷州地區的動亂至康熙朝才漸被平息，雷州社會的動蕩局勢才漸趨和平安定，爲日後雷州地區經濟的發展，文教的昌盛奠定了基礎。方志有云：「雷郡自康熙年間始就蕩平，百餘年來（按，《嘉慶雷州府志》修於嘉慶十六年，即1811年），文恬武熙，幾不知兵革爲何事，將領弁兵中即（使）有奇才異能、高風勁節者，亦寂寂無所表見（現）」〔註77〕。此話不無誇張、譽美。事實上，康熙以後，包括「海盜」在內的活動仍然存在。這是由階級矛盾所注定的，但相對於清初幾十年間連綿不斷的戰爭、擄掠、屠戮，對統治者及廣大民眾而言，這已算是「天下太平」、「文恬武熙」了。

〔註74〕　《嘉慶雷州府志》卷18下，《藝文志·知縣宋國用〈重修遂溪學宮記〉》。
〔註75〕　《宣統徐聞縣志》卷5，《學校志》。
〔註76〕　《嘉慶雷州府志》卷10，《名宦志》。
〔註77〕　《嘉慶雷州府志》卷14，《勳烈志》。

九、清前期雷州地區的官學教育

摘　要

　　學校教育不僅是人才培養的重要途徑，同時也是傳播統治階級所需要的意識形態的主要場所，是移風易俗，維持社會穩定的重要依靠。雷州地處祖國大陸的最南端，在歷史上是文化、教育均落後之區。但從宋代開始，朝廷為加強對邊疆的封建統治，除了在政治上、軍事上付諸努力外，還在教育上下了功夫，府學、縣學、書院甚至啓蒙教育同時並起。本文對清前期雷州官學教育的狀況及其影響等問題作了初步探討。指出，清前期雷州的官學教育是在「爛攤子」的基礎上重新振興起來的；清前期雷州官學教育的持續發展，其意義是顯而易見的，不僅爲國家爲社會培養了大批的政治、文教人才，同時也實現了移風易俗，還推動了雷州地方文教事業的發展。

關鍵詞：清前期；雷州；官學教育

清代雷州籍名臣陳瓊曾說：「國家之治莫先於教化。教化之行要本於學宮。學宮者，所以培植人才以待國家之用者也。」〔註1〕學校教育不僅是人才培養的重要途徑，同時也是傳播統治階級所需要的意識形態的主要場所，是移風易俗，維持社會穩定的重要依靠。因此，歷代有見識的各級統治者都重視教育事業的發展，大力興辦學校，聘用師儒，招徒講學，並將地方教育事業的發展狀況與地方官員的政績、仕途相掛鈎。雷州地處祖國大陸的最南端，在歷史上是文化、教育均落後之區。但從宋代開始，朝廷為加強對邊疆的封建統治，除了在政治上、軍事上付諸努力外，還在教育上下了功夫，府學、縣學、書院甚至啓蒙教育同時並起。教育事業的發展，對於改變雷州地區的落後面貌，起了重要的作用。元、明、清幾代，雷州的教育事業都得到了較大的發展。本文擬以《嘉慶雷州府志》為主要依據，同時參考其他相關檔案資料，對清前期雷州官學教育的狀況及其影響等問題作一初步探討。由於沒有前人相關研究成果可供參考，屬開拓性研究；加之筆者所依靠的《萬曆雷州府志》、《嘉慶雷州府志》及雷州所屬三縣志（《嘉慶海康縣志》、《道光遂溪縣志》、《宣統徐聞縣志》）均為無標點影印本，閱讀理解不便（案：文中所引志書資料，標點為筆者自斷），因而幼稚、錯誤均難以避免。

一、清前期雷州官學教育的興衰

清代雷州的官學教育是在「爛攤子」的基礎上重新振興起來的。

明、清易代之際，雷州與全國各地一樣，經歷了一個長期的動盪時期：先是民眾的抗清鬥爭，後是地方不法之徒的作亂。社會動盪不僅使封建統治難以確立，民眾生產、生活無法正常進行，士人成為社會動亂的犧牲品〔註2〕，學校教育也處於停廢狀態。據《嘉慶雷州府志》卷十《名宦志‧趙永祚傳》

〔註1〕〔清〕劉邦炳修，陳昌齊纂《嘉慶海康縣志》卷8，《藝文志‧邑人陳瓊重修學宮記》，《中國地方志集成‧廣東府縣志輯》，上海：世紀出版集團、上海書店出版社2003年，據嘉慶十六年（1811年）刻本影印，湛江師範學院圖書館藏。

〔註2〕〔清〕王輔之修，駱克良等纂《宣統徐聞縣志》（宣統三年刻本）卷二《沿革志》載：清順治四年冬十二月，黃海如叛亂，佔據雷州，「富者破家，貧者斃命。徐（聞）有梁（氏）兄弟舉人三人，俱被冤殺」。順治九年，「（徐聞）知縣胡守欽貪酷異常，與投誠游擊官洪維新虐殺士民，百無一脫。鄧（氏）父子舉人二人俱受其害」。清初雷州府中，遂溪、海康二縣動亂最劇烈，士人受害更不在話下。

載，清初，迭經多次動亂之後，雷州地區教育幾近一蹶不振：「時雷郡連年兵荒，自順治丁亥（1647 年）迄丁酉（1657 年），民匿山谷，弦誦者少，四學（按：指雷州府學及所屬遂溪、海康、徐聞三縣儒學）諸生合計僅百人。巡按張純熙至，（趙）永祚繪流亡圖以進。張（純熙）出示招徠，士童畢集。三邑（縣）共得文藝稍通者二百人，收錄送學。雷（州）自是始有弟子員。」雷州官學教育從此起步。

但總觀清前期雷州官學教育的發展，可以發現，其間充滿了波折，府學、縣學、書院教育，屢興屢廢。造成這種狀況，既有自然方面的原因，因爲雷州近海，地處熱帶，高溫多雨，颶風頻發，校舍學堂易受摧毀；也有社會方面的原因，如此起彼伏的叛亂等。然而，無論道路多麼坎坷，多麼艱難，清代雷州的官辦學校教育還是迎難而進，並取得了可喜的成效。究其原因，筆者認爲主要有以下幾個方面。

（一）從朝廷君主到地方官對學校教育的高度重視。

從清兵入關開始，清統治者已深刻認識到學校教育的重要性。順治期間，興文教已作爲一項重要政策在全國實行。順治元年（1644 年），「詔各省、州、縣儒學，食廩生員仍准廩給，增、附生員仍准在學肄業，俱照例優免。」並定各學校支給廩餼之法：在京者由戶部支給；在外者由州、縣官支給〔註 3〕。隨著清朝統治的確立，官學教育也在明代的基礎上確立並發展起來。順治十二年（1655 年），清朝廷更進一步申明：「帝王敷治，文教是先。……今天下漸定，朕將興文教，崇經術，以開太平。」〔註 4〕將「興文教，崇經術」視爲「開太平」的重要條件，並傳諭內外大小各官，要求他們「政事之暇，亦須留心學問」〔註 5〕。總之，「清代統治者在入關定都北京以後，開始重視發展文化教育事業對於治理國家的重要作用。」〔註 6〕

清前期，到雷州府及所屬三縣（遂溪、海康、徐聞）任職的知府、同知、知縣和其他官員，多爲進士或舉人出身，其本身不僅富有學識與修養，而且對教育的價值有著深刻而正確的認識。如海北南道參議秦甙（軾）在所作的《遂溪學宮記》中，下筆即開宗明義，謂：「人才盛衰視乎學之興衰。學也者，

〔註 3〕《清朝文獻通考・學校考七》，浙江古籍出版社 2000 年版。
〔註 4〕《清朝文獻通考・學校考七》，浙江古籍出版社 2000 年版。
〔註 5〕《道光廣東通志》卷 1，上海古籍出版社 1995 版。
〔註 6〕孫培青主編《中國教育史》，華東師範大學出版社 1992 年版，第 443 頁。

所以興禮義，美教化，俾邑之俊秀納於聖賢矩矱（法度）之中而長欲 造 就焉，誠不可一日廢也。」〔註7〕乾隆五十九年（1794 年），海康知縣徐錫智乍到任，首先拜謁文廟，「見其規模宏廓而楹桷傾頹，馬牛羊豕之迹交錯殿廡間，憮然曰：『朝廷重師儒，興教化，育人才，所以勸後世文學之士爭自琢磨以共成黼黻（案：黼黻，古代禮服上所繡花紋，喻指人才），休明之盛者由此其選也。況僻在海隅，尤宜肅觀瞻以培本計歟。胡為而至於斯？』」〔註8〕在他看來，教育本來就很重要，邊疆文化落後地區的教育更顯重要，怎能容許學校教育如此衰頹？於是立志興修學校，改善教育環境和條件。清前期雷州地方官（包括教官）對學校教育的高度重視，主要表現在：

一是將復興學校作為自己義不容辭的首要工作。

據府志記載，自順治丁亥（1647 年）兵燹之後，又經光（先）啓玉縱兵毀壞，府學大成殿傾圮殆盡。康熙四年（1665 年），知府陳允忠對大成殿明倫堂兩廡進行重修，而齋舍門廊則未能顧及；康熙八年，知府吳盛藻重修戟門。其後，府學的啓聖祠、明倫堂及兩廡欞星門、魁星閣都得到了陸續修復或新建。

清初，遂溪縣儒學已成廢墟。海北南道參議秦軾驅車經過遂溪縣，只見「滿城瓦礫，遍野蒿萊。問泮水一宮（縣儒學），鞠為茂草久矣」；「自邇者數年以來，運逢鼎革，萑苻（喻指叛亂）乘間竊發，蹂躪最甚，詩書之氣或幾乎熄」。順治十四年（1657 年），馬光遠任遂溪縣令。面對破敗的縣儒學，他「以修復為己任」。於是，「自馬君（光遠）下車來，流亡以集，疾苦以除，邑弟子之登琴堂（學堂）而問業者日益眾」。順治十五年（1658 年），遂溪縣儒學教育得以恢復，走上正軌，「聲教始通，雷（州）士始得觀光上國」。就在這一年，遂溪縣學生員洪泮洙登進士第。這是清朝雷州登進士者第一人。「於是，雷陽（州）多士咸蒸蒸慕興矣」〔註9〕。

對復興遂溪縣儒學有功的地方官還有知縣智如愚、宋國用等。智如愚於康熙十一年知遂溪縣，「時地方初定，閭閻之瘡痍未復，如愚勞心撫字，開市建鋪，招集流亡，興學明倫，宣佈教化」〔註10〕。康熙二十二年知遂溪縣的滿洲正白旗人宋國用，也曾致力於「修建學宮，設立義學」〔註11〕。在歷

〔註 7〕〔清〕雷學海修，陳昌齊纂《嘉慶雷州府志》卷 18，《藝文志》。
〔註 8〕《嘉慶雷州府志》卷 18，《藝文志·海康知縣徐錫智重修學官記》。
〔註 9〕《嘉慶雷州府志》卷 18，《藝文志·遂溪學宮記》。
〔註 10〕《嘉慶雷州府志》卷 10，《名宦志·智如愚傳》。
〔註 11〕《嘉慶雷州府志》卷 10，《名宦志·宋國用傳》。

任地方官的積極扶持下，遂溪縣的學校教育獲得了較大的發展。乾隆二十九年（1764年），學使翁方綱來粵視察學校教育，曾到遂溪縣儒學作考察，只見「序舍樸斲丹臒（彩繪塗飾），周規折矩，無斧斤之響，有絃誦之聲。諸生列堂下，次第陳豆籩鍾磬，稽問學之方，叩興行之本」，門外還有不少村孺牧豎觀學〔註12〕。雍正元年（1723年），遂溪知縣劉官冕曾主持修葺縣儒學，不幸遇其病逝而中止。雍正二年，史隨繼爲遂溪知縣。乍上任，他看到縣儒學明倫堂「堂廡蕩然無復存者，見數椽暴露，心甚歉然」。他認爲，當今朝廷對學校教育極重視，一再敦促地方官要大興教化以育人才，怎能忍心讓縣儒學委之蓁蕪？「董率經營，實守令之責也！」於是，他「捐俸爲倡」，帶動「同城僚屬踴躍樂助」，並延請縣孝廉、文學督理，「若棟宇之構櫨（柱上矩木，即斗拱）節梲（梁上矩柱），若垣墉（牆壁）之乃墍（同「墍」，塗飾）乃塗，漸次修舉」。修葺完工之後，「前日之墜垣敗址忽而美奐美輪」，爲遂溪一邑學校教育的發展創造了良好的環境和條件〔註13〕。

海康縣儒學始建於元朝。清初，這所已有300多年歷史的縣儒學也備受動亂的摧殘。雷州推官何芳滕在康熙三年（1664年）所作的《海康儒學記》中對此曾有具體描述，謂：「我朝定鼎，以雷（州）居天末，山海頻蠢（騷動），城邑丘墟，時煩征討，兵馬雲集，海邑（康）澤宮（縣儒學）竟作馬牧之場。不獨殿廡齋廨蕩然無存，而斷碑舊址且沉埋於瓦礫蔓草中，幾無復辨之者矣。順治十八年辛丑夏，會督學顧公修復爲議，尋即遷去弗果。及守憲朱公（分守海北南道朱廷瑞）下車，以興起文教爲任，下其議堂尊陳公（雷州知府陳允忠）。公曰：『邑（縣）學之建，實縣官事也。吾宣化首及焉，曷敢後諸？』即檄海康令張大經、司教陳而偉、司訓黃鼎尋，按舊址庀材鳩工。凡木匠工役之役之費多陳公積累所餘俸錢購募以佐，捐助之所不及，自順治十八年九月十八日興工，至康熙三年五月二十九日始告厥成，蓋拮据之苦，經營之久，比昔人且什伯焉。一時殿宇峨峨，兩廡翼翼，櫺門、泮澤之間，且華華焉，青青焉，備極壯觀」。由此可見，海康縣儒學是在動亂未止，經費緊張的情況下，歷時近四年，從一個廢墟上建立起來的。縣儒學的復興，是因爲從督學、守憲、知府、縣令等大小官員對教育的高度重視，甚至建校經費也出自官員個人所捐俸祿。縣儒學興建起來後，華麗壯觀，爲當地士人創造了良好的學習、修業環境。故邑士人感

〔註12〕 《嘉慶雷州府志》卷18，《藝文志·學使翁方綱遂溪學宮記》。
〔註13〕 《嘉慶雷州府志》卷18，《藝文志·遂溪縣知縣史隨重修明倫堂記》。

慨地說：「今當此荒殘日久，士類憔悴，學業榛蕪，吾儕一旦得履斯地，登斯（學）
宮，瞻先聖之靈光，復絃歌之舊業，伊誰之造？敢忘所自？」〔註14〕可見當地
士人對於官員的致力興學是充滿感激之情的。

至康熙四十年（1701 年），幾十年過去，海康縣儒學又趨於頹廢：「顧漸
延日久，柱且頹於負棟矣，椽且毀於架梁矣，瓦礫且漂搖於風雨矣。」這一
年，海康縣令南君璋新官上任，「始下車，輒加意於斯。甲申（1704 年），郡
中憲趙公（光貴）清查學地，下其議於侯（南君璋），因搜（地方）志所紀載，
凡在學地久（被）侵（占）者，悉令還之」。乃度地計工，對縣儒學再進行較
大規模的修繕興建：「先殿宇，次兩廡，其餘橋門、泮澤以次具備，經畫布置，
別出新裁，不損民間，不費公帑」，諸項支費皆出自南君璋之捐俸，僅一月餘
即修復竣工。新校舍「規模廣闊，氣象宏遠，邊海之俎豆，煥然一新」。海康
士人感念南君璋縣令興學之功，將此事原委寫信告知當時在朝中任官的郡人
陳璸，請他作記。陳璸於是「喜而書之」，寫下《重修海康學記》。在記中備
言「海（康）人士食侯（南君璋）之德，頌侯之功」，盛讚「侯之種德於茲非
淺鮮矣」，並預言：有如此重視教育的官員，海康縣日後的教育必可獲得大發
展，「俾沐浴其中者異日奪標樹幟，顯揚上國，頡頏中州」〔註15〕。

徐聞縣儒學也是屢廢屢修。康熙九年（1670 年），知縣宋灝重修正殿；二
十一年（1682 年），知府沈聯鑣、知縣閻如珆暨合邑紳士大加修葺；三十六年
（1697 年），知縣孫挹暨紳士捐修正殿、兩廡，移建名宦、鄉賢二祠於東西隅；
次年，颶風毀壞，知縣孫挹再次倡捐重修；雍正二年（1724 年），知縣嚴潔同
紳士捐修正殿、兩廡及戟門；乾隆四十八年（1783 年）及五十四年（1789 年）
教諭鍾仲裕及合邑紳士捐資重修〔註16〕。

在徐聞縣儒學的振興中，縣令孫挹及教諭鍾仲裕功勳最顯著。孫挹於康
熙二十八年任徐聞縣令，「三修學宮而文教振興」，「士食栽培之澤」〔註17〕；
教官鍾仲裕、李君玉亦功不可沒。志載：「時徐邑（聞）學舍傾頹，榛蕪滿目，
（教瑜鍾仲裕）毅然膺修舉之任，……自是而義學而奎樓（藏書樓）而學宮

〔註14〕〔清〕雷學海修，陳昌齊纂《嘉慶雷州府志》卷18，《藝文志》。
〔註15〕〔清〕雷學海修，陳昌齊纂《嘉慶雷州府志》卷18，《藝文志》。
〔註16〕《宣統徐聞縣志》卷5，《學校志》。《中國地方志集成·廣東府縣志輯》，上海：
　　　　世紀出版集團、上海書店出版社2003年，據宣統三年（1911年）刻本影印，
　　　　湛江師範學院圖書館藏。
〔註17〕《宣統徐聞縣志》卷8，《名宦志》。

以次建修，士氣爲之一振。其勞心學校，厥功甚偉。」〔註18〕與鍾仲裕並肩工作且亦貢獻良多的還有徐聞縣儒學訓導李君玉。

二是官員在理政之餘，親臨學校，關心學校教育、生員生活與學業，爲學校、師生排憂解難，對生徒寄以殷切期望。

在歷任雷州官員中，山東人孔衍珣是最重視官學教育並對發展雷州地方教育事業貢獻最突出的一位。孔衍珣是聖人孔子的第六十五代孫，康熙二十八年（1689年）由潮州府通判署雷州府事。地方志記載他「律身嚴潔，尤加意育材。甫到任，即興修文廟，又以雷陽書院未有膏火之費，貧士不能自給，力爲籌畫。查三邑（海康、遂溪、徐聞）原有士民捐田久被胥吏侵隱並丈得溢田共計租穀數百石，詳請歸（書）院爲生童永遠膏火之助，雷（州）人士多有所賴以底於成云。」〔註19〕知府吳盛藻也對不利於地方教育事業發展的「冒籍」問題進行了整頓。《嘉慶雷州府志》卷十《名宦志·吳盛藻傳》云：「先是，四方冒籍者眾，士之土著者十僅一二，（吳盛藻）力禁之。自是（雷州）寒素得以自振」。又如伍斯琳，由舉人於乾隆五年知海康縣，在任八年，「以有濟地方爲務，加意造士，時親至書院集生童，剖晰經史大義，口講指畫，無異嚴師之授徒」〔註20〕。張元彪，雍正十年（1732年）知海康縣事，「溫文爾雅，無俗吏氣，每試童子，必爲之講解題蘊，不憚提命之煩。」〔註21〕遂溪縣令范孝曾於政暇之餘，也常到該縣遂良書院，「會山長集諸生談經論文」，並表達了他對書院「異日者人文蔚起，名魁天下」的美好祝願〔註22〕。此外，官員們在爲重修府學、縣學所作的「記」中，也無不對生徒寄以殷切期望，期望他們專心致志，努力勤學，爭取成爲有益於國家、社會的人才。

（二）在百廢待興，地方財政艱難的時刻，地方紳士商民踴躍捐資助學

雷州受地理環境的影響，颶風暴雨多，校舍易受損壞摧毀，故需屢壞屢修；每次修葺或興建，又費用巨大，而府、縣又由於財政拮据，無公帑可撥付支用，因此，府學、縣儒學的多次維修興建，都是依靠官員捐俸，尤其是

〔註18〕 《嘉慶雷州府志》卷10，《名宦志·鍾仲裕傳》。
〔註19〕 《嘉慶雷州府志》卷10，《名宦志·孔衍珣傳》。
〔註20〕 《嘉慶雷州府志》卷10，《名宦志·伍斯琳傳》。
〔註21〕 《嘉慶雷州府志》卷10，《名宦志·張元彪傳》。
〔註22〕 《嘉慶雷州府志》卷18，《藝文志·遂溪縣范孝曾新建遂良書院記》。

地方紳商捐資，民眾出力。沒有地方紳民的慷慨捐資捐田助學，雷州地區學校教育的發展是難以想像的。披覽《嘉慶雷州府志》，可見清前期雷州紳民捐資助學的記錄俯拾即是。以下輒舉數例以見之。

康熙二十二年（1683 年），遂溪知縣宋國用見縣儒學破敗，決定修葺。鑒於無公帑可撥，他只得倡議大小官員捐助。倡議發出後，雷州紳商士民踴躍捐輸，「諸如鱣堂（講學之所）宿儒、尉巡屬員以暨紳士，莫不相助以從」。這次縣儒學的修治，經始於 1684 年冬，落成於 1685 年夏，歷時半年。儀戟門、欞星門是在原構基礎上重葺；而啓聖祠兩廡、名宦祠、鄉賢祠、齋舍則爲新創。「是役也，無糜公帑，無傷民財」〔註23〕。一些有較雄厚經濟實力者，還慷慨地向學校捐田，以田租收入充師生教學、科舉之資。志載「遂溪文昌閣，原有邑紳士捐置下橋之田，載租二百九十八石，永爲通邑科舉之資」。由於有「將田所出，以助行囊」的經濟支持，一些貧窮士人再也無須爲科舉考試時須千里迢迢赴省趕考資糧難籌而犯愁。因此，「賓興（鄉試）之年，人人踴躍」。難怪章廷樺縣令會發出「行看遂邑（溪）科名日顯日盛，洵美舉也」的概歎了〔註24〕。

徐聞縣儒學的復興也是地方紳民捐資而完成的。徐聞縣儒學始建於宋，有悠久的歷史。乾隆年間縣儒學「歲久將圮」。縣學學諭鍾懋亭「懼鼓篋之道（按：指教學）寢」，乃與同僚羅峭岩等「集紳耆謀重建之。申諸守土之吏，守土之吏達之諸大吏，得報可。遂籌百費，召匠而經營之。因其故址而或前焉，或卻焉，或左焉，或右焉。卑者欲其崇也，狹者欲其廣也，規模欲其宏廠，體貌欲其尊嚴也，材欲其美，而工欲其良也」。這次縣儒學的重修，始自乾隆五十四年（1789 年）五月，次年竣工。重建工程所需資金，全爲地方紳耆捐資，「首倡者爲何起、韓君暨闔邑紳士、耆老」，共費白金五千餘兩〔註25〕。

當然，在清前期雷州學校的修復過程中，有時候也會遭遇到無人願意捐資，維修之費無法籌集的尷尬局面。但這並非雷州紳民對教育不重視，吝嗇財物，而是另有原因。例如，據《嘉慶雷州府志》卷十八《藝文志‧海康知縣徐錫智重修學宮記》，乾隆末年，徐錫智蒞任海康知縣，見文廟破落不修，問地方紳士

〔註23〕 《嘉慶雷州府志》卷 18，《藝文志‧知縣宋國用重修遂溪學宮記》。
〔註24〕 《嘉慶雷州府志》卷 18，《藝文志‧遂溪縣知縣章廷樺立文昌閣科舉資田租記》。
〔註25〕 《嘉慶雷州府志》卷 18，《藝文志‧郡人陳昌齊徐聞儒學碑記》。

何以致此？答曰：「廟之圮也有年矣。邑地褊小，官既無力爲此，而邑人士亦無肯勤（急迫）其事者，是以屢行捐修，迄無成效，遷延棄廢以至於今。」徐錫智認爲這不合理。他說，民間對祭祀之事尚且熱心，不惜鬻田產質簪珥，豈有對造就人才的學校教育反而不予支持的？紳民不願意捐資，一定另有原因。經調查，他終於找到了問題的癥結：原來，過去紳民捐資修建學宮，從程序上說，是地方紳士將籌集到的資金交給地方官府，官府計算工程將資金交付胥吏，胥吏再將資金交付工匠。如此層層轉交，中間難免會出現貪污捐款現象，以至「一石之貲，僅購一磚矣」，因此，「誰復肯以勤苦之財供無益之費哉！」有鑒於此，徐錫智改變了辦法，從諸生中選擇廉潔、信得過者數人，「分派職守，銀不許入（官）署，吏不許與事」，並且帶頭「捐廉一百金，與諸生鳩工飭匠」。結果，「邑之士大夫欣欣然來矣」。書院並有義田七百餘畝，歲納租近千石，爲書院膏火之資。所謂「義田」，即地方紳民捐獻給書院之田。

（三）雷州地區敬教重學之風，對清前期雷州官學的發展也起到了重要的推動作用

雷州自宋代開始，學校教育興起，歷元、明，幾百年的學校教育不僅使許多雷州人氏掌握了文化知識，還使許多雷州人士通過科舉考試晉身仕途，提高了社會地位。因此，早在明代，雷州已形成重視教育的社會氛圍。萬曆《雷州府志》卷五《風俗志》謂：「國（明）初，風教遠迄雷（州）。是時，人物最盛，蟬聯纓組（官宦），軼（超越）於他郡。……科第亦起，不絕庠序（學校），（民）知嚮學，秉禮義。」即使是雷州三縣中經濟文化相對落後的徐聞縣，也是「子弟競於學，有鄒魯風」。清朝建立後，不僅推行「興文教，崇經術」的文教政策，而且「以科舉爲掄才大典」，建立起了完備的科舉考試制度，其中包括舉人「大挑」制度，即只要通過鄉試（省試），即使在會試不能及第，考取不了進士，亦可入仕，任縣令等品級相對低一些的官職或任府、縣學教官。「清初定：舉人會試下第後，願就選者，考授推官、知縣、通判等官」；「其下第舉子中，有年力才具可以及時錄用者，特予格外加恩，揀選引見，分別以知縣試用，教職銓選，俾得早列仕版。」〔註26〕科舉制度使一大批原處社會底層，家境貧寒的布衣子弟通過讀書、科舉而釋褐入仕，在朝廷或地方任官職，光宗耀祖，鄉里刮目。因此，明、清時期，在雷州，敬教重

〔註26〕馬鏞《清代的舉人大挑制度》，《歷史檔案》2011 年第 1 期。

學已成爲一種社會風氣，「萬般皆下品，唯有讀書高」思想已銘刻於眾多雷州人士心中。這種敬教重學之風表現在許多方面：

一是許多貧困人家也克服重重困難，將其子弟送入學校接受教育。

如，清代雷州籍名臣陳璸通籍前也是家貧，「（陳）璸故貧，（吳）馬期教而兼養，迄于大成」；吳廷魁，海康人，府學增生，「家貧，惟以筆耕餬口」；海康廩生鄧可選，「少孤，母石氏守節撫之。家什蕭然，忍饑誦讀，朝夕往來鄉塾。……應鄉試，攜魚鮝（魚幹）一具以供膳。食之美，因留一半歸以遺母，時號『魚鮝生』。」李林恢，逐溪人，乾隆辛酉舉人，「家故貧，然有饋遺輒辭不受」；彭翰魁，逐溪人，海康籍，歲貢生，「家貧不具饘粥，欣如也。」〔註27〕再如李實發，逐溪人，應乾隆癸酉科鄉薦，「自少家貧力學」〔註28〕。

二是雷州人敬重有讀書志向或有教育潛質的年青人，即使非親非故，若遇困難，亦願意資助他們讀書成才。

上述吳馬期「教而兼養」貧困學子陳璸，使其「迄于大成」即爲一例。陳璸還得到了譚宏略的資助。志載：譚宏略，海康人、貢生，「生平輕財樂施」。陳璸的「一切讀書應試之資皆其佽助（幫助）」。又如吳世璉，徐聞人，監生，「性敦篤，仗義疏財，尤好引獎士類。邑有蔡如璧、程書成，少穎悟，力不能讀。世璉延師教子，招之同學，仍時時周恤其家。二人卒成歲貢。」〔註29〕再如徐聞人吳昭亶，志載：「國初，徐（聞）地未靖，知學者少，（吳昭亶）乃建校延師，招徠多士。凡有艱（於）膏火者皆力爲任。其猶德之者如歲貢黃方中、廩生吳國棟、庠士王國宗，少好學，貧無資，因供膏火，給衣食，且爲營娶完室，各給田十畝贍之。三子（人）卒以文學顯，皆（吳昭）亶栽培力也。」〔註30〕如前所述，一些家境較殷實者向學校捐資、捐田，以作爲學校維修之資及生徒膏火、科舉之資，也是雷州人對教育重視的體現。

三是讀書被不少雷州人視爲擺脫困境的捷徑，這成了他們矢志求學的潛在而強勁的內推力。一個典型的事例是徐聞海安北關人李志浩的發奮讀書成才。志載，李志浩十八歲時，其父被奸吏誣陷，以偷漏賦稅爲名拘赴海安所。

〔註27〕以上所引史料皆見《嘉慶雷州府志》卷16，《人物志》。
〔註28〕喻炳榮修，朱德華、楊翊等纂《道光遂溪縣志》卷9，《列傳》，《中國地方志集成·廣東府縣志輯》，上海：世紀出版集團、上海書店出版社 2003 年，據道光二十八年（1848 年）刻本影印，湛江師範學院圖書館藏。
〔註29〕以上所引史料皆見《嘉慶雷州府志》卷16，《人物志》。
〔註30〕《宣統徐聞縣志》卷13，《人物志》。

李志浩以身代父受刑。此事刺激了他，讓他認識到，要改變受屈辱受欺凌的地位，唯有通過讀書，奮發有爲。他「遂矢志讀書。海安營守備張安邦憫其困，給予月米，又喜其相貌魁梧有力，令文武兼習。是科果冠武童子軍。（李志）浩志益勵，手不釋卷，往瓊（海南），與張日旼同遊進士謝寶之門。（謝）寶嘗極稱之。以康熙丁酉武舉中雍正癸卯恩科進士。」〔註31〕正所謂「有志者，事竟成」。清代，雷州這樣的有志者還有很多。

雷州人對教育的重視，從他們爲子弟取名上也可看出一斑。他們多愛爲子弟取一些蘊含著教育意味之字、詞爲名，換言之，希望其子弟通過接受教育而養成良好品德或傑出才能，或取得仕途，如「士奇」、「國相」、「德佳」、「名儒」、「官傑」、「世則」等；「魁」是「爲首」、「第一」之意，又指魁星，北斗星中第一星，因而，雷州學人中多有以「魁」爲名者，如彭翰魁、吳廷魁、林魁春等，表明其父母期望子弟通過讀書受教育而成爲人中豪傑。

二、清前期雷州官學教育發展的意義

清前期，雷州官學教育的持續發展，其意義是顯而易見的，不僅爲國家爲社會培養了大批的政治、文教人才，同時也實現了移風易俗，還推動了雷州地方文教事業的發展。

第一，爲國家爲社會培養了大批政治、文教人才，尤其是造就了一批雷州籍清官。

通過府、縣儒學及書院的教學，一批雷州籍士子得以造就成才。這一點，只要翻翻府志、縣志的「選舉志」即可概見。正如《嘉慶雷州府志》卷十五《選舉志》所云：「雷（州）雖偏在天末，然列薦牘、登賢版者，代固多人」。他們或通過科舉考試，晉身仕途，成爲朝廷或地方官；或通過各種形式的薦辟，任教於異地他鄉，爲國家的治理，爲社會的教化，作出了重要的貢獻。

清前期，通過官學造就科舉考試而入仕的雷州籍官員，最著名的有洪泮洙和陳璸。

洪泮洙，遂溪人，曾在遂溪縣儒學就讀，順治戊戌（1658年）進士。曾任休寧縣（今安徽休寧縣）知縣，任職期間，「政尚寬簡，然事係風教，雖強禦必力摧之」。雖然其官職及政治貢獻不及陳璸，但「國朝（清朝）郡（雷州

〔註31〕以上所引史料皆見《嘉慶雷州府志》卷16，《人物志》。

府）人登甲科自泮洙始」，其對雷州士人的激勵作用是巨大的。

　　陳璸，海康東湖村人，康熙甲戌（1694 年）進士，授福建古田縣令。以廉能調臺灣。行取入刑曹，遷郎中，充己丑（1709 年）禮闈分校，「稱得士」，大學士阿克敦即爲其首選。尋遷四川提學道，「一切陋規卻弗受」。調臺廈道，「舊例，有應得銀三萬兩，悉屏之」。臺灣是陳璸曾任職之地，陳璸「稔知其弊政，至是，乃請革官莊，除酷吏，恤番民。又鼎新學宮，宮之旁建紫陽祠。每公（事之）餘輒與諸生講明格致、誠正之學。崇爻山北稱爲『海外鄒魯』」。1714 年，升偏沅巡撫。後改福建巡撫。「益勵介節。疏請撥巡撫公用銀充兵餉，（朝廷）不允；仍請並所積俸銀解粵爲（雷州）郡東洋修築海堤工費，許之。撫閩三載，吏畏民懷，稱大治」。陳璸任官期間，凡事親爲，「所有案牘，皆手自經理，未嘗延致，幕客亦瘁甚矣」。結果積勞成疾，卒於任。「朝廷震悼，追授禮部尙書，祭葬如尙書禮，諡『清端』。」被康熙帝視爲「苦行老僧」，稱之爲「國家祥瑞」。陳璸爲官，以「清風苦節」著稱，使「吏畏民懷，頌聲溢於道路」。這不僅在清代歷史上罕見，即使在整個封建時代，也是罕見的。

　　清前期雷州籍士人通過科舉進士及第而至成爲朝廷要官或封疆大吏如陳璸者雖然不多，但在各地任縣級親民官的卻不在少數。他們亦如陳璸爲官一樣，兢兢業業，恪盡職守，興利除弊，爲一方政治作出了貢獻，深得民眾信賴與擁戴。如，莫吾昭，海康人，康熙辛酉（1681 年）拔貢，授紫陽縣（今陝西紫陽縣）知縣，蒞任六年，「甫到任，即設義學，延師教士。縣爲浮糧遺累，多逋戶，躬親履畝勘丈。凡額存田荒者申請題豁，漸以安集。」丁兆啓，康熙庚午（1690 年）舉人，歷任巴東、秀水縣知縣，「所至有政聲」。陳元起，海康人，領康熙丙子（1696 年）鄉薦，選永福縣（今福建永泰縣）知縣，「在任八年，案無積牘」。王定九，海康人，曾就讀於雷陽書院，中乾隆戊午（1738 年）解元，「任中江縣八載，留心民瘼，有訟者，開導多方，懇到之意溢於言表。挾忿而來者，往往歸好而去。解組（致仕）歸時，士民作攀轅圖以送之。」〔註32〕黃炳，遂溪人，「二十六領乾隆乙卯鄉薦，後膺挑典（按：即前述科舉大挑制度），以知縣用，分發廣西，授興業縣知縣，歷署博白、貴縣、興安、武緣□城各縣事。」黃炳任官以「能」著稱，當時廣西百色地處邊境，盜賊公行，前任地方官皆因治盜無方而遭停任。廣西「大吏重（黃）炳才，因委署百色同知，數月，賊盜盡獲，百姓安恬，前官免累。上憲嘉其能，將錄功

〔註32〕以上所引史料皆見《嘉慶雷州府志》卷 16，《人物志》。

陞擢（黃）炳，旋因病卒於官。」〔註33〕此類事例還有不少，不一一列舉。

清前期，還有許多雷州籍士人在官學中學成後，通過歲貢、鄉薦、拔貢、廩貢、增貢等途徑而被選拔，受任爲各地教官。他們秉承了清朝統治者重文教、興學校的方針政策，盡心盡力地爲發展各地的教育事業而作貢獻，他們的事迹在《嘉慶雷州府志》卷十六《人物志》中留下了許多記錄。如：張卷墨，海康人，由乾隆癸酉（1753 年）科拔貢充正白旗官學教習，任保昌學諭，調任崖州學正，「日與博士弟子孜孜講學，從之遊者不啻坐春風中也。」陳蕃華，遂溪人，由歲貢任揭陽縣學訓導，「力敦本行，勤於督課」。黃鎭東，徐聞人，領乾隆辛酉（1741 年）鄉薦，任香山（今廣東中山市）教諭，「其在香山加意寒畯，香（山）人士尤敬重之」。謝朝輔，遂溪人，由歲貢任和平縣（今廣東和平縣）學訓導，「在官凡七年，與諸生講論無虛日。紳士慕其學行，及告歸，刻石以比甘棠之愛。」陳正，遂溪人，歲貢生，「持躬謹肅，訓迪生徒卓有師範，以故從遊者眾。」遂溪人、應乾隆癸酉科鄉薦的李實發，先後主遂良書院講席，「訓迪生徒，諄諄以德行文藝交修爲勖」；「後任順德教諭，升廉州府學教授，所至厚培人才，士林愛戴。年八十六卒於官。諸生捐貲，隨棺至遂（溪）送葬。」〔註 34〕李實發一生從事官學教學，直至老死於任上，可謂「鞠躬盡悴，死而後已」了。在異地他鄉任教官的還有陳國安，遂溪人，由歲貢任長寧（今江西尋烏縣）訓導；鄭林，遂溪人，歲貢生，任合浦（今廣西合浦縣）訓導；黃家棟，遂溪人，由歲貢任從化（今廣東從化縣）訓導等。

值得一提的是，清前期雷州籍士人任職於他鄉的官員（包括教官）中，清官爲數眾多。在封建時代，人們的觀念中總是貪官污吏多，而清官則如鳳毛麟角般稀少。而從《嘉慶雷州府志》卷十六《人物志》所載雷州籍官員事迹來看，情況卻不然，清官爲數不少。

如上所述，陳璸是清代著名清官，這是人所共知的。陳璸之子陳居隆也繼承了其父的清廉品格。志載其父卒於任，陳居隆「自閩扶櫬（棺木）歸粵，（閩）官僚賻金悉辭不受」。其他清官如：海康人陳元起，領康熙丙子（1696

〔註33〕喻炳榮修，朱德華、楊翃等纂《道光遂溪縣志》卷 9，《列傳》，《中國地方志集成・廣東府縣志輯》，上海：世紀出版集團、上海書店出版社 2003 年，據道光二十八年（1848 年）刻本影印。

〔註34〕喻炳榮修，朱德華、楊翃等纂《道光遂溪縣志》卷 9，《列傳》。

年）鄉薦，選永福縣知縣，在任八年，「門絕苞苴（饋送禮物），及告病歸，囊空如洗。（永）福人釀（籌集）金贐（贈送禮物）之，勉受十餘金，餘悉辭之」。周文珍，遂溪人，雍正己酉拔貢，曾在遂溪遂良書院任山長。他嚴守儒家為人規範，只孜孜矻矻於教書育人，從不謀求勢利。志載他「公事外，長官前未嘗一投刺也」，給人辦事「從無受謝」，可見是一個兩袖清風的人。徐聞人黃位培，應乾隆癸酉拔貢，「自守儒素，遠勢利，以講學為事」。陳蕃華，遂溪人，由歲貢任揭陽訓導，「力敦本行，勤於督課，修贄有無從不問及。解組歸時，一肩行李，見之者以為諸生負笈行也。」陳國安，遂溪人，由歲貢任長寧訓導，秩滿歸家，長寧縣令胡國綱作詩送之，有「清標百代欽無斁（終止），教澤千年頌未休」之句，可想見其清廉的風範。遂溪人黃炳先後在廣西興業、博白、貴縣、興安、武緣、百色等地任官，不僅以「能」著稱，同時以「清」著稱。道光《遂溪縣志》卷九《列傳‧黃炳傳》載：他任官「廉介愛民，所至俱著循聲」，「卒於官，囊橐蕭然，僚友賻助始克歸葬。民懷遺愛，稱其清操始終不渝云。」

明清兩代，雷州籍清官為數眾多。這種觀象的存在，於筆者之見，原因之一是明、清兩代都重吏治，朝廷建立了嚴格的監察與獎懲機制，獎廉懲貪；二是做清官是清代官學品德教育的重要內容之一。清統治者認識到，官而不清，必致上行下效，造成整個官場腐敗，造成社會矛盾激化。順治九年（1652年），清廷仿明制頒行「新臥碑」八條，規定各級官學要置於明倫堂之左，以曉示生員。其中一條謂：「生員立志，當學為忠臣清官，書記所載忠、清事迹，務須互相講究。」又謂：「生員居心忠厚正直，讀書方有實用，出仕必作良吏。若心術邪刻，讀書必無成就，為官必取禍患。」〔註35〕三是榜樣的力量。宋、元、明、清幾代，蒞雷州任官職者，清廉者眾多。這些有政績又為官清廉者受到了雷州人民的愛戴，被祀於名賢祠中。本地出仕而為官清廉者則被祀於鄉賢祠中。他們成為雷州人學習的榜樣，崇敬的對象。因此，清前期雷州士人中，「處為純儒，出為循吏」者不少。

第二，通過官學教育，生員的率先示範，推動雷州地區形成了重倫理、興義舉的社會風氣。

明代，雷州還是一個「俗尚樸野」、風俗較落後的地區，以「愚」、「粗」、「戾」和「野」而著稱。《萬曆雷州府志‧民俗志》載：「若夫一種椎魯之人，

〔註35〕《清會典事例》卷389，中華書局1990年。

硿執己性，化導不得，其失也愚；胸眼窄小，微利即沾沾喜，微害即嘈嘈怨，官府小不當，街譚（談）巷說而無所諱，其失也粗；鄉曲細民一言詬誶（責罵），輒至捐生，其失也戾（乖張、猛烈）；婺（寡）婦育女，並肩市衢，鬻飯鬻榔，媒淫啓奸，其失也野。」可見其時雷州人封建倫理觀念還較薄弱，人們多見利忘義，人際關係較緊張。爲改變這種狀況，緩和社會矛盾，清代統治者極力鼓吹「五倫」，倡導義舉。所謂「五倫」，即各種人際之間的關係，爲人應遵守的原則，包括君臣、父子、夫婦、兄弟、朋友等。忠、孝、貞、悌、信等便成爲「五倫」的重要行爲準則。「五倫」成爲清代各級官學教學的主要內容。明倫堂是官學中的主要建築，已鮮明地揭示了官學教育的宗旨就是「明倫」。康熙三十九年（1700 年），朝廷向直省學校頒佈《聖諭十六條》，其中第一條就是「敦孝弟（悌）以重人倫」，將倫理道德的教育放在官學教育的頭等重要地位〔註 36〕。清代雷州籍官員、學者陳昌齊在《與雷陽書院諸生論實學書》中，開宗明義就說：「學以道爲歸，學道以聖人爲則。道惡乎在？五倫是已。聖人惡乎長？人倫之至是已」；又說：「試思天壤間，君臣、父子、夫婦、兄弟、朋友而外更有何？人類親、義、序、別、信而外更有何理境乎？聖人而在上位莫盛於堯舜，堯舜之道捨孝、弟（悌）又將何屬乎？聖人而在下位莫盛於孔子，孔子之道捨子、臣、弟、友又將何求乎？」〔註 37〕孝、廉不僅是清代官學教育的宗旨，而且成爲衡量教官賢否的重要條件。雷陽書院就規定，「必孝廉以上方可主講」〔註 38〕。通過官學教育，生徒思想意識深受倫常觀念浸染，並表現於行動中，成了踐行「五倫」的典範。以下僅以孝、悌爲例，舉數例以見一斑。

孝的範例如：黃省傳，海康人，增生，「事母倍謹，至老猶爲人言，憶十四歲時，偶誤觸其母一言，一生抱恨不釋。母死，廬墓三年。偶有往還，必詣壟所（墳）跪白其事，若出告反面（即出門稟告，入門面見）者然。」年青時一言觸犯母親，便終生抱恨；母死，在墓旁築室而守；有事稍離還要向墳跪告。林璿，遂溪人，庠生，「少失怙，母患乳瘡，既潰，延十餘年，常爲吮之。凡有污穢，必躬親洗濯。母沒後，每逢生辰，輒哀慕無已，終日屛食。」不僅長期無怨無悔服侍病母，即使母親去世以後，對其母仍然念念不忘。吳

〔註 36〕 《清朝文獻通考・學校考七》，浙江古籍出版社 2000 年版。
〔註 37〕 《嘉慶雷州府志》卷 18，《藝文志・郡人陳昌齊與雷陽書院諸生論實學書》。
〔註 38〕 喻炳榮修，朱德華、楊翊等纂《道光遂溪縣志》卷 9，《列傳》。

秉謙，海康人，廩生，「性孝謹。父喪，遵古人未葬不釋服之制，泣守喪次者三年，未嘗出門戶。鄉人難之。」〔註39〕嚴格遵守古代喪制，泣守三年。梁洸國，遂溪人，增貢生，年十六入官學，「壯歲領乾隆乙卯鄉薦。事親篤孝，母壽逾百齡。晨夕侍養，洸國皆必躬親。年踰六旬，依依孺慕。」〔註40〕梁洸國爲侍奉母親，辭官不仕，至六十猶「依依孺慕」，像幼兒依戀母親一樣，事迹確實感人。由於「孝」觀念的深入人心，清前期，雷州社會尊老敬老成爲風習，四世同堂、五世同堂者眾多。

悌的典型如：官介，海康人，領乾隆乙酉鄉薦。「事其兄庠生維揚，雖燕（宴）見，必命之坐然後坐，年六十餘猶然」。對其兄必恭必敬，俯首聽命。張卷墨，海康人，乾隆癸酉科拔貢，「待諸弟極其親愛」。陳德佳，海康人，郡增生，「有至性，兄弟五人，（德）佳居長，自幼友愛，寢食與俱，遊處必偕，至老無異，三世同居，和順雍睦」〔註41〕。「悌」不僅表現在兄弟互敬，親密友好，還表現在賣屋鬻田代兄償還債務；或者兄或弟亡故後，弟或兄將其子女當作自己子女撫養起來，直至他們自立等方面。

受官學生重倫理風範的影響，雷州社會中，無論是軍隊兵弁，還是普通平民，都不免「見賢思齊」。統治者極力宣揚孝、悌等封建倫理的目的在於營造家庭的團結、和睦，人際關係的融洽；社會是由千萬個家庭、各類人員組成的；家家和睦了，人人友好了，天下豈有動亂的？

興義舉是清前期雷州社會頗常見的現象，可以說已形成爲一種社會風尚。義舉形式、內容林林總總，其共同點是都有一顆愛心：愛他人、愛社會。如：丁鴻猷，海康人，庠生，「康熙初年，土盜楊仁、張彪等肆虐，宗族逃散。鴻猷多方安集，無產業者給之田，不能娶者助之財，俾奠厥居。壬辰、癸巳（1712年、1713年）歲饑，視族里（宗族鄉里）之困者量口而與之穀，所存活甚眾」。這是助族人渡過難關。陳其瑋，海康人，康熙戊寅（1698年）拔貢，「家素裕，好周人急，以社務紛擾，差役叫囂，自捐貲抵補，不使爲鄉里累。壬辰、癸巳歲凶，傾囷（圓形穀倉）出粟以濟之」。徐聞人、監生鍾元瑄，「好義舉，嘗建灘頭、合溪二橋，又造海渡船一隻，置租十餘石爲船夫工食，至今未改，瓊海往來，有無力買舟者便之」。林魁春亦爲徐聞人，監生，「篤於

〔註39〕以上所引史料皆見《嘉慶雷州府志》卷16，《人物志》。
〔註40〕《道光遂溪縣志》卷9，《列傳》。
〔註41〕以上所引史料皆見《嘉慶雷州府志》卷16，《人物志》。

行善。乾隆戊寅、己卯歲大荒，徐（聞）民逃亡甚衆。魁春屬（囑）其里之老而慰安之，每年捐穀百餘石以資接濟。里人得以保存。又素習醫，自備藥材在家，鄰有疾，處方給藥不取値。徐（聞）有居梅九廟、英印三橋，皆其所造。鄰有死而不能葬者，施棺槨以埋之，歲以爲常。」海康人、監生陳餘備也是「每遇歲饑輒出穀以濟貧，一時好義之名聞於當道」〔註 42〕。這些都是助他人渡過困境。此外，還有助人求學成才者；有借貸貧民而不責償還者。清前期，在雷州，不僅是府、縣儒學的屢次重修，而且捍海長堤的一再修築，也常常是靠雷州官民踴躍捐資助修才能順利完成的。這就是清代雷州社會義舉成風的表現之一。

重倫理、興義舉，是營造和平社會的有效辦法。這種風氣的形成，說明官學教育是有成效的。故有官員感慨地說：「化民成俗，必由學乎！」〔註 43〕

第三，推動了雷州地區文教事業的發展。

在官學中學成的雷州士人，他們或在學習期間，或在致仕之後，積極熱情地投身於招徒講學的神聖事業中，使許多無緣進入府、縣之學或書院接受教育的年青人獲得了受教育的機會。

如，吳馬期，海康人，由歲貢任始興訓導，「生平清簡厚重，尤宏獎士類。爲諸生時，設帳於家，一時學者從之」。清代雷州籍名臣陳璸最初就是拜他爲師開始學習的，並且由於家貧，在經濟上還得到吳氏的大力支持，迄于大成。陳璸學成後也曾招徒講學，康熙戊寅拔貢、海康人陳其瑋就曾「受業於陳璸」。陳璸之子陳居隆曾官刑部江西清吏司主事，尋以母老告歸，「家居數十餘年。問事之暇，教授生徒，泊如也。」黃省傳，海康人，增生，「嘗結廬北山教授」。官介，海康人，乾隆乙酉鄉薦。「其教子弟、生徒以整齊嚴肅四字爲先。儒主敬存誠，入門正路，故出其門下者率自立崖岸（有操守），不苟同於流俗。」王工，遂溪人，歲貢生，「棘闈（科舉考試）不遇，歸授生徒」。何茂荷，遂溪人，雍正己酉科舉人，「尤宏獎後學，東海學者自鄉薦以下皆其門下也。社里仰其德行，勒碑義學以表揚之。」〔註 44〕此類記載還有不少，不一一臚列。此外，學成於官學的雷州士人還有著書立說和參與地方志編纂者。《嘉慶雷州府志》卷十六《人物志・洪泮洙傳》載：洪泮洙「性嗜學，解組後猶手不釋

〔註 42〕 以上所引史料皆見《嘉慶雷州府志》卷 16，《人物志》。
〔註 43〕 《嘉慶雷州府志》卷 18，《藝文志・知府黃錚新建雷陽書院記》。
〔註 44〕 以上所引史料皆見《嘉慶雷州府志》卷 16，《人物志》。

書，舊郡縣志皆其手纂也。」他們對於清代雷州文教事業的發展都是有貢獻的。

此外，官學教育使用「中土正音」，對於雷州人民學習「正音」，便利與內地人士的交往也創造了條件。《道光遂溪縣志・流寓志》載：「遂溪話語皆習鄉談，惟讀書則與中土正音相近，聽之嘶嘶可晰，與說話迥殊，詢厥所由，僉（全，都）稱昔寇萊公（寇準）寓此，親為口授，後來教者循習，遞傳至今不改。」其實，不僅是遂溪一邑，整個雷州地區，情況亦然。

綜上所述，明末清初長期的戰亂及寇盜作亂，使宋、元、明以來較為發達的雷州的教育事業幾乎遭遇滅頂之災。學校斷垣敗瓦，師儒、生徒逃散。蒞雷（州）的地方官，從知府、同知，到縣令、教諭，無不以復興地方學校教育為己任。儘管社會未得安寧，儘管百廢待興，地方政府財政困難，然而，通過官員的慷慨捐俸，帶動雷州廣大紳民踴躍捐資，使破敗的府、縣儒學及書院一次次得以修復，使逃散的生徒得以重新聚集，使官學教育得以如風浪上之舟，雖顛簸，卻畢竟持續向前邁進。官學的發展，不僅為國家為社會培養造就了一批雷州籍的政治、文教人才，並鑄成了這個士大夫群體的清廉風格，而且通過官學生徒的模範作用，推動了清代雷州社會形成重倫理、興義舉的社會風尚，還促進了雷州文化教育事業的發展，改變了雷州自古以來的落後、蠻荒的面貌。清代，雷州已成為文化昌明之區。《道光遂溪縣志》卷三《學校志》云：「遂（溪）雖邊隅，而士皆嚮學，與鄒魯同風矣」。即使是雷州三縣中文教相對最為落後的徐聞一邑，社會面貌也已大為改觀，正如《宣統徐聞縣志》卷二《沿革志》序言所云：「禮樂炳麟，蠻花犵鳥之區，悉成人物衣冠之藪……風俗醇懿，幾與中州肩袂矣」。可以說，清代雷州社會歷史的變遷，官學教育的發展是其中重要的推動力之一。

十、宋元明清雷州地區的官辦慈善事業

摘　要

　　古代雷州地區官辦慈善事業涉及賑濟災民、對弱勢人群的撫恤資助、施醫給藥、掩埋屍骸等領域。古代雷州地方官府在財政困難，支出控制極嚴的情況下，仍不忘慈善事業的興辦，其重要的原因之一是最高封建統治者爲了統治的長治久安，對慈善事業高度重視；然而，古代雷州地區的官辦慈善事業也存在著局限，明顯的表現在兩個方面：一是雷州地方財政困難，使慈善事業未能充分發揮其解民困厄的積極作用；二是吏胥因緣爲奸，從中漁利，削弱了慈善事業的功能。

關鍵詞：古代；雷州地區；官辦慈善事業

　　古代社會，生產力水平低下，自然災害頻生，統治階級剝削殘酷，民眾生活於水深火熱之中，社會矛盾、階級矛盾由此激發。為了緩和矛盾，為了穩定社會秩序，歷代封建王朝都重視慈善活動的開展，制定了相關制度、措施；有遠見有作為的地方官也本著以民為本、仁慈為懷的精神，在力所能及的範疇內，或動用官帑，或捐獻私俸，對受災或遇困的民眾展開救濟，以協助民眾渡過難關。在官府（員）慈善義舉的感召之下，越來越多的富裕之紳民也加入了慈善的行列，形成了中華社會一項值得繼承並發揚光大的優良社會傳統。筆者在披閱雷州方志過程中，也發現有不少有關官員、士民慈善活動的記錄。〔註1〕現據這些史料，對古代雷州地區官辦慈善事業的概況略作歸納概述。

一、宋元明清雷州地區的官辦慈善事業

　　官辦慈善事業，包括地方官府利用官帑興辦及官員個人捐俸舉行兩個方面，其中以後者為常見。

（一）賑濟災民

　　古代社會，民眾生活本已艱難，突遇水、旱、風、蟲、地震或流行病等自然災害，居室財產頓失，作物欠收，更是面臨死亡的威脅。因此，國家（包括地方官府）的賑濟活動不可或缺。

　　早在唐代，已有官員在雷州開倉賑濟災民。如，王琇，「名亞劉晏（唐代著名理財家及財政制度改革者）」，原任戶部侍郎，為姦臣韓洸誣告，被貶至雷州任司戶參軍。「既至，會計倉糧，賑救荒歉，民甚德之。」〔註2〕

　　但是，相對於個別官員的一時義舉，制度建設更顯重要。俗話說，不打無準備之仗，欲在災荒之年能及時開展賑濟，必須在非災荒之年儲備糧食物資，必須建立倉儲制度。

　　為協助災民渡過難關，古代中央統治者及雷州地方官對設倉儲糧以便災害來臨時開展賑濟工作給予了重視。例如，元朝統治者就已認識到：「救荒之政，莫大於賑恤」，並已在災荒時刻或對困難人群開展賑濟活動，其中，「賑貸有以鰥寡孤獨而賑者，有以水旱疫癘而賑者」。〔註3〕又據《古今圖書集成・

〔註1〕 關於古代雷州地區士民從事慈善活動的歷史，筆者已有專文論述。參看《明清時期雷州地區士民義舉述論》，載《湛江師範學院學報》2013年第5期。
〔註2〕 《萬曆・雷州府志》卷16，《流寓志》，第404頁。
〔註3〕 《元史》卷96，《食貨四・賑恤》，第2470頁。

方輿彙編職方典》第 1368 卷《雷州府部‧雷州府公署考》記載，明代，雷州設有預備倉，在海康縣治西；有廣積倉，設在郡城貴德坊；有四門義倉，「明萬曆二十四年（1596）設，因是年饑疫，御史劉會按（巡視）郡，檄府、縣立義倉，東、西、南、北關（門）內各置一，預備倉穀儲賑，每倉儲穀六百石，著（規定）關內鄉老收支，德意良厚」。遂溪有陳留倉，設在遂溪縣治內；預備倉，在遂溪縣西北儒學之後，「嘉靖十年（1531）知縣張惠鼎建，積穀以備荒旱」；遂溪還有「義倉」二：一在遂溪二十一都城月村；一在二十二都土𥱊村，「嘉靖十一年（1532）知縣張惠鼎建，積穀以備義需」；徐聞亦設有義倉，「凡二處，俱在分司東」；另有預備倉，「在貴生書院東」〔註4〕。

　　有了倉儲制度，災後賑濟工作的開展就有了物質條件的保障。例如，宣德十年（1435）三月，巡按廣東監察御史楊翰等奏：「廣東肇慶、雷州二府去年春旱，田苗枯槁，秋田又被颶風湧潮淹（淹）沒，禾稼無收，人民饑窘，已驗實開倉賑濟，謹具以聞。」〔註5〕正如明仁宗所言：「預備倉儲，正為百姓，比之前代常平，最為良法。若處處儲積完備，雖有水旱災傷，百姓可無饑窘。」〔註6〕

　　一旦遭遇災荒，地方官就可以開倉施賑。如王敬，明代「永樂間（1403～1424）知雷州……府境被潮水，民多溺死。（王）敬設法賙（接濟）其家，多賴全濟」〔註7〕；戴嘉猷出知雷州，「時久旱，公（戴嘉猷）齋心以禱，雨大應。民告饑，即請賑貸之」〔註8〕；嘉靖年間知府事的羅一鷟，壬子（1552）夏，海潮沖毀堤壩，「發銀募夫修緝，大行賑濟，復請蠲徵」〔註9〕；王麟，天順二年（1458）知海康縣，時「流賊猖獗，民不聊生。（王）麟極力賑撫」〔註10〕。清初，陳嘉善於順治八年（1651）任海北南道，「時兵馬縱橫，閭閻無家」，陳嘉善全心盡力於「招撫流離，加意賑恤」的工作，使雷州社會秩序得以安定〔註11〕。總之，在災荒或動亂之年，能動用預備倉的儲糧開展賑濟工作，多少可以緩解民眾生活無著的艱窘，解救燃眉之急。

〔註4〕　《古今圖書集成》卷 1368，《雷州府部‧雷州府公署考》，第 20205～20206頁。
〔註5〕　《明英宗實錄》卷 3，5，第 71 頁。
〔註6〕　《續文獻通考》卷 27，《市糴》，第 3040 頁。
〔註7〕　《大明一統志‧下》卷 82，《雷州府‧名宦》，第 1256 頁。
〔註8〕　《萬曆‧雷州府志》卷 15，《名宦志》，第 388 頁。
〔註9〕　《萬曆‧雷州府志》卷 15，《名宦志》，第 389 頁。
〔註10〕　《嘉慶‧海康縣志》卷 4，《名宦志》，第 81 頁。
〔註11〕　《嘉慶‧雷州府志》卷 10，《名宦志》，第 315 頁。

（二）對弱勢人群的撫恤資助

弱勢人群主要指老弱病殘者及孤兒寡婦。這些人或者已失去或者還不具備勞動能力，生活困苦，很需要官府或他人的扶助。在古代雷州，有兩項重要設施是旨在救助、撫恤弱勢人群的，一是官府設置的養濟院；一是官員捐俸設立的「貢士莊」。後者旨在資助學有所成的貧困士人赴省參加科舉考試。

養濟院，顧名思義，養育與救濟兼顧，是對孤寡老弱、病殘無助者的撫恤，使之得以存活。據《古今圖書集成》記載：明代，雷州養濟院「舊在西城外曠坡上，後因麻風污（傳染）人，改孤老院於白沙坡，徙麻風院於蔡黎村。」〔註12〕

可知養濟院原來是孤老院與麻風院兩院合二為一，後分開經營管理；前者旨在救助，後者旨在治病。遂溪、徐聞二縣亦設有養濟院。遂溪養濟院在縣城西北部登俊坊，洪武三年（1370）知縣王淵創建；徐聞養濟院未記具體地址及創建者〔註13〕。

這是明代雷州地方官府奉朝廷之命設立的慈善機構之一。洪武元年（1368）八月，朱元璋詔令：「鰥寡孤獨廢疾者，存恤之」〔註14〕。洪武五年（1372），又詔令「孤寡殘疾者官養之，毋失所」；十九年「六月甲辰，詔有司存問高年。貧民年八十以上，月給米五斗，酒三斤，肉五斤；九十以上，歲加帛一匹，絮一斤；鰥寡孤獨不能自存者，歲給米六石。」〔註15〕朱元璋曾諭令中書省云：「昔吾在民間，目擊鰥寡孤獨，飢寒困踣之徒，心常惻然，……爾等為輔相，當體朕懷，不可使有一夫不獲也。」〔註16〕《大明律》又規定：「凡鰥寡孤獨及篤疾之人，貧窮無親屬依倚，不能自存，所在官司應收養而不收養者杖六十，給衣糧而官吏剋減者以監守自盜論。」〔註17〕恤政成為地方官府必須履行的行政職責。據嘉靖《廣東通志初稿》載，嘉靖年間（1522～1566），「廣東各縣孤老每名一年例支柴錢折銀三錢六分，冬布一匹，折銀一錢五分，夏布一匹，折銀一錢。」〔註18〕

〔註12〕 《古今圖書集成》第 1368 卷，《雷州府部·雷州府公署》，第 20205 頁。
〔註13〕 《廣東通志·下》卷 55，《雷州府·公署》，第 442～443 頁。
〔註14〕 《明史》卷 2，《太祖二》，第 21 頁。
〔註15〕 《明史》卷 3，《太祖三》，第 27、43 頁。
〔註16〕 《明會要·下冊》卷 51，第 959 頁。
〔註17〕 《大明律集解附例（卷 4）》，轉引自方志欽、蔣祖緣主編《廣東通史·古代下冊》，廣東高等教育出版社，1996 年，第 85 頁。
〔註18〕 轉引自方志欽、蔣祖緣主編《廣東通史·古代下冊》，廣東高等教育出版社，1996 年，第 86 頁。

養濟院的設立，一定程度上解決了部分貧苦無依的鰥寡孤獨及殘疾人的生存問題。

此外，官員撫恤弱勢人群的記載也不少。如虞應龍，南宋咸淳（1256～1274）中由太常簿知雷州，修學校，興水利，平冤獄，做了許多造福一方的好事；其中，「寬賦稅以恤孤嫠」，即撫恤孤兒寡婦，則屬慈善之舉〔註19〕；趙文奎，明正德（1506～1521）中以監察御史出守雷州，「作興士類，加恤耆老，剔奸植弱，洗冤澤民」〔註20〕；嘉靖十三年（1534）任遂溪縣典史的鄭遂，在「遇海潮沖決堤岸，（堤岸）歲圮（崩毀），田疇千頃淪（爲）龍窟」的情況下，「捐俸具（備）牛種以佐貧窶，民咸賴之」〔註21〕。

貢士莊是南宋時期雷州知府薛直夫帶頭出資購田置莊，積蓄錢財以供雷州士人應科舉考試的一項慈善事業。

據余炳《貢士莊記》：「貢士有莊，於古無考」。古代有爲保障學校教學而設的學田、學鋪，卻無專供士人赴省趕考的保障制度、設施。宋代，以文治國，朝廷對教育事業高度重視，大開科舉之門。南宋時期，雷州地區教育事業發達，「士生其間，尚氣節，研義理，習詞章，鼓篋近千人」。歲在己亥（1239），紀念北宋著名學者蘇軾、蘇轍兄弟的穎濱祠建成。十月朔日（初一），衣冠畢集，舉行落成典禮。其間，知府薛直夫考慮到原有的貢士莊規模小，助教助學作用有限，決定由自己捐資作榜樣，動員眾人捐集資金，擴大貢士莊規模，於是，「乃輸錢五十萬，諸生鳩合亦如之（亦五十萬），貿易膏腴，鱗載（畫圖登記）於籍，主以學官，掌以前廊，會以司計，積二年租，可如郡所出數，合元（原）來之息，蓋爲錢六十萬猗歟（歎詞，表示讚美），盛哉！」這樣，由知府帶頭倡捐，集得資金百餘萬，買得良田一片爲田莊，由學官掌管，府、縣學校諸生應科舉考試，盤費便可得到資助。貢士莊的設置，激勵了諸生的勇氣與信心，故余炳在《貢士莊記》中說：「士猶兵也，文場猶戰（場）也。士飽而歌，前無堅敵者，氣全也。故文以氣爲主，未戰當養其氣。今侯（薛直夫）斯莊（貢士莊）之辟，是先養其氣也……繼自今登高科，躋膴仕（指仕途暢達），當彬彬輩出，薛侯吹送之惠豈可以世數計哉！」〔註22〕

〔註19〕 《萬曆·雷州府志》卷15，《名宦志》，第384頁。
〔註20〕 《萬曆·雷州府志》卷15，《名宦志》，第387頁。
〔註21〕 《萬曆·雷州府志》卷15，《名宦志》，第394頁。
〔註22〕 《嘉慶·雷州府志》卷18，《藝文志》，第497～498頁。

海康知縣沈汝梁亦曾給海康縣儒學捐資購買會課田以資助貧困生徒完成學業。明人邱淩霄《知縣沈汝梁捐買會課田租記》對此事有詳細記錄。茲摘錄如下：

> 吾父母（官）沈公（汝梁）思庠士（學校生員）之有志，率反累於貧窶而學田未建，甚非所以體恤寒士以副國家育才至意也。自捐銀一百兩，謀之司教、連江（人）林君詔、司訓、高要（人）陳君概議其事，而召庠士梁棟、馮文爌、詹有象、李能白、陳材、吳啓聰等領金買附郭田一頃（一百畝）三畝一釐零歸之學官，歲時之租稅惟學之職教者主厥（其）計，而於常廩領給之外，凡士無以爲養，無以爲禮者，咸得便宜周（濟）之」。

對於租種會課田的農民也給予優惠：「其賦稅一準民田科斂，省其征徭，例有兼優者照之，使無繁其徵而日蝕其儲焉」，其負擔輕於普通編戶齊民。因此，這一舉措「不惟（僅）均田賦以恤民窮，抑且興曠典以恤黌士（生員）」，民與士均受益〔註23〕。

古代雷州生員多來自貧窮人家，貧困成爲制約他們學業的一大障礙。於是，官員（包括教官）慷慨捐俸資助這些生員學士，此類慈善事迹在方志中也屢見不鮮。如明代任雷州府學訓導的韓價，「御諸生策勵勸課，尤恤貧乏，捐俸金以新祠，贖學地爲鋪六間以佐公費」；黃傑，「割俸以饗士，荷陶鑄者甚多」〔註24〕。清代地方官及教官亦多有對貧寒生員進行救濟資助者。如葉思華，雍正七年（1728）任雷州知府，「士之貧寒者厚給膏火以贍之」；乾隆六年任知府的黃錚，「慮多士或無力購書，捐置經史子集計千餘卷，庋（藏）之閣以供披讀」〔註25〕等。

（三）施醫給藥

這方面的主要措施是設立惠民藥局及開設醫學（院）。

雷州惠民藥局之設最早始於南宋薛直夫任知州期間。據方志記載，南宋嘉熙元年（1237），薛直夫知州事，興利除弊，開展了一系列新政。其中，鑒於「雷俗不知醫藥，病則專事巫禱，公（薛直夫）創立惠民藥局教以醫

〔註23〕《嘉慶·雷州府志》卷18，《藝文志》，第523頁。
〔註24〕《萬曆·雷州府志》卷15，《名宦志》，第398頁。
〔註25〕《嘉慶·雷州府志》卷10，《名宦志》，第315～316頁。

療，有仁者之政。」〔註 26〕但此項慈善舉措未能維持太久，惠民藥局「不逾時廢為荊莽」，原因是「粵俗尚鬼，未有如雷（州）之甚者，病不請醫而請巫，香幣牲牷，焚修懺祝，竟與病人相終始。」〔註 27〕由於雷州人信巫不信醫，藥局門可羅雀，只得關閉。此外，雷州還設有醫學。據《廣東通志》記載，明代，海康縣有醫學，在府治東北安仁坊；遂溪縣醫學在縣南惠民坊；徐聞縣醫學在申明亭東〔註 28〕。這是正式的地方醫療機構兼醫學教育機構。醫學負責醫治當地民眾疾病，並建立了考覈制度，根據醫官的醫療效果以賞罰之。但由於雷州人信巫不信醫，大約醫學也未能充分發揮其治病救人的效用。

（四）掩埋屍骸

戰爭、自然災害以及古代南方特有的「瘴癘」，常使人死於非命。死者（尤其是流寓過客）常常得不到安葬，露屍荒野，成為孤魂野鬼。一些仁慈為懷的地方官便出於對逝者的憐憫，出資掩埋屍骸。其中，尤以元代官員呂琓捐資建「澤幽堂」事迹最感人。

據《萬曆雷州府志》卷 21《古蹟志》記載，澤幽堂「在郡北阜（山地）」。此堂建置的緣起是：雷州由於「瘴癘」盛行，人易患病而死，死而不得安葬，境況悽楚：「雷陽（州）……瘴癘時行，凡六氣乖和，冒其燥濕寒暑，至於箚瘥夭昏（遇疾夭死）者眾，或時鄉逆旅，宦迹征徒，死者無歸，生者無措」。海北海南道僉憲呂琓「推均氣同體之念，發怵惕惻隱之心，特捐己俸二千五百緡創地於雷陽郡北之阜，建立精藍，名區『澤幽』（按，寓意「澤及幽魂」），鳩工於至順二年辛未（1331）仲夏之朔（初一），工未畢，適值公（呂琓）改除他道，遴選本郡官醫提領，譚元聖董其成，未及三月，堂宇兩廡內外鼎峙，暈翼圓通，塑像金碧輝煌，不彌月，凡舁（擡）柩而骨於□（箱子），踵門而至者百，庶俾死者獲安，其魂有歸，而孝子霜露之情遭時歲之不易，人事之不齊，……於是乎存沒咸賴於葬焉」。澤幽堂建成，未及一月，就有百餘具遺骸送至掩埋。這或者可算是雷州歷史上的第一所「殯儀館」兼陵園——專司屍骸掩埋。

官員捐資掩埋露屍之事也不時可見。如明朝永樂七年（1409）知雷州府

〔註 26〕 《萬曆·雷州府志》卷 15，《名宦志》，第 383 頁。
〔註 27〕 《萬曆·雷州府志》卷 11，《秩祀志·論曰》，第 317 頁。
〔註 28〕 《廣東通志·下》卷 55，《雷州府·公署》，第 442 頁。

事的黃敬，「境被潮災，民多溺死，公（黃敬）捐俸葬死恤生，任數年，民安訟息」〔註29〕；羅一鸞，嘉靖間任雷州知府，「壬子（1552）夏，忽鹹潮大浸，沿海居民漂屍盈野，公（羅一鸞）哀憫，令人函收瘞之」〔註30〕；王麟，明朝天順二年（1458）知海康縣事，「時值兵亂，攻苦茹淡，不安寢席，疫作死者萬計，給棺木，立義塚瘞之」〔註31〕；明朝天順、宏（弘）治、正德、嘉靖年間，朝廷在廣西合浦及雷州設珠池，以太監主持，毒害一方，害死良民無數。朝廷委派來視察的大員李某「老成仁厚，入雷（州），目擊暴骨，戚然動念，捐貲棺埋之。」〔註32〕張師益於萬曆初知徐聞縣事，亦曾「瘞枯骨」，即掩埋災後死亡人員遺骸〔註33〕。

二、宋元明清雷州地區官辦慈善事業舉行之前提及其局限

　　古代雷州地方官府在財政困難，支出控制極嚴的情況下，仍不忘慈善事業的興辦，其重要的原因之一是最高封建統治者為了統治的長治久安，對慈善事業高度重視，將之視作緩和階級矛盾，預防陷於絕境的民眾揭竿而起的重要「法寶」之一。為此，歷代統治者都要求地方官要將慈善事業作為行政措施之一加以奉行，並為此制定了相關的政策與制度。如，南宋在嘉熙四年（1240），「詔諸路提舉常平司覈（核實）所部州縣常平倉之儲以備賑濟」〔註34〕。元代統治者對惠民藥局的設置就很重視。《元史·食貨志》載：「元立惠民藥局，官給鈔本，月營子錢，以備藥物，仍擇良醫主之，以療貧民。」即官府先預撥資本，以利息為經費。撥付資本根據府、縣民戶多寡為等差。惠民藥局由各路正官管轄，藥局所設醫官，上路二名、下路、府、州各一名。明承元制，惠民藥局制度及經營狀況估計大略相同。朝廷要求地方置惠民藥局，府設提領，州縣曰官醫，凡軍民之貧病者，給之醫藥。宣德三年（1428），朝廷又重申「令天下軍民貧病者，惠民藥局給與醫藥。」〔註35〕

　　洪武三年（1370），朱元璋借鑒宋朝常平倉制度，令全國各州縣均設四個

〔註29〕　《萬曆·雷州府志》卷15，《名宦志》，第385頁。
〔註30〕　《萬曆·雷州府志》卷15，《名宦志》，第389頁。
〔註31〕　《萬曆·雷州府志》卷15，《名宦志》，第393頁。
〔註32〕　《嘉慶·雷州府志》卷18，《藝文志》，第513頁。
〔註33〕　《嘉慶·雷州府志》卷18，《藝文志》，第394頁。
〔註34〕　《續文獻通考》卷27，《市糴三》，第3034頁。
〔註35〕　《古今圖書集成》卷415，《太醫院部》，第34694頁。

預備倉於四門之內，由官府給鈔，以鈔糶米，以備賑濟〔註36〕；每遇荒歉之年，「有司往往先發粟，然後以聞」〔註37〕。這樣，就打破了以往歷代賑濟先勘災後奏報再賑濟的制度，使救災得以及時進行。清嘉慶十四年（1809），清朝廷要求「各處養濟院所有鰥寡孤獨及殘疾無告之人，有司留心以時養贍，毋至失所。」〔註38〕

然而，古代雷州地區的官辦慈善事業也存在著局限，明顯的表現在兩個方面：一是雷州地方財政困難，使慈善事業未能充分發揮其解民困厄的積極作用；二是吏胥因緣為奸，從中漁利，削弱了慈善事業的功能。

「雷（州）財賦不饒於潮（州），商布不湊於廣（州），疆土不拓（廣）於瓊（州，海南），交黎徵發，害先中之，自昔號稱魚龍之鄉（按，指水災頻繁），遷謫者時至止焉。」〔註39〕這段文字反映的是古代雷州地狹人寡，災害頻生，屢屢對海南黎族叛亂的征討戰爭對雷州的摧殘也很嚴重，使得雷州經濟落後，成為貶謫官員之所。由於經濟發展相對落後，地方財政並不寬裕，因此用度控制較嚴格，不允許隨便動用公帑。這從明萬曆年間徐聞士人鄧邦基所寫的《城月池記》即可見一斑。文云：「今上官法令詳密，公帑之藏計銖錙，不敢苟費。有司稍有動作足以蔑（誣衊）吏。吏之修名譽者輒以土木為戒」〔註40〕。由於「公帑之藏計銖錙，不敢苟費」，而開展賑濟等慈善活動，其開支又不是小數目，因此，只能選擇嚴重災荒之時進行賑濟。這就是官員常常要捐俸賑濟或撫恤受災之民的原因所在。由於財政艱窘制約了慈善事業的開展，一旦遇上災荒，民眾無以為生，反叛之事便難免發生。《嘉慶雷州府志·副使莫天賦重修雷州城垣記》就為我們揭示了這方面的信息。其中云：「嘉靖甲子（1564）夏，淫雨連旬，澎湃橫流，壞民居畜產不可勝計。而郡城之南，樓櫓之崩陷汩沒，大較深二丈餘尺，寬數十丈有奇；西北亦如之。蓋雷陽（州）所未有之變也。是時，綠林巨奸雖甫寧息，而潢池弄兵小丑恣其無忌，乘間鬥捷，都邑洶洶，神馳色奪」。

這是水災引起的「綠林巨奸」和「弄兵小丑」，雖然他們只是佔據河流、沼澤、湖泊為亂，人數團夥也可能不算太多，武器也未必很精良；但他們「恣

〔註36〕　《明史》卷79，《食貨三》，第1924～1926頁。
〔註37〕　《明史》卷78，《食貨二》，第1895頁。
〔註38〕　《嘉慶·雷州府志》首卷，《典謨志》，第57頁。
〔註39〕　《嘉慶·雷州府志》卷15，《名宦志》，第380頁。
〔註40〕　《宣統·徐聞縣志》卷15，《藝文志》，第588頁。

其無忌」，無法無天，打家劫舍，殺害人命，對社會秩序的破壞、危害還是極大的，故「都邑洶洶，神馳色奪」。《編修吳道南海康令陳錦德政碑記》也提到：萬曆初年，「會海潮漲溢，民居其間（海康東南洋田）者，屋宇貲（資）菑（初耕地）悉漂流，且鹹水灌入，禾苗皆焦，時有迫於飢寒者去而為盜，山海蝟集，不可搜捕。」〔註41〕而受災之民之所以走上反叛作亂之路，與得不到及時有效的救濟援助有關。

一些慈善措施，初始時「德意良厚」，對救濟災民也起過重要作用；但隨著時間推移，或因管理不善，或因「吏胥為奸」，慈善制度或舉措漸遭破壞，終至廢棄。如海康縣四門義倉，因「奉行不善，出陳易新，吏胥為奸，失建倉之初意矣。今（清代）廢。」〔註42〕義倉儲穀本為備荒施賑，然而，在開倉糶糧時，糧價雖比市場價低，但購得者卻盡是富商大賈，「貧民鮮受其惠」，富商大賈購得糧食後則高價售出，大發災荒之財；而義倉納糧儲備時，又採取「科派鄉民」的辦法，「吏胥輒復需索民值」，因此，義倉不但起不到救災的作用，反而成為民眾的額外負擔，民「苦賠累」，終於只得罷廢〔註43〕。

參考文獻

1. （明）歐陽保等纂修：《萬曆‧雷州府志》，《日本藏中國罕見地方志叢書》，萬曆四十二（1614）年刻本，書目文獻出版社，湛江師範學院圖書館藏。
2. （明）宋濂：《元史》，北京：中華書局，1976年。
3. （清）陳夢雷：《古今圖書集成》，北京：中華書局、巴蜀書社，1987年。
4. 中央研究院歷史語言研究所校印：《明英宗實錄》，北京：中央研究院歷史語言研究所，1962年。
5. （清）張廷玉等：《續文獻通考》，杭州：浙江古籍出版社，1988年。
6. （明）李賢等：《大明一統志‧下》，西安：三秦出版社，1990年。
7. （清）劉邦炳修，陳昌齊纂：《嘉慶‧海康縣志》，《中國地方志集成‧廣東府縣志輯》，上海：世紀出版集團、上海書店出版社2003年，據嘉慶十六年（1811年）刻本影印，湛江師範學院圖書館藏。
8. （清）雷學海修，陳昌齊纂：《嘉慶‧雷州府志》，《日本藏中國罕見地方志叢書》，嘉慶十六年（1811年）刻本，湛江師範學院圖書館藏。

〔註41〕《萬曆‧雷州府志》卷20，《藝文志》，第443頁。
〔註42〕《古今圖書集成》第1368卷，《雷州府部‧雷公府公署》，第20205頁。
〔註43〕《萬曆‧雷州府志》卷8，《建置志》，第240頁。

9. （明）陳大科，戴耀修，郭棐等纂：《廣東通志‧下》，《稀見中國地方志彙刊》（第四十三冊），中國科學院圖書館選編，北京：中國書店出版，1992 年。

10. （清）張廷玉等：《明史》，北京：中華書局，1974 年。

11. （清）龍文彬纂：《明會要‧下冊》，北京：中華書局，1956 年。

12. 《大明律集解附例（卷 4)》，轉引自方志欽、蔣祖緣主編《廣東通史‧古代下冊》，廣東高等教育出版社，1996 年，第 85 頁。

13. （清）王輔之修，駱克良等纂：《宣統‧徐聞縣志》，《中國地方志集成‧廣東府縣志輯》，上海：世紀出版集團、上海書店出版社 2003 年，據宣統三年（1911 年）刻本影印，湛江師範學院圖書館藏。

十一、宋元明清雷州地區
官民捐資助教考述

摘 要

　　自宋代始，雷州地區教育事業的發展就受到了官民的高度重視，學校教育屢廢屢興，人才不斷湧現，社會風氣也日漸得以改善。這一切靠的是官民慷慨捐資助教助學：官民或捐資興建、修葺學校、齋舍，添置教學器具；或捐資購置學田、學鋪以助師生教學經費；或捐資扶助貧困生徒習學、生活。古代雷州地區官民熱衷於捐資助教，其原因主要是：自宋代始，歷代統治者對教育事業的發展都高度重視，促使地方官員為了取得良好政績而寧願捐資助教興學；雷州紳民受官員捐俸助教義舉的影響，亦慷慨解囊；還與雷州自宋代以來已形成重教敬學的優良傳統及社會氛圍有密切關係。

關鍵詞：古代；雷州地區；官民；捐資助教

古代雷州府地處我國大陸南部雷州半島，轄海康（今雷州市）、遂溪、徐聞三縣。由於地處邊陲，又環境惡劣，多颶風，故長期以來地廣人稀。唐代，雷州僅有戶 4324，口 20572〔註1〕。故雷州在唐代屬於「下州」〔註2〕。宋代以後，隨著移民（尤其是閩南人）的不斷移入，人口猛增〔註3〕。教育也隨之興起，府學、縣學、書院相繼建立。然而，由於經濟發展水平低，地方官府財政收入有限，支出控制嚴格，學校教育難以獲得官帑的支持。儘管如此，考察方志記載可知，自宋代始，雷州地區教育事業的發展就受到了官民的高度重視，學校教育屢廢屢興，並且得到來自官民的穩定的經濟支持，人才不斷湧現，社會風氣也日漸得以改善。這一切靠的是什麼？靠的就是官民對教育的重視及追求，官民慷慨捐資助教助學。本文擬對古代雷州地區官民捐資助教現象略作考察與論述。

一、宋元明清雷州地區官民捐資助教的幾種形式

（一）捐資興建或修葺學校、齋舍，添置教學器具

古代雷州地區教育機構（府縣儒學、書院）以竹、木、茅草、泥磚爲主要構建材料，由於雷州近海多風雨，尤其是每年夏、秋盛行的颶風，拔木揭瓦，使教育設施易受毀壞，故數年或十數年就得修葺一次；而每次修葺又費用不菲，官帑支持缺失或不足，唯有依靠官紳士民的慷慨解囊，捐資出力以助，使地方教育事業得以維持不輟。這方面的記載，在方志中可謂俯拾即是。

雷州府學始建於宋慶曆四年（1044），爲彙聚一府三縣彥俊培育造就之所，受到地方官府的重視。但府學的興建和維修，除依靠官帑支持外，官紳士民的捐資也常常成爲府學教育得以維持的條件之一。據《嘉慶雷州府志·學校志》記載：元代延祐元年（1314），「廉訪司照磨范橪倡諸生捐建學宮，廉訪使余璉、僉事趙珍協助焉」；明永樂五年（1407），改建府學明倫堂、雲章閣及齋舍：「明倫堂被風雨傾廢，教授甘摯請於御史周叔達，率知府常仕昌、

〔註1〕〔明〕陳大科，戴耀修，郭棐等纂《廣東通志·下》卷55，《郡縣志四十二·雷州府·戶口》，第447頁。
〔註2〕〔明〕李賢等撰《大明一統志·下》，西安：三秦出版社，1990年，第1255頁。
〔註3〕據《廣東通志》卷55，《郡縣志四十二·雷州府·戶口》載，宋代「雷州戶九萬一千一百三十四」，以每戶五口計，當接近 50 萬人。據學者研究，宋代移入雷州者主要是閩人，故今雷州話接近閩方言。

衛指揮柏榮及各官捐修，適禮部侍郎胡濙以使節至，僉同拓其地而改建之。」嘉靖二年（1523），知府黃行可主持府學重建：「先是，知府楊表已經捐貲購材重建，功未舉而去；行可繼之，建明倫堂七間，深廣尺度如舊，而高爽堅麗倍之」；清朝雍正九年（1731），重建府學魁星閣：「閣久圮，教授周鳳來倡諸生捐銀，知府葉思華詳（舊時的一種公文，下級官員對上級的報告）於學使重建」〔註4〕。

海康縣為雷州府附郭縣，因為府學的存在，故縣學興建略遲於遂溪、徐聞二縣，始建於元代，其興建即由官師生徒共同捐資及出力而得以竣工。方志記載，元代以前，海康縣儒學未建，該縣生徒未能進入府學就讀者，被迫到鄰縣遂溪縣的文明書院就讀，學籍則附於府學。元至順三年（1332），府學教諭淩光謙認為徐聞、遂溪二縣皆已建立縣學，而作為附郭縣的海康縣卻無縣學，「甚非所宜」，經他請示上級批准，海康縣儒學得以興建：「乃就雷城內得地於迎恩坊城隍廟之廢址，又得民地連屋一所，於是買屋與地，通用鈔三十二錠，磚甓木石、梓匠之費，皆官師生徒各輸其力以助厥成」；在塑造先聖像時，「郡侯（守）禿魯迷失復捐俸列塑四國公彩繪兩廡，從祀於位」。明嘉靖四年（1525），「僉憲李階視舊址隘，廟宇頹圮」，於是，「捐金五百兩買指揮馮欽地」，拓而建之〔註5〕。清康熙二十五年（1686），學宮連年遭颶風摧毀，知縣鄭俊「倡捐重修」；四十三年（1704），「知縣南君璋、教諭黎之綱、訓導潘珪合紳士捐修，凡殿廡、橋門、泮澤以次修葺」；乾隆十五年（1750）重修縣學學宮，「附貢生淩元彬撤（舊）而修之，費銀八千餘兩，其弟元□督其成」，此次重修學宮由附貢生淩元彬兄弟主持，費用八千餘兩大約亦由其兄弟捐獻。〔註6〕

遂溪縣儒學始建於宋代。我國古代，地方府、縣儒學中多建有名宦祠及鄉賢祠，祭祀有功於地方、有德於民眾的官員及有所成就貢獻的地方彥俊，同時亦可為在校生員樹立學習的榜樣。而明萬曆以前，遂溪縣儒學未有名宦、鄉賢祠之建。萬曆十一年（1583），遂溪知縣盧應瑜經請示上級批准，決定於縣學中興建名宦、鄉賢二祠，「盧君（應瑜）奉令惟謹，射（選）擇地於啓聖公祠前，地卑隘，盧君捐俸金易地益之，廟宇歸然鼎新。」〔註7〕

〔註4〕《嘉慶雷州府志》卷6，《學校志》，第218～220頁。
〔註5〕《萬曆雷州府志》卷10，《學校志》，第293頁。
〔註6〕《嘉慶雷州府志》卷6，《學校志》，第223～226頁。
〔註7〕《萬曆雷州府志》卷10，《學校志》，第298頁。

明末崇禎年間，遂溪縣儒學在官紳士民的捐資襄助下得以維修：「先是，署縣事、推官關應春倡捐，教諭謝勳、訓導游岳督修，於（崇禎）八年興作，以貲匱未就厥緒。知縣陳時瑞至，乃與諸生陳瑾、陳厥倫、林鳳梧、徐益烈合紳士所捐以成之」。經過前後兩次官紳士民捐資，學校重修工程得以順利竣工。清朝順治十七年（1660），「知縣馬光遠倡捐重修」；康熙二十三年（1684），知縣宋國用主持重修：「先是，知縣智如愚捐修，工未竣遭兵燹，至是，（宋）國用倡捐，修大成殿、欞星門、儀門，又建兩廡、啓聖、名宦、鄉賢及齋舍。旋毀於颶風。（宋）國用捐銀修完之」；二十六年（1687），教諭陳繼度「捐造鐵香案」等祭器；五十六年（1717），署縣（代縣令）金熊飛「將文昌祠銀及罰贖銀合紳士捐修之」；乾隆十三年（1748），知縣何自俊令紳士捐修正殿、儀門、欞星門，改建「崇聖祠」；二十八年（1763），又動員紳民「捐修」；六十年（1795），又改建學宮，由「邑紳士捐貲，例貢生梁喬等督成之」。〔註8〕

徐聞縣儒學亦得益於官民的捐資相助。如，李著《徐聞學官記》載：明正德己巳（1509）秋，汪澤來任徐聞縣令，下車之初，首詣文廟（設於縣學內），見縣學基址低濕狹隘，滿目荊棘，「乃慨然曰：『學校，為政首務，吾邑令之責，當為而不可緩者也。』」經請示上級批准，對破敗的縣儒學進行修葺。雖說「支費之需出於李公，而郡守趙公文奎實佐其費」，費用是出於官帑還是出於李某、趙某兩官員的捐俸不甚明確，但汪澤縣令的捐俸協助則是確定無疑的：「至於匠作之餼廩、夫力之召傭、磚瓦之陶成、灰鐵之雜費，侯（汪澤）獨措置，捐己俸，上不知而下不擾」。〔註9〕此外，學校許多原來未齊備的教學設施，也是在官紳士民的捐資相助之下得以添置齊備的。如徐聞縣儒學原缺祭器，明嘉靖三年（1524），參議李鎮捐資為縣學鑄造和添置祭祀禮器：「時學宮之建雖久而祭器尚未具修，適李鎮來觀丁祭，因捐金募工鑄銅簠十五、銅簋十五、爵五十、銅□十五、錫香爐七、錫燭臺六對、木籩豆一百。」清康熙九年（1670），徐聞知縣宋灝「以兵燹之後學宮榛蕪，捐俸百兩倡首修之」；三十六年（1697），「知縣孫挹暨紳士捐修正殿兩廡，移建名宦、鄉賢祠」；次年，學宮遭颶風毀壞，知縣孫挹又「倡捐重修」；此後，雍正二年（1724）、乾隆四十八年（1783），徐聞縣學都進行了重修，費用都是來自縣學教官及地

〔註8〕《嘉慶雷州府志》卷6，《學校志》，第227～228頁。
〔註9〕《宣統徐聞縣志》卷15，《藝文志》，第586頁。

方紳士的捐資〔註10〕。

除了府、縣儒學在發展教育事業過程中一再得到官民捐資支持外，雷州地區的書院教育亦不例外，官民的捐資也是其教育得以維持不輟的條件之一。如遂溪起秀書院，明嘉靖年間（1522～1566）遂溪知縣歐陽亳捐資所建：「起秀書院，在察院司街左邊，舊有崇文書院，明萬曆初改行臺院，遂廢。甲寅（1554）秋，知縣歐陽亳捐俸買民陳御箴房一所，南北兩廊，前闢三門通甬道，右濬荷池，建亭於上，郡庠士肄業於內，定課講業」〔註11〕；徐聞貴生書院則是由明「萬曆十九年添注典史湯顯祖、知縣熊敏共捐資俸建於公館東」〔註12〕。雷陽書院是明末崇禎九年（1636）知府朱敬衡建於城西門外天寧寺懷蘇堂北；雍正年間移建至城內南隅之高樹嶺；乾隆十一年（1746），知府黃錚倡捐重建，「增廣舊制」；後又「捐俸購經、史、子、集各書共五千餘卷貯於博文齋」以供生徒習學；嘉慶五年（1800），知府五泰又「合紳士捐修」，經修葺，「楹棟材新，門牆基固，房舍六十餘間，几席畢具，亦壯觀也」；嘉慶九年（1804），府同知永僑寓不知何故，縱容家人毀壞書院設施，「至十一年，吳承紹捐金市材」重新修復〔註13〕。

（二）捐資購置學田、學鋪以助師生教學經費

古代，府、縣儒學及書院均置學田，作為士子讀書、膏火及修理院屋之費。官員及鄉紳慷慨捐資為府、縣儒學置學田、學鋪之事也屢屢見於方志記載。如，海康縣儒學的學田「東洋祿厚、汶里、大井等處早晚田」，就是明萬曆十年（1582），「海康知縣沈汝梁捐銀一百兩置買，每年租錢一萬零七百二十七文，內除納糧錢二千八百八十文，尚存剩錢八千四百四十七文供給會課」〔註14〕；海康縣儒學另外還有「草蓄早晚田」，是「（萬曆）三十五年署府事、廉州府推官邵兼捐銀五十兩置買，每年租錢四千八百文，內除納糧錢一千六百文，尚存剩錢三千二百文供給會課之費」；雷州府學及海康縣學還有「邁特田一號」、「安攬西廳田」，是「（萬曆）三十八年儒官莫天然捐銀五十兩置買，

〔註10〕 《嘉慶雷州府志》卷6，《學校志》，第230頁。
〔註11〕 《古今圖書集成》（方輿彙編‧職方典）第1368卷，《雷州府部‧雷州府學校考》，第20208頁，中華書局、巴蜀書社，1987年。
〔註12〕 《萬曆雷州府志》卷10，《學校志》，第304頁。
〔註13〕 《嘉慶雷州府志》卷6，《學校志》，第231～232頁。
〔註14〕 〔清〕陳夢雷《古今圖書集成》（方輿彙編‧職方典）第1368卷，《雷州府部‧雷州府學校考》，第20208頁。

歲租穀五十石，折銀五兩，除納糧銀一兩五錢，存銀三兩五錢解府貯庫，給兩學（雷州府學、海康縣儒學）科舉盤費之用。續後捨（捐獻）安攬西廳田入府學，亦為兩學科舉、通融取給。」〔註15〕受莫天然義舉的感染，「府學林鳳起、縣學周生彪以東井邁特田二號進（捐獻給縣學），頗膏腴，計值略相當」〔註16〕。清乾隆十一年（1746），「附貢生凌元彬拔田一十八石入（海康）縣學為諸生赴科（舉）費」；乾隆十五年（1750），凌元彬「又拔田一十八石入學為諸生科（舉）資」；嘉慶元年（1796），「教諭陳淑捐銀三十六兩交（海康縣）學內生息，至五年將本息銀置買東洋晚田四石二斗，歲租錢六千七百二十文，除納糧外為諸生赴科費」〔註17〕。

徐聞縣儒學有「那密莊田，稅三十五畝，租一十六石四斗」，是「明鹽運司同知鄧士元（捐獻）送學，以為諸生會考、燈油、濟貧之費」；另有「新莊田稅一頃四十八畝，租穀八十石，明萬曆二十年運同（鹽運司同知）鄧士元、孫兆麟故絕母王氏送入學」；而「石頭坑田稅一十三畝五分六釐，租穀五十八石」及「白水塘田稅一十一畝九分，租穀一百五十四石」，均為鄉紳招學秀捐獻給徐聞縣學的〔註18〕。

遂溪縣儒學雖未見官民捐獻學田的記錄，但熱心捐資助教助學者還是有的，如「西門附郭社豆村鄉民鍾萬韜等每年送穀一十四石供備（縣學師生）油資」〔註19〕。

（三）捐資扶助貧困生徒習學、生活

古代雷州人好義。有些義士不僅重視自家子弟教育，見他人子弟有堪造就而因家貧不能延師受教者，則慷慨資助之，使他們得受教育。如彭宗英、清代徐聞監生，「性純厚，樂於成就人才，見族黨鄰里子弟有堪裁成而貧不能讀者，則與之膏火，延師教之」〔註20〕；吳世璉亦為清代徐聞監生，「性敦篤，仗義疏財，尤好引獎士類。邑（縣）有蔡如璧、程書成，少穎悟，力不能讀，世璉延師教子，招之同學，仍時時周恤其家，二人卒成歲貢。其餘類此者不一而足。」

〔註15〕《萬曆雷州府志》卷10，《學校志》，第296～297頁。
〔註16〕《萬曆雷州府志》卷10，《學校志》，第292頁。
〔註17〕《嘉慶雷州府志》卷6，《學校志》，第225～226頁。
〔註18〕《嘉慶雷州府志》卷6，《學校志》，第230～231頁。
〔註19〕《古今圖書集成》（方輿彙編・職方典）第1368卷，《雷州府部・雷州府學校考》，第20209頁。
〔註20〕《嘉慶雷州府志》卷16，《人物志》，第428頁。

〔註 21〕還有一個典型的事例是海安營守備張安邦資助徐聞海安北關人李志浩發奮讀書成才。志載，李志浩十八歲時，其父被奸吏誣陷，以偷漏賦稅爲名拘赴海安所。李志浩以身代父受刑。此事刺激了他，讓他認識到，要改變受屈辱受欺凌的地位，唯有通過讀書，奮發有爲。他「遂矢志讀書。海安營守備張安邦憫其困，給予月米，又喜其相貌魁梧有力，令文武兼習。是科果冠武童子軍。（李志）浩志益勵，手不釋卷，往瓊（海南），與張日旼同遊進士謝寶之門。（謝）寶嘗極稱之。以康熙丁酉武舉中雍正癸卯恩科進士。」〔註 22〕

二、宋元明清雷州地區官民熱衷捐資助教的原因及意義

（一）自宋代始，歷代統治者對教育事業的發展都高度重視，並將教育發展狀況作爲考覈官員政績的重要內容之一，促使地方官員為了取得良好政績而寧願捐資助教興學。

自北宋立國推行重文政策之後，各地便開始陸續興建地方官學。宋朝政府向各州、縣學校賜書、賜學田，對於地方官學的發展起了積極的推動作用。「宋朝地方官學的大發展開始於『慶曆興學』。慶曆四年『詔令州縣皆立學』，於是各地紛紛奉詔興學」〔註 23〕。雷州府學就創立於這一年。同時，學田作爲輔助學校教育的一種制度在宋代被確立，教育經費的來源採取政府資助、社會獻田、捐款集資等多種途徑相結合的辦法。元朝自「世祖中統二年，始命置諸路學校官，凡諸生進修者，嚴加訓誨，務使成材，以備選用。」〔註 24〕明代統治者對於學校教育與治國安邦的相輔相成的關係有更明確的認識。明太祖朱元璋曾說：「治天下當先其重且急者而後及其輕且緩者，今天下初定，所急者衣食，所重者教化。衣食給而民生遂，教化行而習俗美，足衣食者在於勸農桑，明教化者在於興學校。學校興則君子務德……如是爲治，則不勞而政舉矣。」〔註 25〕從而確立了「治國以教化爲先，教化以學校爲本」的文教政策。〔註 26〕將發展教育事業置於國家政治中重要的地位。爲了促進各地

〔註21〕 《嘉慶雷州府志》卷 16，《人物志》，第 433 頁。

〔註22〕 《嘉慶雷州府志》卷 16，《人物志》，第 431 頁。

〔註23〕 孫培青主編：《中國教育史》，上海：華東師範大學出版社，1992 年，第 346 頁。

〔註24〕 〔明〕宋濂撰《元史》卷 81，《選舉志一》，第 2032 頁。

〔註25〕 《明太祖實錄》卷 26，第 387～388 頁。

〔註26〕 （《明史》卷 69，《選舉志一》，第 1686 頁。

教育事業取得成效，在教育行政管理上，明朝在各直省設儒學提舉司，由按察司副使、僉事擔任，「提學之職，專督學校」。清朝廷對於教育事業的發展依然高度重視，在各省設置了督學道（提督學政），其職責是「掌學校政令，歲、科兩試。巡歷所至，察師儒優劣，生員勤惰，升其賢者能者，斥其不帥教者。」〔註27〕順治帝在十二年給禮部的諭令中就指出：「帝王敷治，文教是先。臣子致君，經術為本。自明季擾亂，日尋干戈，學問之道缺焉未講。今天下漸定，朕將興文教，崇經術，以開太平。」並曾曉諭各提學官：「今後各提學御史、提學道誠能體朕教養儲才之心，實力遵行，自使士風丕變，人才輩出，國家治平實嘉賴之，朕不斬升賞；如仍沿襲陋規，苟圖自利，憲典俱在，絕不寬宥！」〔註28〕

　　由於朝廷對教育事業的高度重視，將教育視為治國安邦的重要途徑之一，促使地方官不得不把發展教育當作自己施政的當務之急。再加上自宋代以後，任地方府、縣長官者，一般都是經過學校教育、科舉考試及第的舉人或進士，他們大都重視教育，視發展教育為自己為官施政義不容辭之責。宋人李仲光曾說：「雷陽（州）雖瀕海，前後牧守最多循良，往往屬意庠序（學校）之教。」〔註29〕宋代雷州地方官如此；宋以後亦如此。例如，明代，海康縣還是「人才之生寥簡」。萬曆二十一年（1593），知縣秦懋義「以是為病，甫下車，即遴選多士，月凡三校（考試），親為品隲，閔閔不啻父師之望子弟也。已復詢形家者（風水先生），（形家者）言：『郡東寥曠氣散，宜有雄鎮屹然當之，然後風氣停蓄，人文由此不匱。』乃於癸巳（1593）春捐俸金一百兩有奇，屬（囑）邑（縣）博士謝君、尹君分任，庠士（生員）馮文爌、歐思明、江南征、吳啟聰等聚材鳩工，拓地於黌宮（縣學）東偏，為閣五楹，高一丈九尺，深廣稱之，經始於正月之望，以三月落成，設文昌帝像於其中崇祀之」〔註30〕。試圖通過在縣學中建「文昌閣」，祭祀文昌帝而使一縣文教昌盛，以改變「人才之生寥簡」之狀態，在今天看來未免有些愚昧；然而秦知縣這種急於教育，慷慨捐俸的精神還是極可嘉的。有時候，學校教育未得振興，不僅學校師儒生徒焦急，上下大小官員也焦急。如海康縣儒學原在府

〔註27〕趙爾巽等撰，《清史稿》卷116，《職官志三》，第3344頁。
〔註28〕《清朝文獻通考》卷69，《學校考七》，考五四八七～五四八八。
〔註29〕《萬曆雷州府志》卷10，《學校志》，第286頁。
〔註30〕《萬曆雷州府志》卷10，《學校志》，第294頁。

治之東，「其前爲鎭撫獄云，堪輿家（風水先生）謂其風氣弗宜，人文弗利，徙之便，蓋四紀（40 餘年）於茲矣……頃歲（近來）諸生亟以爲請（按，指請示遷移校址以改善「風水」），督學朱公、潘公、直指沈公咸亟是之；若守巡當道伍公、林公、蔡公、海防張君先、海康令鮑君復亟贊之……司理葉君甫下車，既視其縣事，閱故牘得之，毅然奮曰：『是不難，難於徙之資耳。夫我欲徙而使人任資乎？且也任之士則莫爲適，任之官（府）則莫爲名，獨身任之耳。』於是計之爲費六鍰有半，出橐中金授之吏，立徙於衛之中所，不日而告成事。」〔註 31〕由於學校遷移沒有正當理由（所謂「莫爲名」），又缺乏經費，故數十年遷移不成，師生官員都爲此著急（所謂「亟」），最終，在官員慷慨捐資襄助之下才得以順利遷徙，不費官帑一文。萬曆年間任雷州府推官的高維岳也是一位重視教育之官。萬曆三十二年（1604），高維岳視察至遂溪縣，「熟視（縣學）孔廟圮壞狀，低徊良久，顧博士弟子員曰：『夫聖師且無寧宇，烏在其有專學也？其亟圖之！』先是，遂溪有饋（贈送）公（高維岳）夫馬例（錢），公曰：『奚爲至我哉，麾之近名，受之近利。』於是盡捐之（於）學（校）以爲庀材資，而猶虞不足也，又捐羨（節省之錢）佐之，前後得七十餘金（兩）。於是，起工於三十二年春，告成於季秋九月，爲正殿若干楹，東廡若干楹，西廡若干楹，啓聖祠若干楹，欞星三大門戶牖、聖像、諸賢神主若干座。」〔註 32〕還有明嘉靖年間任遂溪縣令的張天敘，「政尙廉平，括贖捐俸修飭學宮，樹亭闢舍，創建書院，群士講藝其間」。〔註 33〕

（二）雷州紳民受官員捐俸助教義舉的影響，亦慷慨解囊

俗語有云：「榜樣的力量是無窮的」。官員的慷慨捐資助教義舉，在士紳民眾中影響極大。這些官員深受雷州士民的崇拜與擁戴。如明代萬曆年間署府事（代知府）、廉州推官邵兼捐俸金七十兩置學田，不但「一時嘖嘖頌義」，「雷士屍而祝之（塑像祀之）」，還將其事迹勒之於石，「用垂不朽」〔註 34〕。在眾多慷慨捐資支持學校教育官員感人事迹的影響之下，一旦遇到學校（府學、縣學、書院等）建設、修葺需要經費，而官帑又難以支持的時候，只要有官員率先倡捐，雷州紳民便積極響應，聚少成多，集腋成裘。如元代延祐

〔註31〕 《萬曆雷州府志》卷 10，《學校志》，第 295 頁。
〔註32〕 《萬曆雷州府志》卷 10，《學校志》，第 296～297 頁。
〔註33〕 《廣東通志》卷 55，《雷州府・名宦》，第 468 頁。
〔註34〕 《萬曆雷州府志》卷 10，《學校志》，第 292 頁。

年間，憲幕照磨范欜欲修葺破敗的府學，發動諸生捐資，很快便籌得經費一萬五千餘緡，使修葺工程得以順利竣工。此類事例在方志記載中處處可見。可以說，古代雷州地區學校的興建或修葺，大多是官員及紳民的共同捐資相助之下而得以完成的。

前述海康縣鄉紳莫天然一次再次給府學、縣學捐獻學田，也顯然是受知縣沈汝梁給縣儒學捐獻學田義舉的影響所致。據方志記載：明萬曆十年，海康知縣沈汝梁捐俸金一百七十金（兩）為縣儒學置學田；萬曆二十八年，莫天然「捐金一百兩，欲置學田，歲收租入官以資科舉費」；「已而林生鳳起、周生彪以東井邁特田二號進（捐獻）」；莫天然「聞之益以己置安攬西廳田二號，計值一百兩入來，添前兩項田中」。此外，莫天然還捐資「聿修祠寢，仿文正公（南宋雷州知府薛直夫）立義莊（貢士莊），計畝不啻（止）數百頃，為之追報，為之養賢贍貧」，其仿傚名宦義舉（薛直夫曾捐俸立二蘇祠以紀念祭祀蘇軾、蘇轍二賢士，又捐俸置田立貢士莊以資助雷州士人應科舉試）的事實更是昭然若揭〔註35〕。

（三）古代雷州地區官民熱衷捐資助教還與雷州自宋代以來已形成重教敬學的優良傳統及社會氛圍有密切關係

雷州地區雖然因為地處邊陲，文明開化較遲，至宋元時期始建立府、縣儒學，書院亦同時興起；但教育事業起步之後，卻發展較快，成效顯著，在當地社會形成了敬學重教的良好風氣。早在北宋時期，時人余靖在一篇有關雷州府學興建記事的文章中就說：「海康瀕海之郡也，地域雖遠，風俗頗淳，聖訓涵濡，人多嚮學」〔註36〕。《萬曆雷州府志》卷10《學校志》結語「論曰」云：「雷（州）自（宋）張栻記明倫（按，指張栻於宋淳熙四年所作《雷州府學明倫堂記》），士知嚮學，至於今（明代），幾於家弦戶誦，撻掖子弟（生員）郡國以四五百人計，三邑（海康、遂溪、徐聞三縣）各以數百計，儒童待試，海邑（海康縣）不下三四千人，遂（溪）、徐（聞）各二千有奇，又高（州）、廉（州）諸邑所不及」。正因為在廣大雷州人看來，教育是一項利國利民的神聖事業，為神聖事業而捐資獻力，義不容辭，心甘情願。

官民通過捐資支持學校教育，使雷州地區的教育事業長盛不衰：「高賢大良於是焉出，囂悍強悖於是焉柔。……雷（州）雖天末，俎豆文物，海濱鄒

〔註35〕《嘉慶雷州府志》卷18，《藝文志》，第531~532頁。
〔註36〕《萬曆雷州府志》卷10，《學校志》，第285頁。

魯，亦既彬彬矣」〔註37〕；「雷（州）雖僻在天末，然列薦牘登賢版者，代固多人」〔註38〕。

〔註37〕 《萬曆雷州府志》卷10，《學校志序》，第285頁。
〔註38〕 《嘉慶雷州府志》卷15，《選舉志》，第372頁。

十二、宋元明清雷州籍清官事迹述論

摘　要

　　宋元明清雷州籍清官輩出，究其原因，首先是自宋以後，封建統治者對澄清吏治更加重視，建立了相對健全的吏治監督和黜陟獎懲機制，對於抑制官場腐敗，促使官員廉潔起到了一定的作用；其次，理學教育對於官員淡薄名利與物欲思想的形成有重要影響；再次是古代雷州地方官清廉榜樣的薰染。雷州籍清官在異地居官期間，廉潔自律，忠於職守，為政寬厚，革奢務儉，勸課農桑，興學重教，公正執法，平反冤獄，釋放無辜之囚，懲治貪污，搏擊豪強，不僅得到了朝廷的支持，受到嘉獎和拔擢；還深得當地民眾擁戴，以致多有建立「生祠」以崇祀者。

關鍵詞：宋元明清；雷州籍；清官

怎樣的官員才能算「清官」？有學者說：「所謂『清官』，即清廉自律、秉公爲政之官。清官要具備三個方面的素質：首先要清廉，即操守清白、爲官廉潔、潔己愛民，不貪污，不謀私利，清苦樸素，不貪圖享受；其次要清介，即爲人耿直，做官有原則，不阿諛奉承，不隨波逐流；再次是清明，即是非分明，品行端莊，秉公爲政、勤於政務、奉公守法，不徇私枉法，不草菅人命，而是爲民作主，對被侮辱與被損害的小民百姓施以援手。」〔註1〕

人們常說，封建時代，政治腐敗，貪官污吏多如過江之鯽，而清官廉吏則少如鳳毛麟角。從中國古代整個歷史時期來看，這一觀點並無錯誤。說到清官，人多有「屈指可數」之感，只能數出宋代包拯（公）、明代海瑞等寥寥幾位。若要說到出自雷州的清官，人們大多都知道清初曾任福建巡撫、臺廈道的陳璸。除了陳璸，古代雷州還出了哪些清官？這些清官政績如何？爲什麼在古代，尤其在明清兩代，雷州湧現了一批任職各地，以「清廉」著稱的清官？對這些問題，能準確回答者恐怕不多。要回答這些問題，就要認眞披閱文不加點且漫漶不清的影印本方志（文中所引資料，標點爲筆者所加），要對地方歷史作深入細緻的考察、研究。

一、宋元明清雷州籍清官何其多

翻閱方志人物傳，一個深刻的印象是，古代雷州籍清官何其多！

紀應炎是見於方志最早的一位雷州籍清官。《萬曆雷州府志·鄉賢志》載：紀應炎，遂溪人，南宋寶祐四年（1256）進士，「初試澄邁（今海南澄邁縣）主簿，有以白金饋者，潛置米中，覺即遣還之」；後「宰南海（治今廣州），與經略冷覺齋不合，自書桃符（對聯）云：『三年南海清心坐，一任東君冷眼看』。經略竟服其介（耿直）」。

元代，科舉考試不受重視，雷州士人通過科舉入仕之路受阻，爲官者寥寥。見於《萬曆雷州府志·鄉賢志》的雷州籍清官有孫希武和吳正卿。二人均爲遂溪人。孫希武由儒士爲賓州（今廣西賓陽縣）判官，歷宰臨桂（今廣西桂林）、賀縣（今廣西賀縣），「所至有聲，守己廉潔，生平言行謹焉」。吳正卿由化州路學錄赴湖廣丁巳（1317）鄉試，授平湖書院山長，歷仕至南寧知軍，「所至絕干謁（送禮走關係），民有遺思。俸入事親有餘則周（濟）黨

〔註 1〕 龍鳴：《清代雷州半島官員的清廉傳統》，《湛江師範學院學報》2011 年第 4期，第 82 頁。

里之急，家無餘羨」。元統年間（1333～1335），吳正卿任合浦、臨桂尹（縣令），因爲清廉，政績突出，被海北、廣西兩院交相薦舉。薦舉書云：「人才，國家之元氣，風紀之耳目。必元氣充而耳目明，斯國家隆而風紀振。（吳）正卿宜擢居風憲……」所謂「風憲」，即監察、司法之職。這些官職只有清廉者可以勝任。秩滿，朝廷對吳正卿的政績及爲官充分肯定，以致其年已八十一歲的父親吳朝進也獲得朝廷的封贈（與吳正卿官同）。里人以詩賀之云：「未饒官貴文章貴，不獨親榮閭里榮。青史舊書吳太守（吳正卿），素臣（吳正卿字）新傳左丘明」。

明代，政治相對清明，科舉受到重視，雷州士人得以大量入仕。其中湧現了一批卓然可歌可泣的清官。僅見於《嘉慶雷州府志・人物志》的就有：

出自海康縣者：黃惟一，洪武間（1368～1398）舉孝廉，任河南道御史，「端謹廉介，終始不渝」；張昊，領永樂甲午（1414）鄉薦，授廣西馬平知縣，「有惠政，民立祠祀之。家居清貧，不與豪士聚會，俗爲一變」；李璿，歷官監察御史、江西按察司僉事，「廉毅有直聲」，致仕歸家後「杜門謝客，囊無剩物，惟喜讀書，至老未嘗釋卷」；馮鑒，雷州衛人，任湖州通判期間，「以公廉自矢（誓）」，在永州（今湖南零陵縣）任職時，「徵收羨餘，竟無所染」，「聲譽赫然」。母親病逝離職服喪時，「郡守贐（贈送）以金，比（及）出境，封以還之」；林風鳴，曾任國子助教、道州守，「歷任三十餘年，清介不污。致政歸，行李蕭然，鄉閭仰德」；林思貞，曾任閩連江知縣，「歷任幾三載，政尚廉平，……士民咸頌其德。以病歸，行李蕭然，送者遮路，無不流涕」；袁劉芳，知湖廣新寧縣（今湖南新寧縣），「以循廉稱」；唐東鶴，曾任福建政和縣（今福建政和縣）丞、知縣，「絕苞苴（饋贈，禮物），清訟獄」，「致政歸，宦囊如洗」。

另見於《廣東通志》卷 56《雷州府・人物》等志書的明代海康籍清官還有周德成，洪武庚申（1380）舉明經，擢休寧（今安徽休寧縣）知縣，「爲政務大體，勤於撫字（養育）……人比之包拯」；馮彬，登嘉靖己丑（1529）進士，知平陽（今浙江平陽縣）、上海（今上海市舊城區）二縣，「以清白著（稱）」；後因「狷直」被罷歸，著有《桐岡文集》。尚書王弘海作跋序，「敘稱其端方之操，孤特之標」；羅紳，曾任鬱林（今廣西玉林縣）知州，爲官期間，「廉介寡欲，不俯仰於時」，卒於任上〔註2〕。

〔註2〕《萬曆雷州府志》卷17，《鄉賢志》。

此外，明代雷州籍清官見於《萬曆雷州府志・鄉賢志》及《嘉慶雷州府志・人物志》的還有：

陳貞豫，遂溪人，歷官監察御史，「有廉潔聲，人不敢干以私」；陳淵，徐聞人，明洪武初官至國子監學錄，「生平一味清修，鄉里推重」；黃澄，徐聞人，「制行端方，不徇（順從）時好，任瀘溪（今江西資溪縣）訓導，捐俸濟貧。升全州（今廣西全州縣）□贊禮官，居二任，囊橐蕭然」；鍾世盛，徐聞人，學問深厚，「四任博士，有卻贄（禮物）捐俸之操，士類慕之。林居恬靜好施與，族黨貧乏者藉（依靠）焉。時以公德擬黃澄云」〔註3〕。人們將他與徐聞籍清官黃澄相比擬。洪有成，遂溪人，中萬曆甲午（1594）鄉試副榜，由歲貢任浙江湯溪（治今浙江金華縣湯溪鎮）訓導，轉吳川教諭，「諸生勤課之外，毫無染指」，受到當時巡按的旌表獎勵；「及歸，行李蕭然。吳（川）人士至今思慕之」；鄧宗軾，徐聞人，由歲貢授崑山縣（今江蘇崑山縣）丞，「居官清廉，撫按優獎。爲病告休，士民留之」；鄧鑒，徐聞人，「由胄監歷官侍御史，秉公執法，不避權貴，彈劾有聲，一時凜然憚之」。沒有清廉品格，不可能以「胄監」（國子監生員）擢任侍御史；沒有清廉品格，不可能做到秉公執法，不避權貴；再如陳元，徐聞人，清官陳淵之孫，領鄉薦任南海教諭，造士有方，從遊甚眾。僅從其傳記中「克纘（繼承）家風」四字即可斷定他也是一位清官〔註4〕。鄭時賢，徐聞人，曾任沙縣（今福建沙縣）令，「政明達，秉性剛介，淡然自持，卻饋裁蠹，民甚德之。未久以憂（遇父母之喪）去，再補隆安（今廣西隆安縣）。有以私賂者納貨於食缶（盛食物瓦器），時賢發而罪之。一時邑中辟易（退避、拜服），目爲神君」〔註5〕。

清代雷州籍清官中，舉國聞名的是陳瑸。據《嘉慶雷州府志・人物志》載，陳瑸，海康縣東湖村人，進士，授福建古田令，「以廉能調臺灣」；在任四川提學道期間，「一切陋規卻弗受」；調臺廈道，「舊例有應得銀三萬兩，悉屏（除去）之」；改巡撫福建，「益厲介（耿直）節，疏請拔巡撫公用銀充兵餉，不允；仍請並所積俸銀解（送）粵，爲（雷州）郡東洋修築海堤公費」；而個人日常生活卻極清苦，「官廚惟進瓜菜，清風苦節，視前彌勵」。終因積勞成疾而卒於任。卒時，「朝廷震悼，追授禮部尚書，葬如尚書禮，諡『清端』。」康熙帝「目以

〔註3〕《萬曆雷州府志》卷17，《鄉賢志》。
〔註4〕《嘉慶雷州府志》卷16，《人物志》。
〔註5〕《萬曆雷州府志》卷17，《鄉賢志》。

苦行老僧，稱爲國家祥瑞」。這是最高統治者給予清官陳瑸的崇高評價。

其實，清代，雷州籍官員中，清官還有一批，陳瑸只是比較引人注目之一。就像晚上滿天繁星在閃耀，人們只注意到其中一顆幾顆而已。

從《嘉慶雷州府志・人物志》中，可發現，清代雷州籍清官（包括政官、教官）還有：

陳元起，海康人，領康熙丙子（1696）鄉薦，選永福縣（今福建永泰縣）知縣，「之（蒞）官之日，一僕相隨，不攜眷屬。在任八年，案無積牘，門絕苞苴。及告病歸，囊空如洗。（永）福人醵金（湊錢，集資）賮（贈送）之，勉受十餘金，餘悉辭之」。陳蕃華，遂溪人，由歲貢任揭陽訓導，「力敦本行，勤於督課，修贄（學費、禮物）有無從不問及。解組歸時，一肩行李，見之者以爲諸生負笈（書箱）行也。」陳國安，遂溪人，由歲貢任長寧縣訓導，「秩滿歸家，長寧縣令胡國綱作詩送行，有「清標百代欽無斁（厭倦、懈怠、解除），教澤千年頌未休」之句。一個「清」字即可概見其清廉風範。

見於《道光遂溪縣志》卷九《列傳》的清代雷州籍清官有：李寶發，遂溪人，曾主遂良書院講座，「訓迪生徒，諄諄以德行文藝交修爲勖」；後任順德教諭，升廉州府學教授，「所至厚培人才，士林愛戴」，年八十卒於官，有「廉士」之稱。卒時，「諸生捐貲，隨棺至遂溪送葬」；黃炳，遂溪人，領乾隆乙卯（1735）鄉薦，後膺挑典（清代選人制度），以知縣用，分發廣西，授興業縣（治今廣西玉林縣石南鎮）知縣，歷署博白、貴縣、興安、武緣、□城各縣事，廉介愛民，所至俱著循聲。」卒於官時，「囊橐蕭然，僚友賻助（拿錢財幫助別人辦理喪事）始克歸葬。民懷遺愛，稱其清標始終不渝」。

見於《宣統徐聞縣志》卷十三《人物志》的清代徐聞籍清官還有何廷瑸，由拔貢任河源、欽州訓導，遷四會教授，升邵陽縣（今福建邵陽縣）知縣，「居官廉介，力剔衙奸，革陋規，邵（陽）人蒙惠政，謳思不置。」

正如有學者所指出的，「雷州半島在清代湧現出大批清官。他們重操守，絕苞苴，潔身自愛，痛民痛，急民急，愛民若赤。建學校，育士子，著眼長遠。」〔註6〕

此外，一些雷州籍官員，志書雖主要列述了其卓越政績，並未言明其「清」與「廉」，但從其任職履歷及其影響或致仕後的清貧生活來看，仍可看出其清

〔註 6〕龍鳴：《清代雷州半島官員的清廉傳統》，《湛江師範學院學報》2011 年第 4 期，第 82 頁。

官的風範。

二、宋元明清雷州籍清官輩出探因

宋元明清雷州籍清官輩出，究其原因，筆者認為，應從政治、文教及當時具體的社會生活等方面去考察和探析。

首先是自宋以後，封建統治者對澄清吏治更加重視，建立了相對健全的吏治監督和黜陟獎懲機制，對於抑制官場腐敗，促使官員廉潔起到了一定的作用。

自宋以後，我國封建社會開始走下坡路。社會矛盾尖銳，各種反抗鬥爭此起彼伏，封建統治搖搖欲墜。統治者認識到，造成社會矛盾尖銳的原因固然很多，而官場腐敗則是其中一大根源。官員貪贓枉法，民眾有苦有冤無處控訴，唯有揭竿而起。於是，宋、元、明、清統治者都不約而同地將澄清吏治作為治國頭等大事。如，宋代不僅加強了對朝官的監察，分別設置了御史臺、諫院等機構，動輒彈劾宰執百官；而且也加強了對地方官的監督和牽制。如州設知州；為防知州大權獨攬而腐敗，又另設「通判」。通判權力很大，可以直接向皇帝奏事。大小政事，知州必須與通判共同裁處。這實際上是以通判監督知州。另外，在諸路又設轉運使負責各地稅收，使地方官不再有權過問地方財政。這無疑有助於抑制官場腐敗。

元代，於行省之下設路，置總管；府置知府或府尹；州置知州或州尹；縣置縣尹；另置「達魯花赤」一職，主要由蒙古人或色目人充任，以掌印辦事，把握實權，使總管、知府、知州、縣尹等官員受到監督、牽制而不能任意為非。

明代更是強化了法律制度，以嚴刑峻法伴以特務政治，明裏暗裏監視百官，嚴懲貪贓枉法行為。官吏因貪贓而被誅戮之例不勝枚舉。朱元璋多次敕諭中外，要求官員們要「潔己愛民」，聲明「犯贓者必論如法」〔註7〕。據說朱元璋曾作出規定，地方官貪污錢財達60兩（一說16兩）以上就斬首示眾。以致有傳說，明代於各級官府衙門之旁均設一座「皮場廟」，專用以剝貪官之皮；在官府公座兩旁，各懸一個填滿草脹鼓鼓的人皮袋，以使官吏觸目驚心，不敢貪腐。《大誥》序言有曰：「諸司敢不急公而務私者，必窮搜其原（源）

〔註 7〕《明史》卷7，《成祖紀》。

而罪之」，即對敢於「務私」的官員追查到底，必將其繩之於法。

清代沿襲了明代強化吏治的政策及做法。如在對官員的考覈上，清仍如明制實行「京察」和「大計」兩種制度。「京察」監督考覈的對象是京朝官；「大計」的監察考覈對象是各級地方官。考覈內容之一是「守」，即操守，分「清」、「謹」、「平」三等，使做「清」官成為官員追求的目標。凡屬貪、酷、罷（疲）軟等「八法」（八種官場不良現象），都要區分情狀，或「革職提問」，或「勒令休致」，或降級調用，予以不同處分。「京察」、「大計」是封建國家鞭策官僚遵紀守法，保持廉潔作風，效忠於皇帝的重要手段。在以考覈手段督促朝野大小官員勤政廉政的同時，清朝統治者還樹立了一批清官典型，包括于成龍、張伯行、湯斌、陳璸、張鵬翮、李光地等，以作為官員學習的榜樣。包括吏治相對清明的「康乾盛世」正是由此而促成的。

在此政治大背景下，官員清廉者得到表彰，仕途暢順；而貪贓枉法者受到嚴懲，一失足成千古恨。宋代包拯、明代海瑞、清代陳璸等清官的出現無疑與此有關；同樣，宋至明清雷州籍清官輩出，亦當與此有關。

其次，理學教育對於官員淡薄名利與物欲思想的形成有重要影響。

自宋代開始，理學就成為官方的統治思想，歷元、明、清而不改。歷朝統治者都大力鼓吹理學。理學自然成為官學、私學教育的重要內容。理學的核心內容之一是主「靜」，主「無欲」。如北宋理學家周敦頤就強調「無欲故靜」，要求人們做到放棄任何物質利益的追求，安分守己，知足常樂，俯首帖耳。為民要做「順民」；為官要作「清官」。二程（程顥、程頤）、朱熹等理學家都提出了「明天理」、「去人欲」的主張，認為人們（尤其是官員）能做到「去人欲」，封建統治才能長治久安。總之，在倫理觀上，理學把「人欲」（人對物質利益的追求）說成是一切罪惡的根源，所以要求人們「去人欲，存天理」，做到「清心寡欲」。至明、清兩代，理學更是受到封建王朝的高度重視，都將朱熹的《四書集注》作為科舉取士的準則，並編纂了《五經大全》、《四書大全》、《性理大全》、《性理精義》等作為學校教學及民眾學習的範本。

雷州地區的學校教育自宋代開始，至明、清已獲得較大發展，許多貧困人家都勉力送子弟入學接受教育。正如志書所云，雷州「地域雖遠，風俗頗淳，聖訓涵濡，人多嚮學」〔註8〕。而宋、元、明、清幾代，官、私教育都以

〔註8〕〔明〕李賢等撰：《大明一統志（下）》卷82，《雷州府・風俗》。

理學爲主。如元代陳杞，海康人，「從學於舅氏王景賢，淹貫群籍，領鄉薦，不樂仕，退居山中教訓生徒，究性命之學，海之南北學者咸受業其門」〔註9〕。在理學教育的影響之下，許多士人養成了「淡泊」之性。讀《萬曆雷州府志·鄉賢志》及《嘉慶雷州府志·人物志》，可以發現，受過良好教育的雷州士人，不論最終出仕與否，爲人淡泊寡欲者不乏其人。他們或慷慨好施，濟人之急；或借貸而不責償；或力避薦舉，不圖勢利，唯學問是求；或家雖貧，然有饋遺輒卻而不受；或家雖富饒，而自奉甚薄……這顯然與理學教育不無關係。眞可謂「風行草偃，其勢必然」（唐詩人劉禹錫語）了。清初官介在海康以「主敬存誠」的理（儒）學教授子弟、生徒，「出其門下者率（大多）自立崖岸（操守孤高），不苟同於流俗」〔註10〕。宋元明清（尤其明清時期）雷州籍清官中，不少人都顯然受到理學的深刻薰陶。如曾任侍御史，以「狷直」解任（罷官）的馮彬就「邃（精深）於理學」；陳玄（元）也「學尙窮理，克續家風」〔註11〕。陳璸作爲清初著名清官，究其所以「清」之緣由，不難發現其中理學的重要影響。正因爲如此，陳璸對推行理學教育就很重視。志載他在臺灣「鼎新學宮，建宋儒朱子祠於學（宮）之右，示臺（灣）以格致誠正之學（理學）。凡所甄拔，蔚有文采」〔註12〕。

再次是宋元明清雷州地方官清廉榜樣的薰染。

俗話說，近朱者赤，近墨者黑；又說，榜樣的力量是無窮的，都說明了人的思想行爲易受他人（尤其是高勢位者）的影響。自宋至明清，在蒞雷州任職的官員中，從知府到縣令，都曾湧現許多在雷州人心目中留下深刻印象的清官。僅見於《萬曆雷州府志·名宦志》的就有：

宋代，以「廉吏」著稱而被擢知雷州的蘇洸；「以廉明著稱」的知州事戴之邵；「節儉自持而用度恒足」的雷州知府李皎；明代，被雷州民眾作歌讚頌爲「惠我無私」的知府黃敬；以「廉介剛方」著稱的知府鄧璩；「耿直不屈，廉介無私」的同知劉彬吉；「沉重清潔」的知府黃行可；「廉潔公明」的知府洪富；「清苦茹蔬，貪墨斂迹」的同知孟雷；「去之日行李翛然，人服其清白」的推官陳紹；「廉明寬厚」的知府唐汝迪；「持己一塵不染」的推官何以尙；「潔

〔註 9〕《萬曆雷州府志》卷 17，《鄉賢志》。
〔註10〕《嘉慶雷州府志》卷 16，《人物志》。
〔註11〕《萬曆雷州府志》卷 17，《鄉賢志》。
〔註12〕《嘉慶雷州府志》卷 16，《人物志》。

己愛民」，因得罪上司被罷官，去時「不動夫馬，**囊橐蕭然**」的通判吳貢珍；「廉明有執」的推官高維岳；「廉介不污，決獄無冤，逾年去任，**囊橐蕭然**」的雷州同知趙渾；「廉以自持，寬以蒞下」的遂溪知縣劉玉；「廉恕公勤」的徐聞知縣朱鑾，等等，例子很多，不勝枚舉。

這些清官深受雷州士人、民眾的愛戴，被祀於「名宦祠」中，當作神明頂禮膜拜。在方志中，這些清官的簡短傳記中，「士論頌德」、「時論重（高）之」、「爲時推重」、「名重當時」、「士類慕之」等是常見之語。雷州人還將清官與貪官作對比，編成歌謠，譏諷貪墨者，頌揚清廉者。如同爲明代遂溪知縣，前令馬良以貪墨著稱，後令陳義以「廉潔」聞名，雷州士民編成歌謠唱云：「陳義再生天有眼，馬良不死地無皮」，希望「天有眼」，讓陳義那樣的清官得以「再生」，馬良那樣的貪官早死〔註13〕。

蒞雷清官常常成爲雷州士人吟詩作文謳歌的對象和學習的榜樣。如，黃行可，福建莆田人，進士，明嘉靖十年（1531）知雷州府，以「清潔」、「廉潔」著稱，守雷三年，至「甲午（1534）閏二月，實當奏績（述職）之期，闔（合）郡士民感公（黃行可）維深，不忍其去，而謀爲攀轅計；又恐不能必遂也，乃形諸聲詩以贈若，頌彙成帙」。雷州士人張一拱作《郡守黃公奏績攀轅序》，盛讚其「廉潔之操」，說：「是故維德故感，惟感故愛，維愛故留，維留故頌。感以昭惠，愛以發情，留以永恩（感恩），頌以章（彰）實。使（假如）不有孚（信服）於平時，則將欣快於（其）速去，而何其懇切眷戀如是耶？」張一拱作此序，其旨在「信今而勸後」，即欲樹立黃行可這位清官作爲其他官員及士人（準官員）學習仿傚的榜樣。士人馮彬也作《郡守蔡山公績餘序》，頌揚了黃行可這位清官的「崇儉約」的美德。再如雷州士人陳時雍作《賀郡守楊鑒湖先生轉秩序》，歌頌了郡守楊鑒湖「持己秋毫不苟，待物穆如，清風其施於政，據法循理，視民所利病而興革之」的廉政風範；也謳歌了其「有清白奉公之志，有寬厚愷悌之風，有不工進取之潔，有不畏強禦之勇」的清官品德。在方志的《藝文志》篇中，雷州士人歌頌蒞雷（州）而有突出貢獻，深得人心的官員（包括清官）事迹、作風的文章，還可讀到不少。可見蒞雷清官成爲了雷州士人崇拜、學習的榜樣。一旦他們通過薦舉或考試入仕，他們便自覺地以清官的標準、風範約束自己。在雷州三縣中，清官出自海康者又遠多於出自遂溪、徐聞二縣者，這不是偶然的：海康是附廓縣，府

〔註13〕〔明〕陳大科、戴耀修，郭棐等著：《廣東通志（下）》卷56，《雷州府·名宦》。

衙、縣衙均在此，既有府學、縣學，又有書院，教育條件較其他二縣好，這當是原因之一；而府、縣清官的廉政風範對士人的影響更深刻，則又當是原因之一。

此外，貧困的家庭出身，對艱苦生活的適應和習慣，也有助於雷州籍官員居官期間以廉潔自律。這方面的典型之例是清官陳瓗。陳瓗，海康東湖村人，早年拜同鄉吳馬期為師求學。志載，「（陳）瓗故貧，（吳）馬期教而兼養，迄于大成」〔註14〕。事實上，古代（尤其明清兩代）雷州籍官員中，出身貧困家庭而通過刻苦求學而終致入仕為官者比比皆是。早年艱苦的生活，為他們作為清官創造了有利的條件。

目前有一種理論，主張「高薪養廉」。這種觀點認為，官員收入低，生活清貧，必然產生貪婪之心，必然走向以權謀私；若能提高官員收入，必能使他們知足而止，不再產生私心雜念，不再貪贓枉法。但實踐證明，這種理論是有缺陷的──古代雷州出了許多清官，卻沒有找到「高薪」養成的例子（清代官員的俸祿是較低的）；而現代許多貪官，都是位高權重收入豐厚者！可見，如果缺乏相應的監察及黜陟獎懲機制，缺乏應有的道德觀念的支配，人對金錢物質的欲求將是個「無底洞」，「高薪」是無論如何不能填滿的！

三、宋元明清雷州籍清官的主要政績

雷州籍清官在異地居官期間，廉潔自律，忠於職守，為政寬厚，革奢務儉，勸課農桑，興學重教，公正執法，平反冤獄，釋放無辜之囚，懲治貪污，搏擊豪強，不僅得到了朝廷的支持，受到嘉獎和拔擢；還深得當地民眾擁戴，以致多有建立「生祠」以祀拜者。

1、興利除弊

興利除弊是地方官員尤其是「親民官」縣令的重要行政職責之一。弊不除，則民眾的沉重負擔不能減輕，痛苦不能消除，對官府、朝廷的不滿便始終存在，成為激化社會矛盾的重要因素之一；利不興，民眾的生產積極性便得不到充分發揮，地方經濟也得不到恢復發展。雷州籍清官在各地任職過程中，在興利除弊方面做了許多工作，因此甚得民心。

如，明代海康籍清官周德成，洪武庚申（1380）以明經薦擢休寧縣（今

〔註14〕《嘉慶雷州府志》卷 16，《人物志》。

安徽休寧縣）令。他單車至縣，各項政務處理得井然有序。當時，休寧縣有民三萬餘戶，社會存在兩大弊症：一是吏治敗壞，二是治安不良。這兩個問題是密切相關的：官吏貪贓枉法，不法之徒便乘機竊發；而官吏自身不正，對不法之徒的懲治也欠力度。周德成上任後，為官清廉，一身正氣，對於「里甲之長藉吏為奸」，他「悉釐正之」，解除了民眾疾苦；各種公務文件他都親手書寫而不假手書吏；遇事立決，即使上司也不能使他更改。他還下決心整頓社會治安，為民除弊。曾有個姓丁的無賴橫行里中，殺害人命，人人畏之，莫敢作聲，即使被官府拘捕嚴訊，也極力抵賴不認。知府讓周德成審決此案。此丁無賴深深敬佩周德成的為官清廉，面對周德成竟俯首認罪，說：「公在，余尚何辭！」（「大人您在此，我還有什麼可說的！」）對自己的罪行如實招供。周德成的清廉威名不僅傳遍休寧縣，連附近諸縣民眾都聞其名而敬其人。志載：「它邑（縣）中有冤滯者悉借德成為白（辨白）」，即鄰近諸縣，民有冤案而當地官員不能審決，都來找周德成審理判決，其事迹如宋代包拯（公）審案事迹相類似。「時以為孝肅復生」，當地人都把周德成看作是包拯（諡號「孝肅」）再世。可見人們對他的欽敬。周德成「在任七年，事無（論）鉅細，凡便於民罔（無）不畢舉」〔註15〕。馮彬曾任平陽、上海二縣令。上海縣六百里地，繁劇最難治。馮彬至，「汰雜徵，省里費，覈（核實）詭異，審糧役，俱深中彀（法則、規矩）。會俗多用火化，有化人亭。（馮彬）見立毀之，諭以率從禮葬。有婦美而貞，姑（家婆）逼之淫，（婦）不從，（姑）遂與所私者共刃之。（馮）彬廉（察）得其情，悉按以法而表其婦之墓」；馮鑒曾任湖州通判，「到任首革糧長饋遺」之弊；後補永州知府，「彌勵厥（其）守，壹（一）意革弊」，將「革弊」作為行政工作的重點來抓；袁劉芳曾任浙江紹興同知，遇捍海堤崩圮，他親行相視，組織修築，積勞成疾而卒於任上，紹興人哀思之〔註16〕。陳璸在福建、臺灣、四川等地任職期間，興革事項更多，如任臺廈道時，「稔知其弊政，至是，乃請革官莊，除酷吏，恤番民」〔註17〕。

值得一說的是，這些清官雖身在異鄉任官，卻心繫鄉梓，通過各種途徑為家鄉的興利事業作出了貢獻。如陳璸資助雷州東洋海堤的修築即為其中一例。雷州之東有洋田萬頃，自宋以來築堤禦潮，保障生產；無奈海潮日夜衝

〔註15〕《萬曆雷州府志》卷 17，《鄉賢志》。
〔註16〕《萬曆雷州府志》卷 17，《鄉賢志》。
〔註17〕《嘉慶雷州府志》卷 16，《人物志》。

擊，海堤漸被摧垮。堤垮，則萬頃農田必遭鹹鹵浸淹而荒廢。陳璸任福建巡撫時，疏請拔巡撫公用銀並所積俸銀解送廣東，作爲雷州修築東洋海堤工費，獲得朝廷批准。結果，海堤重修鞏固。史臣評論道：「此大有造（貢獻）於桑梓者也」〔註18〕。明代雷州籍清官陳貞豫任監察御史時，也曾奏建橫山堡，使遂溪、石城（今湛江廉江）兩地治安得到保障〔註19〕。

2、平定地方動亂

元、明、清幾代，爲加強對邊疆地區少數民族的統治，推行改土歸流政策，逐漸削奪少數民族首領的權威，消除其割據獨立性，因而造成了邊疆少數民族與中央朝廷較尖銳的矛盾，叛亂不時發生。嶺南爲多民族聚居之區，動亂更多。志載，「海康與安南（今越南）占城諸夷接境，海島（今海南）生黎叛服不常」〔註20〕。雷州籍清官不少在嶺南及鄰近各省（如湖南、江西、福建等省）任官，平定地方動亂是其職責之一。從有關史料看，雷州籍清官在敉平地方動亂中，其作用常常是其他普通官員所不能比擬的。究其原因，一方面是他們的戰略戰術正確；而另一方面則是，叛亂者佩服這些官員的清廉，相信歸順朝廷，接受這些官員的治理，不會受到過度的壓迫、剝削。

如，元代孫希武，遂溪人，初仕賓州（今廣西賓陽縣）判官，後晉升臨賀（今廣西賀縣）縣尹。他「廉潔自守，接人無妄言。在賓州，瑤蠻梗化（不願接受封建統治），官府莫能制。希武作書招之，瑤蠻盡附」〔註21〕。「官府」動用武裝力量未能使「梗化」的瑤蠻屈服，而孫希武僅「作書招之」就能令「瑤蠻盡附」，可謂「不戰而屈人之兵」，其奧秘何在？就在於孫希武「廉潔自守」，受到「瑤蠻」的景仰！明代李璿，海康人，領永樂庚子（1420）科鄉薦，由教諭遷知縣，擢監察御史，「廉潔剛毅有直聲」。景泰（1450～1456）初，「廣賊」黃蕭養率眾圍攻省城，城幾陷，李璿奉調士兵二萬協同總兵官武毅攻城有功，升江西按察司僉事；馮彬，登嘉靖己丑（1529）進士，知平陽、上海二縣，徵爲監察御史，曾「出按廣西，振揚風紀，撫輯洞蠻，恩威大著」〔註22〕。羅紳任鬱林知州時，「時値蠻賊肆掠，（羅）紳協同哨守相機卻敵，城賴以完。招撫渠魁胡公威等三千餘人，安置陸川諸屬邑，賊遂（平）息。」

〔註18〕 《嘉慶雷州府志》卷16，《人物志》。
〔註19〕 《萬曆雷州府志》卷17，《鄉賢志》。
〔註20〕 《大明一統志（下）》卷82，《雷州府・名宦》。
〔註21〕 《大明一統志（下）》卷82，《雷州府・人物》。
〔註22〕 《廣東通志（下）》卷56，《雷州府・人物》。

〔註 23〕遂溪人黃炳任官以「能」著稱，當時廣西百色地處邊境，盜賊公行，前任地方官皆因治盜無方而遭停任。廣西「大吏重（黃）炳才，因委署百色同知，數月，賊盜盡獲，百姓安恬，前官免累。上憲嘉其能，將錄功陞擢（黃）炳，旋因病卒於官。」〔註 24〕

3、執法嚴明，抵禦邪惡

古代地方行政官兼任執法。地方官執法是否嚴明，受多種因素影響。官員如只爲個人仕途著想，或收受了方方面面的利益，執法便不可能嚴明，「枉法」是必然的結果，故曰「貪贓枉法」。而官員不能秉公執法，便失去威信，各種邪惡現象便接踵而生，無法禁止。清官則與此大不相同。他們不收受餽贈，不計較個人利益，故能一身正氣，秉公用法，敢於抵禦邪惡，那怕這邪惡來自上司甚至朝官、內侍！

如宋代遂溪人紀應炎宰南海，有富民犯法，賄賂紀應炎之婿以請，祈求得到寬恕。「應炎不許，竟置於法」〔註25〕；黃本固，明代永樂甲申（1404）登進士，知馬平縣（今廣西柳州市），「蒞政清敏，性嫉惡，劾奏馮內侍，反爲所構，削籍還。巡按唐舟等疏其無辜，尋（不久）起用」；徐聞人鄧鑒，由胄監歷官侍御史，「秉公執法，不避權貴，彈劾有聲，一時凜然憚之」〔註26〕。

執法嚴明，抵禦邪惡，得到了民眾的支持，卻遭到邪惡勢力的忌恨與報復。因此，清官的仕途曲折，命運多舛就是難免之事。前述周德成任休寧縣令七年，興利除弊，深受民眾愛戴；然而他卻一次再次被逮捕審訊：先是因事被捕至法曹，當地民眾「號泣詣闕，願籍產保其無它」，被釋放；不久「又以軍誤逮至兵部，民詣之（闕）如初」。雖然最終真相得以辨白，周德成得以放還，但屢遭「暗箭」，身心俱疲，終於病卒於旅邸〔註27〕。馮彬任官，雖「多惠政，竟以狷直罷歸」〔註28〕。上述黃本固彈劾馮內侍，也遭到報復，被罷官歸鄉。

4、注重並大力發展教育

教育是提高社會成員素質的重要途徑，也是治國安邦不可或缺的一種重

〔註23〕《萬曆雷州府志》卷 17，《鄉賢志》。
〔註24〕《道光遂溪縣志》卷 9，《列傳》。
〔註25〕《萬曆雷州府志》卷 17，《鄉賢志》。
〔註26〕《嘉慶雷州府志》卷 16，《人物志》。
〔註27〕《嘉慶雷州府志》卷 16，《人物志》。
〔註28〕《廣東通志（下）》卷 56，《雷州府‧人物》。

要手段。有作爲的統治者無不重視教育。清代雷州籍名臣陳璸曾說：「國家之治莫先於教化。教化之行要本於學宮。學宮者，所以培植人才以待國家之用者也。」〔註29〕雷州籍清官都是通過接受教育而成才任官的，對教育事業高度重視是他們施政的共同特點，也是他們政績中重要的一項。

宋代，紀應炎在試澄邁主簿期間，見縣海港附近有可墾之地，於是招募民眾，築堤阻潮，開墾出田地千餘畝，所得用以供養縣學生徒〔註30〕。

從《嘉慶雷州府志・人物志》的記載來看，明代在任職期間，對於發展地方教育事業有過突出貢獻的雷州籍清官很多，如：馮彬，任松江（今上海市松江縣）守期間，「興學校，恤孤煢」，「松江民無智愚皆戴之」；羅紳、羅章父子皆爲雷州籍清官，羅章領成化戊子（1468）鄉薦，任袁州（今江西宜春市）府學訓導，「教養士類，亹亹（誠實）不倦」；林鳳鳴，出判南寧，升道州守，「爲政興學校，率孝悌，令譽赫然」；陳元（玄），「領鄉薦，任南海教諭，造士有方，從遊甚眾」；黃澄，任瀘溪訓導，捐俸資助貧困學生；陳璸任臺廈道時，也「鼎新學宮，宮之旁建紫陽（朱熹）祠，每公餘輒與諸生講明格致誠正之學，崇爻山北稱爲海外鄒魯」。事例還有很多，不勝枚舉。

四、餘 論

清官律己嚴格，生活清苦，又克盡職守，事多親爲，加之秉公行政，不受賄，不行賄，容易開罪於同事、上司甚至朝中權貴，受到誣告陷害，身心備受壓力。因此，一些雷州籍清官未及秩滿致仕即卒於任上。如周德成，屢受誣告，「比得白（眞相大白），病於旅邸而卒」；羅紳任鬱林知州，「卒於官」；馮鑒丁母憂後「再補黃州府，病卒」；陳璸也是積勞成病卒於任上的。這些卒於任上的雷州籍清官，有的被埋身於異域他鄉，歲時受到當地人的虔誠致祭；有的被親人千里迢迢運送靈柩歸鄉而葬，其英靈被供奉於鄉賢祠中，代代致祀。他們被雷州人視爲英雄和神明。

不少雷州籍清官在秩滿遷去或年老致仕時，當地民眾千百人自發行動，攀轅阻留，無不流涕，如稚兒不忍父母之離去。明代雷州籍清官之一的林鳳鳴在《送海康邑令序》中說：「欲知（縣）令之賢，觀之於民而已。苟賢歟，則政無不舉，恩無不洽（廣博、普及），在（職）則民仰之，去（職）則民留

〔註29〕《嘉慶海康縣志》卷8，《藝文志・邑人陳璸重修學宮記》。
〔註30〕《萬曆雷州府志》卷17，《鄉賢志》。

之，久則愈思之不忘也。夫（縣）令，古諸侯職也，於民爲最親，饑者賴以食，寒者賴以衣，疾痛呻吟者賴撫摩而扶濟。苟非其人，在一日則爲一日之害，推之惟恐其不去也，肯留之乎！」〔註31〕民眾的攀轅阻留，反映了官員在民眾中的遺愛之深。

不少雷州籍清官致仕歸鄉後，仍然發揮「餘熱」，爲家鄉治政、生產、文教或社會風氣的改良等貢獻智慧和力量。

有些致仕的雷州籍清官受到了地方官員的敬重，以之爲行政或教學顧問。如林鳳鳴，致政歸，「郡守林恕特加敬禮，比有利病，親往咨之」；吳正卿，「致政時已得聾疾，副使盧嗣宗以賓禮延至郡學，咨以利病，置炭盆中，從容手書與語竟日，名重當時」〔註32〕。有的熱心公益事業。如馮彬，嘉靖壬子（1552）歲，雷州颶潮爲虐，鄉民溺死者萬計。馮彬「悉捐槖癉之，里巷誦德」〔註33〕。有的潛心學術，熱心教學。如馮彬退休後，不交賓客，潛心著述，有《桐岡集》，曾修輯郡志，惜已遺佚不存；李璿，「致政歸，杜門謝客，囊無剩物，惟喜讀書至老，未嘗釋卷」〔註34〕。有的參與開墾荒田。如黃惟一，「致政歸，見本州東溪地堪墾闢，奏請興水利灌漑，成田二十餘頃，民沾其利」〔註35〕。

許多雷州籍清官致仕後仍保持清廉作風，甘於過寂寞清苦的生活，對社會風氣的改良有一定積極作用。據地方志記載，明代，雷州地區社會生活存在著不良的方面，即隨著地方經濟的發展，社會風氣漸趨奢靡，所謂「崇勢利而簡（輕忽）寒微；尙奔競而抑恬淡；富貴之人膻悅（豔羨）者眾，即一善甫行而詡譽（讚美）已滿於四域；閭巷之人孤立寡援，雖暗修仁義而播揚弗出於室廬」〔註36〕。赫赫有名、受到當地人頂禮膜拜的雷州籍清官，致政後仍甘願過著清貧樸素而且寂寞的生活，有助於改良這種不良的社會風氣。如鄭時賢，曾於沙縣、隆安等縣任縣令，「解組（致政）家居，謝迹（足迹不至）公庭」；馮彬，「比歸，屏迹公門，恂恂（恭敬謹慎的樣子）里社中，絕無貴人態」〔註37〕。這對於改變當時社會熱衷於奔競、趨附的不良之風有

〔註31〕 《萬曆雷州府志》卷 20，《藝文志》。
〔註32〕 《萬曆雷州府志》卷 17，《鄉賢志》。
〔註33〕 《萬曆雷州府志》卷 17，《鄉賢志》。
〔註34〕 《萬曆雷州府志》卷 17，《鄉賢志》。
〔註35〕 《萬曆雷州府志》卷 17，《鄉賢志》。
〔註36〕 《萬曆雷州府志》卷 17，《鄉賢志》。
〔註37〕 《萬曆雷州府志》卷 17，《鄉賢志》。

榜樣作用。正如《萬曆雷州府志・鄉賢志》「論曰」所云：「仕者不以賄敗，歸田（致政）不入公庭，雅飭（謹慎）之風，誠有足多（值得稱讚）然」。又如張昊，曾任廣西平樂知縣，為一縣「父母官」，施行「惠政」，當地「民立祠祀之」；致仕歸鄉後，仍保持廉潔作風，「家居清淡端直，薄俗為之一變」〔註 38〕。

參考文獻

1. 龍鳴：《清代雷州半島官員的清廉傳統》，《湛江師範學院學報》2011 年第 4 期。

2. （明）歐陽保等纂修：《萬曆雷州府志》卷十七《鄉賢志》，《日本藏中國罕見地方志叢書》，書目文獻出版社，據萬曆四十二年刻本影印，湛江師範學院圖書館藏。

3. （清）雷學海修，陳昌齊纂：《嘉慶雷州府志》卷十六《人物志》，《日本藏中國罕見地方志叢書》，嘉慶十六年（1811 年）刻本，湛江師範學院圖書館藏。

4. （清）張玉廷：《明史》卷 7《成祖紀》，北京：中華書局，1974 年。

5. （明）李賢等撰：《大明一統志（下）》卷 82《雷州府》，西安：三秦出版社，1990 年。

6. （明）陳大科、戴耀修，郭棐等著：《廣東通志（下）》卷 56《雷州府》，《稀見中國地方志彙刊》（第四十三冊），（中國科學院圖書館選編），北京：中國書店出版，1992 年。

7. 喻炳榮修，朱德華、楊翊等纂：《道光遂溪縣志》卷九《列傳》，《中國地方志集成・廣東府縣志輯》，上海：世紀出版集團、上海書店出版社 2003 年，據道光二十八年（1848 年）刻本影印，湛江師範學院圖書館藏。

8. （清）劉邦炳修，陳昌齊纂：《嘉慶海康縣志》卷八《藝文志・邑人陳璸重修學宮記》，《中國地方志集成・廣東府縣志輯》，上海：世紀出版集團、上海書店出版社 2003 年，據嘉慶十六年（1811 年）刻本影印，湛江師範學院圖書館藏。

〔註 38〕 《廣東通志（下）》卷 56，《雷州府・人物》。

十三、明清時期雷州籍官員政績考論

摘　要

　　明清時期，雷州地區教育事業蓬勃發展，雷州籍士人通過科舉考試或薦辟而晉身仕宦者眾多。他們雖然官職不高，但他們都有著共同的特點：爲官廉潔奉公、剛正不阿、關心民瘼、勇於興利除弊、注重教育、撫恤貧困，鎮壓動亂，維持社會秩序穩定，因而受到各地民眾的擁戴。明清時期雷州籍官員群體治績及官風優良之成因，首先是明清兩代統治者對吏治建設極重視，爲防止官員貪殘及庸懦無爲，在制度上採取了一系列行之有效的監督及獎懲措施，促使官員任官清廉及有爲；其次是明清兩代官學教育重視品德及理學教育的薰染；再次是名宦、鄉賢爲政風範的積極影響。

關鍵詞：明清時期；雷州籍；官員；政績

有人將國家比喻為「機器」，則官員就像駕馭這輛機器的司機。司機品德良好，技術嫻熟，機器的運行才會穩步前進；否則，便會顛簸，會走向歧途，會翻覆。同理，官員品德優良，以治國安民為神聖職責，才會為官一方，造福一方，吏畏民懷，青史留名。筆者在研究廣東地方歷史與文化的過程中發現，明清時期，雷州地區教育事業蓬勃發展，雷州籍士人通過科舉考試或薦辟而晉身仕宦者眾多。他們雖然官職不高，多在各地任知府（州）、同知、判官或縣令、縣丞、教官（古代教師亦歸屬官員類，與官員一樣享有俸祿，故常稱「教官」或「官師」），但他們都有著共同的特點：為官廉潔奉公、剛正不阿、關心民瘼、勇於興利除弊、注重教育、撫恤貧困，鎮壓動亂，維持社會秩序穩定，因而受到各地民眾的擁戴。其中，有因為剛直不阿，得罪了權貴、奸猾，屢遭陷害，仕途礙滯者；有清苦生活，積勞成疾而病卒於任上者；有在外為官多年而致政還鄉時身無分文（所謂「囊橐蕭然」、「宦囊如洗」）以至需要民眾捐資送行者……他們的政績、為人皆有可歌可泣可頌之處。本文將根據地方志所載，將明清時期雷州籍官員（包括教官）作為一個群體進行考察研究，以歸納此群體共有之特徵及其可資學習、借鑒的可貴精神及優良的政治作風，同時對於明清時期雷州籍官員群體何以廉能者輩出進行了思考和探討。

一、明清時期雷州籍官員作風政績簡述

（一）剛直不阿，秉公執法

官場為「利藪」，大小官員為著爭奪利益，拉幫結黨，爾詐我虞，關係複雜。因此，在官場中能做到置身利益、人情之外，做到剛直不阿，秉公執法，所謂「富貴不能淫，威武不能屈，貧賤不能移」，便尤顯可貴。

明清時期雷州籍官員中，有幾位被選為監察官者。監察職在對大小官員的行政為人進行監察督促，尤其是對於貪官污吏要及時並勇於檢舉彈劾，因此是最容易得罪權貴、奸猾而招徠陷害及打擊報復的。封建時代監察官為著自身利益及仕途考量，「睜一眼閉一眼」，苟且偷安，得過且過者多矣：他們或只逮小貪，不碰大貪，明哲保身；或沆瀣一氣，同流合污，中飽私囊。而明清時期雷州籍監察官中，幾乎都是鐵骨錚錚者，剛正不阿是他們共同的特徵。如黃惟一，海康人，明初洪武年間（1368～1398）舉孝廉，任河南道御史，「端謹廉介，始終不諭」，「介」即耿直剛強；李璿，海康人，「領永樂庚子鄉薦，授教職，升知縣，擢監察御史，廉毅有直聲」；遂溪人陳貞豫，「歷

官監察御史，持憲體，有廉潔聲，人不敢干以私」；徐聞人鄧鑒，「由胄監歷官侍御史，秉公執法，不避權貴，彈劾有聲，時凜然憚之」〔註1〕。

雷州籍州縣官中，剛直不阿，執法必嚴者有：黃本固，海康人，永樂甲申（1404）登進士，知馬平縣（今廣西柳州市），「蒞政清敏，性嫉惡，劾奏馮內侍，反爲所構，削籍還。巡按唐舟等疏其無辜，尋起用，至省疾作，歸，卒於家」〔註2〕。內侍即宦官，服侍皇帝的奴僕，雖不學無術，爲人所不恥，然而，他們「口含天憲」，利用皇帝的寵幸，常常胡作非爲，庇奸害賢。明代是我國歷史上宦官爲害劇烈的一個時期。其所以爲害劇烈，就因爲宦官背後有昏庸皇帝的撐腰，有百官的阿諛逢迎，朋比爲奸，使正氣得不到伸張。然而，就在朝廷高官尚且巴結宦官唯恐不及之時，作爲「芝麻官」的一縣之令的黃本固卻敢於劾奏不法宦官，其「反爲所構」是完全可以預料的。黃本固如此「明知山有虎，偏向虎山行」的敢於鬥爭，將個人得失置之度外的精神是極可貴的。因此，黃本固受到鄉人的敬重，「祀鄉賢」。

明代雷州籍官員周德成亦是一位耿直不屈，執法嚴格的地方官。周德成，海康人，明洪武庚申（1380）以明經薦擢休寧縣令。任職期間，周德成勤於政務，「遇事立決，雖上（司）之人無以易也。有丁蠻兒，故無賴，橫（行）里中，格殺小旗人，莫敢指。府詢（審訊）之不屈，下其事於（周）德成。（丁蠻兒）至，則俯首曰：『公在，余尚何辭！』它邑（縣）中有冤滯者，悉借德成爲白（辨明眞相）。其辨割牛舌即首私宰者，與包拯在端（按，端州，即今廣東肇慶）事相合。餘如此類甚眾。故時以爲孝肅（包拯）復生」。此丁蠻兒目無法紀，橫行鄉里，殺人無忌，府官審訊不肯招供，而縣官周德成一審，即時認罪，是因爲周德成「新官上任三把火」：他「單車至縣，裁剸（專擅）如流。邑籍民三萬餘戶，里甲籍吏爲奸，德成悉釐正之，民無所苦」，將縣中那些損民利己的里甲、污吏治理得服服帖帖，不敢胡作非爲，已樹立了崇高的威望。因此，小無賴自知抵賴不過，唯有從實招供認罪〔註3〕。

（二）興利除弊，造福於民

州、縣官常被民眾稱作「父母官」、「親民官」，是因爲他們是具體的施政者。他們施政之得失，關係到民眾的切身利害，亦關係到國家、社會的治亂

〔註1〕 《萬曆雷州府志》卷17，《鄉賢志》，第411～416頁。
〔註2〕 《萬曆雷州府志》卷17，《鄉賢志》，第411頁。
〔註3〕 《萬曆雷州府志》卷17，《鄉賢志》，第410頁。

興衰。如果他們在任期間，能爲民眾著想，興利除弊，則民眾便視之爲衣食父母，敬之祀之如神明。在明清兩代雷州籍官員中，這樣的官員不乏其人。

如，明代，馮鑒，雷州衛人，領天順己卯（1459）鄉薦，選授湖州府通判，「到任，首革糧長饋遺」，後補永州府（今湖南零陵縣），「彌勵厥守，一意革弊」；雷州衛人馮彬，明嘉靖乙酉（1525）舉於鄉，己丑（1529）成進士，「任平陽令，以內艱去（遭遇父母喪事離任），補上海令，並有卓異聲。上海六百里，繁劇最難治，（馮）彬至，汰雜徵，省里費，覈（核實）詭寄（弄虛作假），審糧役，俱深中窾（切中要害）」〔註4〕。馮彬就任上海縣令後，調查瞭解民情，果斷地革除各項積弊，壓縮貪官污吏舞弊以營私的空間，減輕了民眾的負擔，緩和了社會矛盾，政績顯著，故深受上海民眾愛戴。還有：梁永年，海康人，「領天啓丁卯（1627）鄉薦，任湖廣東安令，寬刑薄賦，振作士類，以治行稱」；遂溪人洪彪，「由歲貢任長汀縣丞，事上恪謹，御下精明，察物而吏不能隱，執法而民不敢犯，清軍儲，絕羨餘，恪共（恭）乃職，民有『冰壺秋月』之頌」；謝嘉言，遂溪人，以恩選任四川岳池（今四川岳池縣）知縣，「治聲卓溢，爲時所重」；林汝聰，遂溪人，由歲貢任湖廣武昌縣（今湖北鄂城縣）丞，「發奸摘伏，卻饋送，絕引援」；鄧邦髦，徐聞人，「領嘉靖辛酉鄉薦，任泗、灃二州知州，政尚清簡，寓撫字（養育）於催科，詰奸摘伏，號爲神君。凡州中利病，宜因宜革，力詳（報告、建議）上臺，爲民請命」〔註5〕。

清代，此類雷州籍官員也不少，僅舉二例以見一斑。如：海康人陳璸在任臺廈道期間，曾給朝廷上《臺廈條陳利弊四事》疏，其中，第一條「招墾荒田以盡地利」、第四條「置學田以興教化」屬於「興利」；第二條「嚴禁科派以蘇民困」、第三條「弛鐵禁以利農用」則屬於「除弊」。二弊去除，既減輕了臺灣、廈門民眾的額外負擔，又促進了臺灣地區農業的發展〔註6〕。陳璸在臺灣所革之弊，最大的一項應屬革除官莊。所謂「官莊」，即官有田莊，是清朝統一臺灣之初，因爲地廣人稀，版籍未定，臺灣地方官於是廣占肥沃土地，招民開墾、佃種。佃種官莊的農民既要交納國家所定的賦稅，又要繳納「官租」，比只承擔國家賦稅的農民負擔更沉重。陳璸在《臺廈道革除官莊詳

〔註4〕 《萬曆雷州府志》卷17，《鄉賢志》，第412頁。
〔註5〕 《嘉慶雷州府志》卷16，《人物志》，第417~421頁。
〔註6〕 《陳璸詩文集》卷1，《奏疏‧文章》，第90~92頁。

稿》中，臚列了官莊的十大弊害，請求朝廷准許革除。官莊的革除，「國與民兩利」，對於緩和臺灣社會矛盾，穩定社會秩序，意義重大〔註7〕。故陳璸在臺灣深得民心，臺灣民眾歲時奉祀，至今不衰。《民國海康縣續志》亦謂：陳璸「至（臺灣）之日，以興賢育才、勸課農桑爲先，興利欲滋，去弊務盡，不憚繁劇之勞，寓撫字（養育）於催科」〔註8〕。莫吾昭，亦海康人，任紫陽（今陝西紫陽縣）知縣，「縣爲浮糧遺累，多逋戶，（莫吾昭）躬親履畝勘丈，凡額存田荒者，申請題豁（減免），漸以安集」。紫陽縣大量田地已因故荒蕪，而原所徵收的賦稅額並未根據實際情況進行減免，照例均分攤派，由縣民承擔，民眾不堪重負，紛紛逃亡。莫吾昭蒞任後，親自丈量田地，據實際田畝數量徵稅，使負擔較合理，民眾才逐漸返鄉，生產得以恢復發展〔註9〕。

振興學校教育是雷州籍官員「興利」施政中常見而重要的內容之一。他們都受過良好的學校教育，對於教育在治國安邦中的重要性有清楚的認識。事例如，曾任松江郡（今上海松江縣）守的馮彬，「至則興學校，恤孤煢，政持大體，不事苛細，松江民無（論）智愚皆（愛）戴之」；詹世龍，曾任上思（今廣西上思縣）知州，「興學恤民，民戴之」〔註10〕等。

「除弊」除了革除政治之弊以及經濟之弊以外，還包括革除社會風俗方面的陋俗以及平定動亂、安集流移等。

在今天，爲充分發揮土地效用，國家倡導火化，禁止土葬；然而在古代，地廣人稀，禮教受到重視，「入土爲安」（土葬）才符合禮教規範，而火化則被視爲「傷風敗俗」，必須糾正。馮彬爲上海令時，當地「俗多用火化，有化人亭，（馮）彬見，立毀之，諭以率從禮葬」；儒家禮教重義輕利，重利輕義亦必須嚴禁。上海民間有見利忘義者，如有一婦女，美而貞節，「姑（家婆）逼之淫，不從，遂與所私（通）者共刃之。（馮）彬廉（查實）得其情，悉按以法，而表其婦之墓」〔註11〕。清代遂溪人洪泮洙任福建休寧縣知縣，「政尚寬簡，然事係風教，雖強禦必力摧之」〔註12〕。

〔註7〕　《陳璸詩文集》卷1，《奏疏·文章》，第98頁。
〔註8〕　梁成久修，陳景棻續修：《民國海康縣續志》（二）卷32，《藝文志·邑侯陳公功德碑》，第285頁。
〔註9〕　《嘉慶雷州府志》卷16，《人物志》，第424頁。
〔註10〕　《萬曆雷州府志》卷17，《鄉賢志》，第412～413頁。
〔註11〕　《萬曆雷州府志》卷17，《鄉賢志》，第412頁。
〔註12〕　《道光遂溪縣志》卷9，《列傳》，第648頁。

　　明清兩代，地方常有動亂發生，成為社會民生一大弊害。而雷州籍官員中，在平定地方動亂中發揮了重要作用的也多有人在。如李璿，擢監察御史，「景泰初，廣賊黃蕭養攻省城幾陷。（李）璿素負才猷，為時簡拔，奉調士兵二萬協同總兵官進討，遂誅蕭養」；羅紳，任鬱林（今廣西玉林）知州，「時值蠻賊肆掠，（羅）紳協同哨守相機卻敵，城賴以完，招撫渠魁胡公威等三千餘人，安置陸川諸屬邑，賊遂屏息」；馮彬曾任職御史，「出按廣西，大揚風紀，溪峒蠻獠（僚）莫不震讋，歸化恐後」；詹世龍曾任平樂（今廣西平樂縣）知縣，「北陀背化已久，（詹世）龍招服之，境賴以安，士民立碑紀績」；莫天賦，明嘉靖年間除莆田令，「莆田自倭夷殘破後，民無寧宇。天賦復舊時流移者數千計，食不甘味，竭意撫徠，民乃復集，各給牛種，迨二年後乃稍徵賦」；後「出守大理（今雲南大理縣），大理夷漢雜處，最難治。天賦因俗為政。郡有礦輸，當事者按牒取盈，峒不堪命。（莫天賦）力請裁減，得蠲額十之四，民以獲蘇，時比之召（信臣）、杜（詩）」；鄧士元，「以貢監授漳州司理，奉檄征剿倭寇，累戰有功」〔註13〕等等。

　　不僅是雷州籍政官注重興利除弊，為民造福；教官中亦有勇於除弊革新，為生員造福者。如詹世龍，明「嘉靖中由選貢任桂林府訓導，教先德行。庚子科中廣西鄉試，轉文昌教諭。時文昌以魚課米折諸生廩餼，經年莫給。（詹世龍）申請院道革之，至今（明萬曆年間）士賴焉」〔註14〕。

（三）善於啟迪，振興教育

　　明清兩代，不少雷州籍士人入仕後被委任到各地府、縣儒學任教官。他們盡職盡責，善於啟迪，如春風化雨，對各地教育事業的發展作出了重要的貢獻。此類紀載在方志「人物志」或「鄉賢志」中屢見不鮮。他們不僅教書育人，還慷慨捐俸，在生活上資助貧困的生員，事迹頗為感人。

　　如，明代：陳玄，徐聞人，「領鄉薦任南海教諭，造士有方，從遊甚眾」；徐聞人鍾世盛，「四任博士，有卻贄（禮物）捐俸之操，士類慕之」；徐聞人廖一儒，「以明經歷下邳、鳳陽、永豐、潮郡（州）博士，所至咸多建立。捐俸濟諸生之貧者，其有冤誣即力為昭雪，以故在在見思」〔註15〕；陳大成，遂溪人，由歲貢授曲江訓導，遷廣西隆安（今廣西隆安縣）教諭，「弟子貧者咸分俸濟

〔註13〕 《萬曆雷州府志》卷17，《鄉賢志》，第411～417頁。
〔註14〕 《萬曆雷州府志》卷17，《鄉賢志》，第413頁。
〔註15〕 《萬曆雷州府志》卷17，《鄉賢志》，第416～417頁。

之」；陳王猷，遂溪人，「由歲貢任南雄府訓導，課士有方，淡薄自持，諸生中有貧乏者分俸以濟」；清代：謝朝輔，遂溪人，「由歲貢任和平訓導，在官凡七年，與諸生講論無虛日，紳士慕其學行，及告歸，刻石以比甘棠之愛」；張卷墨，海康人，「由乾隆癸酉（1753）科拔貢充正白旗官學教習，任保昌學諭，調任崖州學正，……日與博士弟子孜孜講學，從之遊者，不啻坐春風中也」；陳蕃華，遂溪人，由歲貢任揭陽訓導，「爲敦本行，勤於督課」；黃斐昭，海康人，歲貢生，任增城縣學訓導，「司鐸（掌管教育）增城，殷勤訓迪。解組，生徒有送之抵家者」〔註16〕。一些雷州籍教官畢生在異鄉從事教育工作，貢獻突出，可謂「桃李滿天下」。如清代遂溪人李實發，曾主遂良書院講席，「訓迪生徒諄諄，以德行文藝交修爲勖」；「後任順德教諭，升廉州府學教授。所至厚培人才，士林愛戴。年八十六，卒於官。諸生捐貲隨棺至遂溪送葬」〔註17〕。

此外，明清兩代，擔任各地教官的雷州籍人氏還有很多，如：

明代：洪有成，遂溪人，由歲貢任浙江湯溪訓導，轉吳川教諭；羅章，海康人，領成化戌子鄉薦，任袁州（今江西宜春市）府學訓導，「教養士類，亹亹（勤勉不倦的樣子）不倦」；林鳳鳴，海康人，領弘治甲子鄉薦第七名，三歷教職，湖廣分考，擢國子助教；陳時亨，海康人，由選貢任廣西恭城訓導〔註18〕；李璿，海康人，「領永樂庚子鄉薦，授教職」；彭鈺，遂溪人，「明敏博學，爲諸生教授。高（州）、雷（州）之蔚起者多出其門」；吳桂馨，徐聞人，「博學敏悟，邑（縣）庠生推爲儒宗」〔註19〕。

清代：海康人吳馬期，由歲貢任始興訓導；海康人莫吾昭，康熙辛酉拔貢，「教習正紅旗官學生」；鄭林，遂溪人，歲貢生，任合浦訓導；阮桂馨，遂溪人，由歲貢任始興訓導；黃鎮東，徐聞人，領乾隆辛酉（1741）鄉薦，任香山教諭；陳國安，遂溪人，由歲貢任長寧訓導；黃家棟，遂溪人，由歲貢任從化縣學訓導……這些教官雖然沒有顯赫事迹紀錄，但他們盡職盡責、默默奉獻於教書育人崗位，他們的功勞也是不可忽視的。

除了雷州籍教官盡心致力於各地教育事業發展之外，雷州籍政官亦多有重視教育者。如明代海康人莫天賦在任福建莆田縣令期間，「諸生貧者或不能

〔註16〕《嘉慶雷州府志》卷16，《人物志》，第419～431頁。
〔註17〕《道光遂溪縣志》卷9，《列傳》，第650頁。
〔註18〕《萬曆雷州府志》卷17，《鄉賢志》，第412～413頁。
〔註19〕《嘉慶雷州府志》卷16，《人物志》，第414～422頁。

具冠服，輒捐俸給之」；海康人林鳳鳴，曾「出判南寧，升道州守，爲政興學校，率孝悌，令譽赫然」〔註 20〕。清代海康人陳璸在臺灣任官期間，對於臺灣教育事業的發展也貢獻突出。他「又鼎新學宮，宮之旁建紫陽（朱熹）祠，每公（務之）餘輒與諸生講明格致、誠正之學，崇爻、山北稱爲『海外鄒魯』」；海康人莫吾昭，「授紫陽知縣，甫到任，即設義學，延師教士」〔註 21〕等。

（四）廉潔奉公，兩袖清風

官員大權在握而能不貪不殘，清心寡欲，在高收入的今天不易，在低俸祿的明清兩代就更顯難能可貴了。然而，在方志「鄉賢志」或「人物志」中，廉介寡欲、兩袖清風的雷州籍官員竟比比皆是！

如明代海康人李璜，曾仕知縣、監察御史、江西按察司僉事，經手之錢財應不在少數，貪官污吏討好巴結賄賂者當亦有之，然而，他卻「廉毅有直聲」，致政歸鄉時，「囊無剩物」；馮鑒，任湖州（今浙江湖州市）通判，「以公廉自矢（誓）」，後補永州府（今湖南零陵縣），「徵收額外羨餘，毫無所染」，「聲譽赫然」，「聞母訃即行，郡守賕以金，比出境，封以還之」；海康人林鳳鳴曾任國子助教、出判南寧、升道州守，「歷任三十餘年，清介不污，與方文襄同舉於鄉，比方（文襄）入相，絕不通一箚，人甚高之。致政歸，行李蕭然」；徐聞人鄭時賢，領「歲薦任沙縣（今福建沙縣）令，政明達，秉性剛介，澹然自持，卻饋裁蠹，民甚德之。未久以憂（父或母病故）去，再補隆安（今廣西隆安縣）令，有以私賂者納貨於食缶。（鄭）時賢發而罪之，一邑（縣）辟易（退避、拜服），目爲神君」；駱效忠，徐聞人，「領萬曆戊子鄉薦任鬱林（今廣西玉林）知州，爲政清簡，有『一簾秋月』之稱」〔註 22〕；海康人唐東鶴，由選貢任福建政和縣（今福建政和縣）丞，「致政歸，宦囊如洗」；清代，海康人陳元起（陳璸學生），「領康熙丙子鄉薦，選永福縣（今廣西永福縣）知縣，之（蒞）官之日，一僕相隨，不攜眷屬。在任八年，案無積牘，門絕苞苴（禮物），及告病歸，囊空如洗。（永）福人醵金（籌錢）贐之，勉受十餘金，餘悉辭之」〔註 23〕；徐聞人何廷璸，任邵武縣（今福建邵武縣）知縣，「居官廉介，力剔衙奸，革陋規，邵（武）人蒙惠政，

〔註 20〕《萬曆雷州府志》卷 17，《鄉賢志》，第 413 頁。
〔註 21〕《嘉慶雷州府志》卷 16，《人物志》，第 423～424 頁。
〔註 22〕《萬曆雷州府志》卷 17，《鄉賢志》，第 411～421 頁。
〔註 23〕《嘉慶雷州府志》卷 16，《人物志》，第 417～425 頁。

謳思不置云」〔註24〕。

在明清兩代雷州籍清官中，清代海康人陳璸的事迹是最著名的。陳璸進士及第後，授福建古田縣令，「以廉能調臺灣」；「尋（不久）擢四川提學道，一切陋規卻弗受；調臺廈道，舊例，有應得銀三萬兩，悉屏之」，生活極清苦，積勞成疾，卒於任〔註25〕。

不僅雷州籍政官清廉者多，教官中清廉者亦不少。如徐聞人黃澄，「任滬溪（今江西資溪縣）訓導，捐俸濟貧，升全州，峻（卻）贄禮，官居二任，囊橐蕭然」〔註26〕；鍾世盛，徐聞人，「四任博士，有卻贄捐俸之操，士類慕之」；陳大成，由歲貢授曲江（今廣東韶關市）訓導，遷廣西隆安教諭，「賦性偶倘，不干世利，課士之外，澹然一無所與……歸家，囊中如洗」；洪有成，由歲貢任浙江湯溪（今浙江金華縣）訓導，轉吳川教諭，「諸生勤課之外毫無染指，時巡按特加旌獎，有『盤惟苜蓿（按，苜蓿為牛馬所食之物，此喻其清廉）』之稱。及歸，行李蕭然，吳（川）人士至今（清代）思慕之」〔註27〕。

二、明清兩代雷州籍官員政績官風良好探因

需要說明的還有幾點：

一是明清兩代雷州籍官員在歷史上的貢獻並不局限於以上所列幾個方面。他們的政績涉及的範圍很廣，如熱心公益事業，慷慨捐俸救助貧困之民或致力於災後善後事宜，贏得了民心。如遂溪人林思貞，曾在福建任連江（今福建連江縣）知縣，「時邑（縣）多水災，生員楊瑩家溺死者六人，思貞憫之，治棺以葬，餘溺者悉捐俸瘞之，士論頌德」〔註28〕。也有注重化解民間矛盾糾紛，營造和諧社會環境者：如王定九，海康人，中乾隆戊午（1738）解元，「任中江縣（令）八載，留心民瘼，有訟者，開導多方，懇到之意溢於言表。挾忿而來者往往歸好而去。解組（致仕）歸時，士民作攀轅圖以送之」〔註29〕；徐聞人吳輝發，「其在萬州（今海南萬寧縣）時，有莫、李兩姓素結朱陳誼，

〔註24〕 《宣統徐聞縣志》卷13，《人物志》，第547頁。
〔註25〕 《嘉慶雷州府志》卷16，《人物志》，第423頁。
〔註26〕 《萬曆雷州府志》卷17，《鄉賢志》，第417頁。
〔註27〕 《嘉慶雷州府志》卷16，《人物志》，第418～420頁。
〔註28〕 《萬曆雷州府志》卷17，《鄉賢志》，第413頁。
〔註29〕 《嘉慶雷州府志》卷16，《人物志》，第425頁。

因挾嫌械鬥。（吳輝）發乃多方勸諭，兩家釋恨，敦睦如初」〔註30〕。

二是雷州籍官員由於爲官剛直不阿，得罪權貴、奸猾，因此，他們多有受盡迫害，仕途不暢者。前述海康籍官員黃本固彈劾馮內侍，反而被馮內侍誣告而削籍還鄉是一例；周德成亦是一例：周德成任休寧縣令，「在任七年，事無鉅細，凡便於民罔不畢舉」，深受民眾愛戴；然而，由於他施政作風果斷，執法嚴明，得罪了上司及小人，因此而受盡了迫害：「會以他累逮至法曹（司法機關），民號泣詣闕（京師），願籍產保其無它；尋賜還，又以軍誤逮至兵部，民詣之（赴京師請願）如初。比得白（待到眞相查明），病於旅邸而卒」。正所謂「欲加之罪，何患無辭」。周德成這樣一位被當地人喻爲明代「包公」的雷州籍清官，與其說是「病」死的，不如說是被迫害至死的；馮彬亦以薦召爲侍御史，「竟以狷直解任」〔註31〕。

三是，由於雷州籍官員任職期間興利除弊，爲政寬簡清明，因而，當他們秩滿離任時，多有被當地民眾「攀轅阻留」或「立祠祀之」者。如林思貞，遂溪人，歷任閩連江知縣，政尚廉平，捐俸救災，「士民咸重其德。以病歸，行李蕭然，送者遮路，無不流涕」；鍾震國，徐聞人，明末「崇禎八年授徽州府婺源縣丞、署縣事，有政聲，升湖廣荊州府參軍，以親老告歸侍養。士民攀轅留之」；鄧宗軾，徐聞人，「由歲貢授崑山縣丞，居官清廉，（巡）撫按（察使）優獎，爲病告休，士民留之」〔註32〕；遂溪人洪彪，任長汀縣（今福建長汀縣）丞，「因解糧誌誤，里老赴闕（京師）乞留，允之」〔註33〕。官員下鄉徵收賦稅，按理說民眾是避之唯恐不及的；然而，當身任福建古田縣令的雷州籍官員陳璸下鄉徵稅時，令人驚奇的竟然是「小民皆歡呼攀轅，頂香迎接，如赤子之戀之（父）母。所欠錢糧，不動一板（無須施刑），經宿（一晝夜）即完納」〔註34〕。可以想見陳璸爲官是如何的深孚眾望！或者他們積勞成疾卒於任所，配偶子女孤苦無依，當地民眾有集資齊力供養終身者。如周德成被迫害至死，死訊傳至他任官所在的休寧縣，「邑（縣）聞之，若喪怙恃，爲之罷市者三日。眾輿其喪（靈柩）還休寧，葬於城之南，大學士劉三吾爲之銘。妻蘇氏，子一，女一，無所歸，

〔註30〕《宣統徐聞縣志》卷13，《人物志》，第548頁。
〔註31〕《萬曆雷州府志》卷17，《鄉賢志》，第411～412頁。
〔註32〕《嘉慶雷州府志》卷16，《人物志》，第415～421頁。
〔註33〕《道光遂溪縣志》卷9，《列傳》，第647頁。
〔註34〕《陳璸詩文集》卷3，《家書·古田縣署中寄回家信》，第296頁。

民市田代耕以終其養」〔註35〕。官員在職其間，撫恤民眾，捍禦災患，被人們稱作「有惠政」、「卓有惠政」。明清兩代雷州籍官員中，此類官員亦不在少數。如徐聞人陳素蘊，「任詔安令，有惠政」；遂溪人王吉，「由太學生任溫州府通判，升柳州府同知，恤民捍患，卓有惠政，柳（州）之民立生祠事（祀）之」〔註36〕。

雷州籍士人林鳳鳴在《送海康唐邑令序》中云：「欲知（縣）令之賢，觀之於民而已。苟賢歟，則政無不舉，恩無不洽。在則民仰之，去則民留之，久則愈思之而不忘也。夫（縣）令，古諸侯職也，於民為最親，饑者賴以食，寒者賴以衣，疾痛呻吟者賴撫摩而扶濟。苟非其人，在一日則為一日之害，推之惟恐其不去也，肯留之乎？」〔註37〕

都說封建時代專制制度是滋生腐敗的「溫床」，貪官污吏如狼似虎，勞動人民如俎上之肉任人宰割。然而，筆者在明清時期雷州籍官員群體中，看到的卻是另一番景象：官員正直、清廉、能幹、盡職盡責，默默奉獻。而這正是我們當今時代追求的政治境界。因此，筆者認為，有必要對明清時期雷州籍官員群體治績及官風優良作成因方面的深層探討。依筆者淺見，其成因大約有以下三個方面：

首先是明清兩代統治者對吏治建設極重視，為防止官員貪殘及庸懦無為，在制度上採取了一系列行之有效的監督及獎懲措施，促使官員任官清廉及有為。

明朝開國之君朱元璋吸取了元代「吏治縱弛」而導致政治敗壞以致引起農民起義的歷史教訓，認識到「不禁貪暴則民無以遂其生」之理，把懲貪獎廉作為整飭吏治的重點。洪武十五年（1382），明朝改御史臺為監察院，還設十三道監察御史110人，加強了對各級官吏的監督考察，並允許百姓赴京師控告貪官污吏，規定官吏貪污贓至60兩以上者即斬首示眾，還要剝皮實草。洪武年間，廣東就有重要官員（如廣東布政司參議劉允）因貪贓而被處死。這使官員上有御史監察，下有百姓舉報，貪污難以得逞。以後，明朝歷代統治者基本上都繼承了明初既定的吏治政策而不改。

明代末年吏治趨於敗壞，導致明王朝統治土崩瓦解，這在清初統治者頭

〔註35〕 《萬曆雷州府志》卷17，《鄉賢志》，第411頁。
〔註36〕 《萬曆雷州府志》卷17，《鄉賢志》，第416～417頁。
〔註37〕 《萬曆雷州府志》卷20，《藝文志》，第448頁。

腦中留下了深刻的印象。順治帝曾說:「當明之初,取民有制,休養生息;至萬曆年間,海內殷富,家給人足,及乎天啓、崇正(禎)之世,因兵增餉,加派繁興,貪吏緣以爲奸,民不堪命,國祚隨之,良足深鑒」;並規定:「舉廉懲貪,興利除害,課殿最於荒墾,昭激揚於完欠(是否完成徵稅任務),恪遵成法,以無負朕足國裕民之意,則督撫之責」〔註38〕。督撫自然將爲官廉潔,興利除害,招集流移、墾荒種植等作爲對所屬大小官員的基本要求和政績的考察內容。雍正帝即位後,同樣銳意整飭吏治,清查錢糧,嚴懲貪污,並建立了「養廉銀」制度,使各級官吏多能循規蹈矩,實心任事。清代,爲了監督百官行政,促使吏治清明,推行了定期考察的制度,以定官員的升降獎懲。對京官的考察稱「京察」;對地方官的考察稱「大計」。「大計」三年舉行一次,考察內容分爲守、政、才、年「四格」,由藩、臬、府、縣層層考察屬員的表現,最後上報總督、巡撫。總督、巡撫經核定後注考,上報吏部。「四格」俱優者爲「卓異官」(稱職),督、撫須將其事迹寫於冊上。對於地方的「卓異官」予以議敘:或紀錄(以次計),或加級(以級計)。合格者照舊敘用;不合格者則予以處分:或罰俸,或降級,或革職。此外還有所謂「六法」:一曰不謹;二曰罷(疲)軟無力;三曰浮躁;四曰才力不及;五曰年老;六曰有疾。貪官和酷吏不在「六法」範圍之內,可直接特參〔註39〕。

這樣,就從制度層面限制了官吏的貪贓瀆職,促使官員勤政爲民,造福地方。

其次是明清兩代官學教育重視品德及理學教育的薰染。

明清兩代雷州籍官員都是受過良好的官學教育,然後通過科舉考試或地方薦舉而得以入仕爲官的。而明清兩代官學教育具有一個共同點,即重視品德教育。

如雷州籍官員詹世龍於明嘉靖中由選舉授桂林府訓導,就是「先正德行,後課藝文」〔註40〕;薦舉官員,品德優良亦爲首要考察條件。明清兩代,統治者都竭力推崇程朱理學,把它作爲思想、文化、教育領域的統治思想,而程朱理學注重的正是封建倫理道德的灌輸。明太祖朱元璋曾下令,學者(包括教官)講學要「一宗朱子之學」;又規定:「國家取士,說經者以宋儒傳注

〔註38〕 《嘉慶雷州府志》首卷,《典謨志・御頒示賦役全書序》,第18~19頁。

〔註39〕 昆岡等奉敕撰:《光緒會典》卷11,《吏部・考功清吏司》。

〔註40〕 陳大科、戴耀修,郭棐等纂:《廣東通志・下》卷56,《人物》,第471頁。

爲宗」。朝廷組織學者編纂《五經大全》、《四書大全》和《性理大全》，頒行天下，作爲欽定的學校教科書。程朱理學被定爲天下士人研習的基本內容，入仕顯身的主要途徑。清代亦編纂了《朱子全書》、《性理精義》等宣揚程朱理學的著作作爲學校教育及士人研習的教材，科舉考試亦以此爲主要內容。陳璸是清代著名的廉能的封疆大吏。他在臺廈道任職時，重視發展臺灣的學校教育，其中就特別重視程朱理學的教育。志載他「又鼎新學宮，宮之旁建紫陽祠，每公餘輒與諸生講明格致、誠正之學」〔註41〕。「紫陽」即朱熹，宋代理學祖師。在陳璸看來，作爲一個官員，德比才更重要。他說：「有過人之才而德或不足，則才未爲珍」〔註42〕。清代統治者一再強調士人「當學爲忠臣清官」、「出仕必作良吏」、「不可干求官長，交結勢要，希圖進身」，並鼓吹「若果心善德全，上天知之，必加以福」〔註43〕。

眾所周知，程朱理學的核心思想是忠君愛民、清心寡欲（所謂「存天理，滅人欲」）。因此，明清兩代學成於官學的雷州籍士人，多具有「守儒素，遠勢利」的共同品格。如，海康生員林起鷟，「少篤學，有遠志，聲色貨利泊如也」；陳治明，亦海康生員，「嘗拾遺金，候其主來還之。（失）主問姓名，不告而去」；徐聞人駱廷用，「暗然好修，恬於聲利」〔註44〕；清代遂溪人士陳正，歲貢生，「持躬謹肅」，「未嘗馳情聲利」；黃位倍，徐聞士人，「自守儒素，遠勢利」〔註45〕；蘇其章亦徐聞人，「從少讀書刻苦，以科名自命……雖受祿漸積，富有家訾（資），猶甘淡泊，守儒素風特」〔註46〕。陳璸是清代以「廉能」著稱的雷州籍官員之一，他就深受朱熹理學思想的影響。他曾說：「予自小誦習朱子之書，雖一言一字，亦沉潛玩味，終日不忍釋手。」朱熹所說的「分別義利二字，乃儒者第一義」及「敬以直內，義以方外」等言論思想，對陳璸影響深遠，使他認識到：「惟不好貨（貪圖錢財）斯可立品，惟不好色斯可立命。義利分際甚微，凡無所爲而爲（別人不願意做而自己願意去做）者，皆義也；凡有所爲而爲（別人熱衷去做而自己也樂意去做）者，皆利也」；「無纖毫容邪曲之謂直，

〔註41〕 《嘉慶雷州府志》卷16，《人物志》，423頁。
〔註42〕 鄧碧泉編選・校注《陳璸詩文集》卷1，《奏疏・文章・上劉府尊書》，第26頁，北京：人民日報出版社，2004年。
〔註43〕 稽璜等奉敕撰：《清文獻通考》卷69，《學校考七》。
〔註44〕 《萬曆雷州府志》卷17，《鄉賢志》，第415～416頁。
〔註45〕 《嘉慶雷州府志》卷16，《人物志》，第427～428頁。
〔註46〕 《宣統徐聞縣志》卷13，《人物志》，第547頁。

無彼此可遷就之謂方（按，「方」由「直」構成，故「方」、「直」均指剛毅正直、不徇私枉法）」〔註47〕。可見，陳璸對於「義」、「利」的嚴格區分，對於「方」、「直」的執著，都與朱熹理學思想的浸染有關；而這些思想又影響到陳璸日後的任官及施政，使他成爲一位廉能而正直的官員。

再次是名宦、鄉賢爲政風範的積極影響。

雷州爲邊陲之地，遠離京師，監察不易，因此，自宋代以來，朝廷對於雷州地方官的選擇較其他府縣更慎重，必選擇品德優良且能幹者而委任之。故自宋至明清，雷州湧現出了眾多的「名宦」。他們共有的特點就是注重興利除弊，振興教育，執法嚴明，爲官清廉。他們在雷州士民心中留下了深刻的印象，被雷州士民長時間奉祀。古代雷州有「四德堂」，奉祀的是宋代治理雷州政績突出且爲官清廉的官員——何庚、戴之邵、薛直夫等。何庚，「（南宋）紹興二十六年（1156）知（雷）州事，下車即講求民隱，急於興（利）除（弊），郡東洋田萬頃，無水灌溉，（何）庚相地宜，比瀦（儲集）特侶塘水潴之南下，導西湖水東注，開渠疏流，二水灌溉，變赤鹵爲沃壤，歲事豐登，民名其爲『何公渠』以誌永思，至今（明代）賴焉」；戴之邵，「（南宋）乾道五年（1169）知州事，多惠政，先守何公（庚）鑿渠引水，外無堤，鹹潮時爲禾害。之邵繼之，沿海築圩岸，建橋閘以泄水，並潴二渠之淤塞。自是外無鹹潮，內有灌注，民享永利，名爲『戴公堤』。又遷郡學於城南府治西，自書《進學記》勸誠諸生，請張栻爲之記，嗣是人文漸盛，郡人立思戴亭」；薛直夫，「（南宋）嘉熙元年（1237）知州事，始闢試闈（考場），增置貢士莊，立二蘇（蘇軾、蘇轍）祠，修理渠堤，建橋設市，振舉廢墜。始，雷（州）俗不知醫藥，病則專事巫禱。公（薛直夫）創立惠民藥局，教以醫療，有仁者之政。去日，民建生祠祀之」〔註48〕。

明清兩代，這樣的清廉而能幹，深受雷州民眾愛戴的名宦也有不少。葉修即爲其中之一〔註49〕。明萬曆二十八年（1600）十二月，葉修蒞雷州任郡

〔註47〕《陳璸詩文集》卷1，《奏疏·文章·新建臺灣朱子祠記》，第121～122頁。
〔註48〕《萬曆雷州府志》卷15，《名宦志》，第383頁。
〔註49〕《嘉慶雷州府志》卷18，《藝文志·尚書王宏誨雷守葉永溪公生祠記》僅尊稱其爲「葉永溪公」或單稱「公」，而避諱其名。查《萬曆雷州府志》卷6，《秩官志》，可知明萬曆年間任雷州知府（郡守）而葉姓者僅有葉修一人；再考同志卷15《名宦志·葉修傳》，謂：「任幾（乎）一年，以病告歸，雷（州）人以不得久沐公惠爲恨，祀於寇公祠左」，亦與「生祠記」所敘事實基本吻合，

守。葉修此前曾在漢中任職，「卓越有政聲」，而且名聲遠揚，人未至雷州，雷州士民已對他崇敬萬分，「雷（州）大夫、士、父老郊迎公。公下車款款，眾心踴躍，私相慶曰：『良二千石哉！』如久旱逢甘露一般。葉修治雷期間，其突出政績，一是關心教育：「越日謁學（校），進諸生與之講說經義」；二是注重整頓吏治：「府事大小緩急靡不熟計，猶張目（注意）於衙役，謂此屬易於竊弄，不可不嚴爲更始。於是削其夥（多餘），逐其猾，以故役暇」；三是除弊政：雷州府原來爲了祭祀，豢養了眾多的鹿，「先是鹿眾，日芻（日費草料）不下數十束，每束十錢，皆民力也。公曰：『養鹿以供祀事，幾於（幾乎等於）率獸食人。三縣不祀乎？奚爲不鹿（養鹿），因分之而省其芻，由是無鹿病」。葉郡守將府所養眾鹿分散給下屬三縣，既解決了三縣祭祀所需的鹿，又減輕了府城民眾的負擔；四是修築城垣，抵禦倭寇進犯，維持社會安定；五是爲官清廉：「公需於造物甚廉，日啖食不數升，居恒筍魚之外無饗焉」。由於勤於理政，又生活清苦，結果積勞成疾。雷州士民爲此心急如焚：「大夫、士、父老咸齋沐以請於帝（神）曰：『願天早起使君，以爲生民主！』晨起，以頭搶地，幾及血者無算，則窮鄉深谷亦莫不然」。然而，葉知府的病情還是不愈反重，不得不帶病離任。雷州「大夫、士、父老百千擁門尼（親昵）公，請不可得，又遮當道（向上級請示），白狀留公」。葉郡守雖然治雷州僅半年餘，「即能起瘡痍而奠之衽席，其德於雷（州）甚博，宜乎人人之去後思也」。雷州士民在葉修離任後爲他建生祠以祈禱之，又勒石以紀其政績〔註50〕。

這僅是蒞雷（州）治績顯著而深得雷州士民人心的眾多清官、能官之一。事實上，從宋元至明清，這樣的「名宦」還有很多。古雷州有「四德堂」、「十賢堂」、「名宦祠」，供奉崇祀的都是品德高尚、剛正不阿（如「十賢堂」祭祀的是宋代剛正不阿而得罪權貴被貶至雷州或海南而經過雷州的十位官員）、清廉能幹、政績優良而深得雷州士民人心的名宦。這些名宦有著共同的特點，即重視教育、興利除弊、致力於維持地方和平、剛正不阿以及爲官清廉。另外，雷州士人（士大夫）中，品德高尚者，在異地他鄉有政聲者，亦受到雷州士民的崇敬，祀於鄉賢祠中。「鄉賢、名宦……朝廷旌之禮之，所以彰名德

故斷定其爲葉修。

〔註50〕 《嘉慶雷州府志》卷 18，《藝文志·尚書王宏誨雷守葉永溪公生祠記》，第538～540 頁。

勵後人也」〔註 51〕。這些名宦、鄉賢成了雷州士人心目中的偶像，自然影響到他們入仕為官後的所作所為。明清兩代雷州籍官員中，清廉而能幹者眾多亦屬自然之事。

〔註51〕《陳璸詩文集》卷 1，《奏疏·文章·學政條約》，第 88 頁。

十四、明清時期雷州地區的學校教育與「風水工程」

摘　要

　　明清時期，雷州地區興建了不少「風水工程」。這些「風水工程」大多數與學校教育或科舉考試有關。這些「風水工程」能給落後地區的人們（尤其是士人）帶來莫大的心理慰藉。古代雷州士人最迫切的願望是科舉及第，平步青雲；而官員們營建的一項項「風水工程」，正是贈送給每位士人甜美的「心靈雞湯」、豐盛的「精神宴席」，同時也是封建官員爭取士民支持的「民心工程」。

關鍵詞：明清時期　雷州地區　學校教育　「風水工程」

　　風水術（說）又稱「形家術」、「堪輿」，是我國古代重要的占術之一。它源遠流長，影響廣泛，擁有大量的信眾。然而，由於它的具體術法相當繁雜、晦澀，使人難以完全明白其中的奧秘、眞假，因此，眞正懂得其中「奧妙」的人爲數極少；對大多數人來說，風水術具有很強的神秘性。過去，風水之說被當作封建迷信大加批判、貶斥，視之爲惑世愚民的一門邪術；而如今，古老當時興，風水術似乎又獲得了「新生」，表現在：信眾眾多；書店中有關風水之書暢銷；甚至外國著名學者也熱衷起中國古老的風水術的研究，大著其書，對我國古代的風水之術評價極高。有視之爲「科學」者，有視之爲「準科學」或「技術」者。到底風水術是科學？是技術？是文化？還是迷信？這是見仁見智的問題。

　　風水術在我國古代影響廣泛深遠是不爭的事實。筆者在研究雷州地方歷史文化，披閱種種方志過程中，就發現，古代，尤其是明清時期，雷州地區興建了不少「風水工程」。這些「風水工程」，或者是地方官主持興建的；或者是眾紳商士民集資而建成的；而這些「風水工程」竟大多數與學校教育或科舉考試相關。按理，學校是傳授科學與知識的場所，似乎與「風水」之說格格不入；然而，事情竟然是如此奇特，二者「如膠似漆」、如影隨形。這激發了筆者探究其中「奧妙」的興趣。

一、明清時期雷州地區與學校教育有關的「風水工程」

　　明朝嘉靖八年（1529），雷州府學的博士及生員經請示郡守，獲得批准，眾官員捐俸助費，齊心協力築成了一條人工河 —— 東河。《嘉慶海康縣志》卷八《藝文志・鄧宗齡新築東河記》，對此河的開鑿緣由及開鑿過程有詳細的記述，謂：

> 雷（州）濱海而郡山勢蜿蟺（屈曲盤旋），自西北直趨而南，大海環繞其前。郡以前則平沙平曠，渺然無障。堪輿家者（風水師）言謂山不足而取資於河，乃克有濟。博士黃君率弟子員請於郡守。周公力主其議。乃以白於監司王公、許公。兩公報可。周公乃率郡丞趙公、郡倅（副職）傅公同司理鄭公暨邑（縣）令陳公趣度（緊急商議）之，咸捐俸佐費，擇基啓土，而以鄭公董（負責）其事。起自天妃宮，迤邐東繞，以合特侶（塘）之水，潮汐往返，環抱如帶。是舉也，無徵民力，無煩官帑，不數月而工就。此皆監司、郡

邑諸公憫然念士之旮瘵（頹廢、懶惰）而教之湮鬱也，意欲奪造化、移山川之靈以授諸（士人）。士德念無已矣。夫人民與山川各操其柄，而有志務人靈地，毋以地靈人。粵無文獻（按，指張九齡，卒謚「文獻」），何知有曲江也。曩時（以往，過去）論者曰：『儒術落寞，則職此之由，即有倜儻之才，下帷之力，豈能超山川而見奇？』今大河告竣，川嶽改觀，藉第令泄泄，曰：「吾將乞靈於河伯，邀寵於山君，玩日愒（怠廢）歲，軏逐自廢，而冀人民之自興，是茲舉爲多士累也。何以復（報答）諸公？是在諸士哉。河寬二丈，長四百餘丈，大石橋一座，小石橋五座。」

由上引史料可知，鑒於雷州大海環繞，而郡東部「平沙平曠，渺然無障」的缺陷，根據「山不足而取資於河」的「風水理論」，雷州的官吏士民極渴望能興建一條人工河，以改良環境，改善「風水」，改變雷州教育不振，人才難出的歷史。此舉得到了自府至縣眾多官員的支持，「咸捐俸助費」，使此項「風水工程」得以順利竣工。這項工程不爲航運，不爲灌溉，而只爲改善「風水」：「意欲奪造化，移山川之靈以授諸（士）」，以改變「士之旮瘵而教之湮鬱」的文教落後狀況，「而冀人民之自興」。這項工程，參與者積極性甚高，「無徵民力，無煩官帑」，「不數月而工就」，有河有橋，給雷州荒涼之地增添了一道亮麗的風景。作者在文章中期望雷州士人能在學業上奮發有爲，日後人才輩出，以報答府縣「諸公」（眾官員）的殷切期盼。

海康縣一項著名的「風水工程」是明代城南九級啓秀塔（又名三元塔）的建造。關於此塔建造的緣起，明代翰林修撰、順德人黃士俊在《鼎建城南九級啓秀塔記》中記述道：

雷陽（州）……自宋乾道（1165～1173）創黌宮（學校），諸儒之所開迪家詩書矣。我明（朝）文治遐敷，風教靡所不屆（至）。雷（州）士乃彬彬，號稱海濱鄒魯。然而歷數科第，率歎晨星。說者謂郡治之右疊水重山而左臂單寒，別無秀峰卓起爲文筆，於是有建塔之議。

這段史料說明，雷州地區的文教事業自宋代興起，至明代已得到較大的發展，培養了不少人才，有「海濱鄒魯」之美稱；然而，從科舉考試結果來看，及第者卻寥若晨星。其故何在？有善風水者從風水學上找原因，認爲雷州郡治之右「疊水重山」，風水良好；而左則無山無水，頗顯「單寒」，猶如人有一

臂而缺一臂，做事自然難以如願。補救之策就是建一高塔以象「秀峰卓起爲文筆」，才可以改變雷州士人科舉及第者稀少的窘境〔註 1〕。然而，此事在徵詢各方意見時，猶如「道旁作舍」，眾說紛紜，意見不一，故而終未能付諸實施。

　　大約在明萬曆四十年（1612）〔註 2〕，推官（又稱「司理」）歐陽保蒞雷州任職，情況才有了實質性變化。據方志記載，歐陽保在雷州平刑肅法，澤被民氓，「尤孳孳（勤勉，努力不懈的樣子）振起人才」，特允准諸士人建塔以添「風水」之議。歐陽保認爲，此前建塔之議之所以人心不齊，屢興屢輟，大約是因爲「工費浩繁，當事者苦於靡措（無法籌措建塔經費）」，加之某些官員認爲此事與自己政績、仕途關係不大，欠缺熱情。於是，他首先爭取郡守牛從極的支持。牛郡守說：「造士作人（培養人才），郡守責也。（司）理君（按，指歐陽保）爲政，敢不協從！」——教育造就人才是郡守的職責，你歐陽保推官的請求，我怎能不加協助！牛郡守於是對「參藩」（海北南守道）蔣公（光彥）說：「自余建築（蒞任）茲土，日惟興賢宣化是圖，司理肩之，請襄盛舉。」——自我蒞任此土，時刻關心興賢才，宣教化。如今推官歐陽保君願意負責此事（按，指建塔添風水爲雷州文教事業助一臂之力），希望您能支持這一盛舉。歐陽保獲悉，大受鼓舞，「欣然喜」，「乃相地，得城外東門可（大約）里許，於位爲巽己，於象爲木火通明，遂定塔基」。選擇品行良好的生員、耆老分頭負責其事，由海康縣丞項世聰掌經費出納。爲確保工程的質量及如期竣工，歐陽保制定了嚴格的獎罰制度：「受直（值）趨事惟（必須）勤，惰者杖無宥」；又「戒在事官生耆老曰：『總理、分任，惟爾攸司，惟視

〔註 1〕　郡城南關外調會坊開元寺前舊有唐朝時建造的石塔一座，郡人謂之「文筆塔」，至明萬曆四十年已近於崩毀。見《嘉慶雷州府志》卷 4，《建置志‧塔》。

〔註 2〕　關於歐陽保蒞雷州任推官的時間，《嘉慶雷州府志》卷 9，《職官‧推官》記爲萬曆四十四年；而《翰林修撰黃士俊鼎建城南九級啓秀塔記》作於萬曆四十三年，文中已敘述歐陽保主持啓秀塔營建事宜，可知《職官志》的記載有誤。歐陽保蒞雷任推官應在萬曆四十三年以前。再從文中所述：歐陽保蒞任後，經過多方努力，建塔事宜才得以落實，「乃涓（選擇）吉啓土。牛公（郡守牛從極）先夜有威鳳翔雲之夢」來看，建塔工程動工時，歐陽保已在雷州任職；而文中明確記述「塔啓工於癸丑（萬曆四十一年，即 1613 年）正月」，可知歐陽保蒞雷應在萬曆四十年或之前。另據，歐陽保蒞雷後，曾於行政之餘主持纂修《萬曆雷州府志》，該志鐫刻於萬曆四十二年（1614 年）。從設想、組織、走訪調查搜集資料至撰修完成，大約也得花費兩年左右時間。因此，上述關於歐陽保蒞雷任職大約在萬曆四十年的推測是合理的。

塔事若己事，庶克有濟；惟公惟虔惟爾功，其有染指或不中程，弗公弗虔，亦惟爾之罰！』眾奉令惟謹。」——歐陽保推官對負責建塔工程的人員告誡說：「不論是總負責還是分工負責者，你們都必須盡職盡責。只有把建塔之事當作自家私事一樣盡心盡力，才會取得成功。你們公正、虔誠做事，這是你們的功勞；如有化公爲私，中飽私囊或不合規矩者，做事不公正不虔誠者，你們就要受到應有的懲罰！」眾人都表示遵命。

於是擇吉日破土動工。前一夜，郡守牛從極夢見鳳凰飛翔於雲端；動工之後，掘土至數尺，挖出蛇卵三枚（寓意日後將是「龍騰虎躍」）。環觀者歡呼雀躍，都說是「三元兆祥」，於是，民眾幹勁十足。歐陽保雖行政工作繁忙，必每二三日一至視察。

這項「風水工程」，「凡閱（經歷）歲（一年）而基成，又閱數月而塔成。塔之外，公館若干楹，備遊憩也。基方廣若干丈，塔八觚（八角棱形）九級，高若干丈。基啓工於癸丑（1613）正月，畢工於甲寅（1614）二月；塔啓工於甲寅八月，畢工於乙卯（1615）四月」。

由於是「風水工程」，不宜動用公帑，故費用主要由官員捐助。據載，該工程「計費金若干，胥（皆）公（歐陽保）所自捐與攝篆時贖鍰（錢），參藩蔣公、太守牛公各佐以俸錢，鄉士紳間有義助者」，「是役也，不動公帑，不勤私家（不動用民力），而一郡之形勝改觀，風氣以固」。

翰林修撰黃士俊是回鄉探親時獲悉雷州建塔事宜而深受感動，命筆寫下《鼎建城南九級啓秀塔記》的，對此項「風水工程」讚不絕口。他在記事之後議論說，漢代「文翁化蜀」之事人所共知，文翁在蜀地（今四川地區）大力興辦教育，使蜀地人才輩出，未聞文翁有興建「風水工程」之事。這或許是蜀郡山水奇勝甲於天下，「風水」本已極好，無須再興建「風水工程」；也或許是文翁也曾興建過「風水工程」，只是儒生「迂」而不願提起？雷州的情況卻與蜀郡不同：雷州「濱海，地平衍，絕少奇峰峭壁，勢復有餘於西北而不足於東南，則其道利用補；補以文塔，卓削天造」——既然雷州缺少奇峰，唯有人工建塔以爲彌補。塔既可象徵山峰，又可象徵文筆；既可使「形勝改觀」，又可使「風氣以固」〔註3〕。黃士俊深信這項「風水工程」將會對雷州地區的文教事業的發展起到

〔註3〕 風水說講究的就是「氣」。風水說認爲，「氣」由土所生，氣的行和止由地勢所決定。就藏而言，山地多藏納之處，氣可以聚；平原四無遮攔，少藏納之處，氣不易聚。凡是屬於「聚氣」的環境都是吉利的。見蔡達峰著《歷史上

神奇的作用。他說：「往（者）省試，雷（州）得雋（通俊，指才智出眾，科舉及第）者僅一人；塔成，而連拔其二（人）」——過去漫長的時間裏，雷州僅只一人科舉及第；如今啓秀塔才剛剛建好，就立即有二人科舉及第！在黃士俊看來，這「啓秀塔」就像神靈一樣，在冥冥之中支持、眷顧著雷州的士人、雷州的文教事業。因此他充滿信心地說：雷州「文之振起見其端矣」；又說：「雷（州）人士且蒸起尚，益敦（努力學習）孔孟之學而澤以經史之文行，睹科第蟬聯，名公卿踵接」。故他盛讚歐陽保主持的這項「風水工程」「大有造（貢獻）於雷（州）也」，並認為歐陽保完全可以與文翁相媲美——文翁是振興蜀地人文的功臣；歐陽保則是振興雷州教育的功臣！〔註4〕

啓秀塔（三元塔）自明代建成，歷經數百年，其間經歷了多次地震，依然屹立不倒。明代以後，雷州確實出了不少人才〔註5〕。其中包括大名鼎鼎的清代封疆大吏、著名清官陳璸。至於雷州人才輩出，是否這「風水塔」在冥冥之中「給力」的結果，那就只有天知地知了。

《萬曆雷州府志・名宦志・秦懋義傳》載，明萬曆中，海康知縣秦懋義急於「振起人文，建文昌閣於學宮以培風氣」。「風氣」是風水術專有術語。在風水術士看來，「氣」是天地間創造生靈、頤養萬物的一種神秘力量。《萬曆雷州府志》卷十《學校志・海康儒學》在敘述「萬曆二十一年（1593）知縣秦懋義建文昌閣於儀門樓前」時，附錄了《尚書王弘誨記》，從中可以大致明瞭這項「風水工程」的興建緣由及過程：海康是雷州附郭縣，所謂「雷陽冠冕」，雖遠僻在海疆，然而許多方面並不落後於中原，唯獨「人才之生寥簡」，讓人不解和不安。秦懋義任海康知縣後，「以是為病」（為此而煩惱不安）。他請來「形家者」（風水先生）詢問。風水先生告訴他：「郡東寥曠氣散，宜有雄鎮屹然當之，然後風氣停蓄，人文由此不匱。」秦縣令對此深信不疑，「乃於癸巳（1593）春捐俸金一百兩有奇」，命人「聚材鳩工，拓地於黌舍（縣儒學）東偏，為閣五楹，高一丈九尺，深廣稱（相稱，合適）之。經始於正月之望（十五），以三月落成。」以此「傑閣巍峨」象徵「雄鎮」，為的是「風

的風水術》（上海科技教育出版社，1994年），第103頁、第210頁。

〔註4〕《嘉慶雷州府志》卷18，《藝文志・翰林修撰黃士俊鼎建城南九級啓秀塔記》。

〔註5〕明代人余元岳曾說：「雷（州）士恒不乏人，行將與中州（原）比隆」。見《嘉慶雷州府志》卷18，《藝文志・余元岳〈莫天然捐置府學、海康科舉田記〉》。

氣停蓄」、「人文不匱」。據《嘉慶雷州府志》卷四《建置志・文昌閣》載：「……每月逢九令諸生會課於此，置課桌凳三十條，拔田以資之。」

清朝乾隆九年（1744），雷州知府黃錚、海康知縣伍斯林又在郡城南關外登雲坊建七級昌明塔，高五丈餘，也是與啓秀塔同樣性質的「風水工程」，寓意「文化昌明」〔註6〕。

遂溪縣在明嘉靖二十七年（1548）新闢「學路」（縣儒學門前道路）也是一項「風水工程」。

據方志記載，遂溪縣儒學始建於宋朝，歷經多次遷移，於南宋寶慶元年（1225）遷至縣城西登俊坊後。校內設施較齊全：「先師有廟，先賢有廡，及欞星有門，泮水有池，明倫有堂，學宮有舍，學士有廬」；但也有缺陷：「兩門則臨街後而迫也，街則逼署徑（縣府衙門道路）而狹也，矧（況且）市井環邇，弦誦之聲晨夕間雜，甚非所以隆重仁雅也」，即縣儒學之門由於臨街而迫狹，且近市井，使學校教學頗受干擾。這種狀況，三百年來未能改變。明嘉靖二十四年（1545），事情發生了變化。據《遂溪縣（令）杜果新闢學路記》記載，這一年，「憲副胡公視學，顧謂長博白君、少博黃君曰：『學校乃作人之地，門路逼塞若是，其何以樹聲表儀而使多士舉乎，盍（何不）謀而辟之？』」—— 到遂溪縣來視察學校教育的官員胡氏對縣儒學兩位教官說：「學校是培養造就人才之地，門路卻如此狹隘擠逼，怎能提高學校的聲譽，讓士人成為眾人的表率，怎能使人才輩出呢，為什麼不想辦法改造擴建？」白氏、黃氏二教官「乃諮議，請於當道（縣府）。侍御（史）陳公實可（批准）其議，少參汪公、憲副劉公實贊其成焉。郡守林公躬臨經畫其地，進縣尹（令）王君謂曰：『此有司事也，盍責而成之？』二君齊曰：『諾。』於是鬻其前地之民居者而遷之。欲地者，易以官地；欲價（錢）者，捐以官俸；力則取之民夫。治之旬月而路成，橫（寬）計三丈有六，直（長）計二十九丈有九。路之南樹之以扁曰：『聖域』；路之兩旁築牆，高五尺許。舊街闢之使廣，泮池濬之使深，廟貌深嚴，聿然為一時改觀。邑（遂溪縣）博（士）經君繼至，亦讚助以觀其成。因歎曰：『是路成則孔（子）奔孟（子）趨，君子所履也；帝步王馳，小人所視也。由此而入者，升堂入室之階也；由此而出者，行遠升高之助也，有功名教豈小小哉！』」〔註7〕

〔註6〕《嘉慶雷州府志》卷4，《建置志・昌明塔》。
〔註7〕《嘉慶雷州府志》卷18，《藝文志》。

　　從知府到縣令再到教官，眾官員之所以對此項「學路」工程一片熱心，是因為，在他們看來，門狹路窄於縣儒學「風水」不利，因此有必要擴張門面及道路，遷移附近居民，營造一個氣派而寧謐的教育環境；唯有如此，縣學之「風水」才會得以改觀：像孔子、孟子那樣的著名學者才會願意到此縣學來任教，帝王將相才會願意到此縣學來視察；學者士人才會得到激勵而孜孜於學業，人才才會如雨後春筍一般不斷湧現。

　　這一點，人們是深信不疑的。應邀為此事作記刻石的吳川人李德貞在記中將遂溪縣此項「風水工程」與荊州（今湖北江陵市）同樣性質的一項「風水工程」相比擬，說：「（德）貞聞之，荊州久乏科第，善風水者卜以學路之吉者而改之。自劉蛻一破天荒，人材彬彬繼起。說者蓋以為學路之應。焉知今日之遂溪不為他日之荊州乎！自因之以有人士也！」——荊州原來也是長久科舉無人及第；後來請風水先生來察看，認為是學校門前之路不合風水規則，於是，依風水先生意見加以改造。學路改造之後，果然不久之後士子劉蛻即科舉及第！之後便「人材彬彬繼起」。人們對此議論紛紛，都認為是原來的學路不利於士人的成才，而新闢的學路使學校「風生水起」，為學士們鋪平了「行遠升高」之光明前程。遂溪縣的大小眾官及士民同樣深信，隨著此項「風水工程」的完成，遂溪縣也將迎來「人材彬彬繼起」的新局面！

　　與前述海康縣興建「啟秀塔」以改良「風水」一樣，遂溪縣也興建了一座像筆又像山的「風水工程」——文塔。此塔建於清代乾隆年間。據清朝遂溪知縣范孝曾作於乾隆四十六年的《新建遂良書院記》所錄：遂良書院原建在官署民居近旁，喧囂嘈雜，妨礙士人專心攻讀。范知縣欲遷址重建。「己亥（1779）之冬十月既望，會合邑紳士捐造文塔於城之南，乃顧紳士而言曰……」〔註8〕此塔為合邑紳士捐資所建，其名「文塔」，當係寓意文化昌盛，文人輩出，與海康啟秀塔、徐聞登山塔實在是別無二致——都是冀望建塔以添「風水」，給當地文教事業以「推手」。

　　海康、遂溪建塔以添「風水」，助力教育，徐聞縣也不甘落後，興建起了「登雲塔」。

　　此塔建於明朝天啟三年（1623，另一說是天啟七年，1627）），位於徐聞城東門外，疊七級，明萬曆四十三年（1615）知縣趙一鶴定基；知縣應世虞畢其工，亦是一項有關教育、科舉的「風水工程」。

〔註8〕《道光遂溪縣志》卷11，《藝文志》。

徐聞在雷州屬於「下邑」，在三縣中是地最偏僻，經濟文化最落後的一縣。直至明代仍保持著「太古」（上古）之風，所謂「斗大一城，三面皆水，俗樸而雅，即城市皆茅居，青青子衿（縣學生徒）亦笠而跣（頭戴斗笠，赤腳行走）」。應世虞受任為徐聞知縣，「初下車也，心甚駭之」，為眼前所見境況而頗感驚訝：神州大地竟然還有如此古樸落後之處！但當應知縣對縣學生徒進行考試時，卻發現「未始（未必）不彬彬多雋才」，考得好的生徒並不少。而當應知縣查閱縣志時，卻又發現「科第寥寥」。應知縣不明何故。他想到是否在風水上存在問題？於是，他請來風水先生察看形勢。風水先生告訴應知縣：徐聞一地確實存在風水布局不均勻的問題，主要是「地不足東南」，「於法宜補」，即應在縣城東南方面興建「風水工程」以彌補自然地理之不足。當時，應知縣心存猶豫：縣太貧窮，財政又困難，哪兒拿得出錢財來興建「風水工程」？所謂「當此民窮財盡之時，即（使）剜肉莫應追求」。後來，縣學諸生中也屢有以建塔之事請求者。這不能不使應知縣心有所動。他「第思愚公移山，端非一手一足之烈，假（如）以畏難袖手，天下事豈伊異人任？且惟吾力量所能為，不竣則以需之後人」。——他想，愚公移山，也不是靠愚公一人之力所能勝任的，而是父死子繼，子死孫繼，經歷數代人的齊心協力才完成的；天下能辦成之事難道都是有特殊才能的人辦的？假如遇到困難就袖手不幹，只能一事無成。我應該盡我的能力去付諸實施；我不能完成，後人會接續著去完成的。當應知縣決定實施這項「風水工程」時，出乎意料地，不僅「上臺（司）樂助」，而且「士民協力」。他大受鼓舞，於是，「佐以贖鍰（按，指捐獻俸祿），銖累寸積，取次遂告成功」。應知縣慷慨捐獻俸祿以作工程興建經費，帶動士民捐資，「浮屠（和尚）亦與有力」。終於積少成多，將七級登雲塔建了起來。一日，日朗風清，應知縣登上登雲塔之巔，「則見夫（徐聞）西控大廉（州），南連五指（山），東（北）跨高涼，北抵古合（合州，今合浦），潮汐往來，魚龍出沒之狀一一在指顧中，真洋洋大觀也哉！」——徐聞之地沒有高山，然而登上這七級之塔，猶如登上了高山一般，有一種「會當凌絕頂，一覽眾山小」的胸懷壯闊之感。徐聞有了此塔，就等同於徐聞有了高山；高山能阻狂風，聚瑞氣，徐聞一地的「風水」便得到了改觀。應知縣深信此項「風水工程」有「領山川之秀，培造化之功」，必將會改變徐聞縣過去「科第寥寥」的狀況，「異日英雄輩出，科第蟬聯」是可以預期的。塔建成後，應世虞知縣欣然命筆寫下《建登雲塔記》

一文，旨在激勵徐聞諸生奮發有為，異日「登雲」成才〔註9〕！侍讀學士黃士俊在《徐聞縣知縣應世虞生祠記》中也盛讚應知縣「建七級（塔）以培地脈，青衿（士人）有起色矣」〔註10〕。

二、餘　論

由上述可知，明清兩代，雷州地區興建了不少「風水工程」。這些「風水工程」，歸納而言，有這樣幾個鮮明的特點：一、多是聽取了「形家者（堪輿家）言」，即風水先生的意見後動工的；二、幾乎所有「風水工程」都與地方文教事業有關，其宗旨即在於使地方人才輩出；三、這些工程沒有動用公帑者，都是官員捐俸祿，士民捐資，自願助力而完成的；四、「風水工程」的竣工，使士人對未來充滿了期盼與信心！

以唯物主義的眼光來看，神靈是子虛烏有的；同樣，「風水」之說也是如神靈一樣虛無縹緲、不可靠的。畢竟，「風水」說有著濃厚的宿命色彩——風水良好，人就可以過上如意舒心的日子，可以平安大吉，可以平步青雲；而風水不良，則任由人如何努力也是枉費心機。如說清代才華橫溢的文學家蒲松齡，其家族世代讀書攻科舉，但卻始終與仕途無關，人生坎坷，根源就在於其家地勢風水不佳。這豈不荒謬！——蒲松齡的屢試不第，與其說是緣於其家風水不佳，不如說是緣於清代科舉制度的腐敗！再說，風水說認為，山即是龍，山能停聚祥和之氣，因此「山主富貴」，有山便是好風水；而平原四無遮攔，不能藏納祥和之氣，因此而「風水」欠缺，需要彌補。這又與現實——山區多貧窮，人才難出；而平原多富庶，人文昌盛——不相吻合。

然而，我們認為，並不能因為「風水」說存在著紕繆而應對其一概貶斥。因為，凡事皆有兩面性。「風水」當然不可能直接影響，更不可能決定人生、社會及教育的興衰；但「風水」說卻可以通過人的感觀、心理，間接地影響於人生和社會及教育。換言之，風水說可以給人以激勵的作用。這潛在的激勵作用不可小覷。輒如某人居住某宅，有人說，此宅風水好，主人定可發達，則此人可能信心十足，諸事勤勉努力，日後果然得以發達；而另有人說，此宅風水不良，主人必有禍殃，則主人可能整天心神不寧，心灰意冷，終至一事無成，因為心神恍惚而招致「禍殃」也不為奇。這並非「風水」說的「靈

〔註9〕　《嘉慶雷州府志》卷18，《藝文志》。
〔註10〕　《宣統徐聞縣志》卷15，《藝文志》。

驗」，而是風水說造成的人的「潛意識」影響使然。就像教育常識：善用激勵法的教師可以使學生成才；而常用貶斥法的教師可以毀人前程一樣。

古代雷州地區的多項「風水工程」之所以既受官員的重視，又得到廣大紳士民眾的大力支持，踴躍捐資出力，是因為這些「風水工程」能給落後地區的人們帶來莫大的心理的慰藉。正如學者所指出的：「對於相信風水術的人來說，重要的問題並不在於它的方法是否科學，而是在於它最終告訴人們什麼內容。也就是說，人們重視的是占斷結果是否是他們所迫切想知道的東西，而不是術法的推演過程。如果住宅選在這個地方、大門開設在那個方位，將會使家庭發迹，那麼，憑這點就足以使人們得到精神上的極大滿足。從這個角度來說，風水術的真正社會價值並不在於它的占法有多少客觀性，而在於它對人們精神上的滿足。」〔註11〕古代雷州士人最迫切的願望是科舉及第，平步青雲；而官員們營建的一項項「風水工程」，正是贈送給每位士人甜美的「心靈雞湯」，豐盛的「精神宴席」；同時也是封建官員爭取士民支持的「民心工程」。

這些「風水工程」，雖勞費了許多人力財力，但它們彷彿給古代雷州人（尤其是士人）注射了「強心劑」，激勵著雷州士人奮發向上。因此，明清時期雷州地區文教興盛，人才輩出，雖不能完全歸功於這一系列「風水工程」的興建，卻也不敢完全煞抹「風水工程」潛在之「功」！

參考文獻

1. （清）雷學海修，陳昌齊纂：《嘉慶雷州府志》，嘉慶十六年（1811 年）刻本，湛江師範學院圖書館藏。

2. （清）喻炳榮修，朱德華、楊翊等纂：《道光遂溪縣志》，據道光二十八年（1848 年）刻本影印，湛江師範學院圖書館藏。

3. （清）王輔之修，駱克良等纂：《宣統徐聞縣志》，宣統三年（1911 年）刻本，湛江師範學院圖書館藏。

4. 蔡達峰：《歷史上的風水術》，上海科技教育出版社，1994 年。

〔註11〕蔡達峰：《歷史上的風水術》，255～256 頁。

十五、明清時期雷州地區士民義舉述論

摘　要

　　明清時期，雷州士民的義舉表現在資助族人渡過難關、對身陷困境的鄉鄰施以援手、讓利施惠於人、爲人申冤化解鄰里矛盾糾紛、災後義賑、捐資興教助學、爲民請命除害等方面。明清時期雷州地區經濟的發展、儒學教育的深入普及、雷州地方官及本地義士義舉的示範影響、官府對義舉的表彰及民間對義士的推崇，都助長了明清時期雷州地區義舉成風。明清時期雷州地區士民的義舉對地方社會民生有著積極意義。

關鍵詞：明清時期；雷州地區；士民；義舉

義舉，指仗義疏財的行為，包括濟人之急，解人之困，為人排難解紛，為不幸遇難者善後，為公益事業盡力，等等。當他人（尤其是非親非故者）處於困難境地，毫不猶豫地割捨個人錢財利益以助他人渡過難關，這不僅在生產力水平低下，人們生活多不富裕的古代社會為難事，即使在人們物質利益較豐厚的現代社會，亦非易為之事。然而，筆者在披閱地方志，研究地方歷史文化的過程中，卻發現，在古代，尤其是明清時期，雷州地區卻好義成風，「義舉」二字於方志中處處可見。明清時期雷州人的義舉表現在哪些方面？雷州人好義成風的成因是什麼？雷州人的義舉有何社會意義？對我們今天社會慈善事業的發展有何啟迪意義？筆者在本文中試圖對這些問題略作初步探討。

一、明清時期雷州士民義舉之表現

1、資助族人渡過難關

古代，雷州人口多從外地遷徙而來。他們原來或是中原之人，或是江西、福建等鄰區之人，因避戰亂或繁重賦役，或因原居地人多地少，為謀生計，不得已而南遷，落籍於雷州。在雷州，這些遷民保持著聚族而居的生活方式。一些村莊就由一個族群組成，如清初海康有太平村與新橋村，相隔半里許，分別為譚族與馮族所居〔註1〕。故明清時期雷州地區宗族觀念較強盛。隨著宗族人口的繁衍，同族之人又分出許多獨立家庭。由於各種原因，同族各家庭在獨立發展中貧富日趨分化。這時，一些富有義心的家庭或人士便自覺肩負起資助族人的義務。如明代海康人莫天然，「家富有，好施與，其及於族則有祭田四十石以供祠祀、義田一百石以俟族之不任舉爨（斷炊）者、不掩脛（缺衣）者與不任委禽而結褵（無力婚娶）者、襚（死而乏衣被）者、櫬（劣質棺材）者、不能具贏博（經商）者、習舉子業而不能自振者，給（讚助）各有差。」〔註2〕徐聞人吳守經，亦以「性好施」著稱。他有一族姪，名自強，其父貧困，將自強賣給一遠道而來的商人。商人將攜自強離去，吳守經聞訊，「急索鎐（錢）償其直（值）而歸之，仍割產以給」。族中有女子貧困不能辦理嫁妝，吳守經「具奩遣之，成其伉儷」〔註3〕。陳文彬也是徐聞人，明嘉靖

〔註1〕《嘉慶雷州府志》卷16，《人物志》，第425頁。
〔註2〕《嘉慶雷州府志》卷16，《人物志》，第422頁。
〔註3〕《嘉慶雷州府志》卷17，《鄉賢志》，第418頁。

年間知（任職於）隨州，「歸，橐俸悉均之親族」〔註4〕。清代海康監生蔡錫極，「篤於內行（家居操行）。嫂蘇氏一門三喪，不能葬，（蔡錫極）鬻產助之。履中、維權皆族姪也，履中幼孤，母嫁，家無立錐，（蔡錫極）收撫長成，為之娶婦置產；維權少孤，自鬻遠鄉，（蔡錫極）憐而贖之，時時周贍，俾無失所；族弟彭孤貧，並得廢疾，不能娶，亦無有嫁者，（蔡錫極）乃出金求女以婚之……繼而又建本支小祠，集兄弟子姪於其中，延師訓督之」〔註5〕；林碩亦為清代海康人，附貢生，他「獨喜為義舉，建祠置產，設立規條，凡勸學、助喪、救荒皆有法。族之貧者常沾其惠，人號古風先生。」〔註6〕捐資捐田「以濟族之貧者」，使「族黨貧乏者藉焉」的明清雷州義士還有明代徐聞人鍾世盛、鄧士元等。此類事例在方志「人物傳」或「鄉賢志」中俯拾即是，不勝枚舉。

值得注意的是，為了使對宗族成員的救助形成一種具有長久性的制度，一些義士還設立了義田、義莊等，使對族人的慈善救助有專門的經費資財可以支用。義莊據說創始於北宋名相范仲淹，他置田產，設「義莊」以贍養同宗族之人；此後，許多封建士大夫紛紛仿傚，蔚成風尚。至明清以後，富有之家設置義莊更成為一種社會風習，遍行於大江南北，成為民間慈善活動一道獨特的風景線。明清時期的雷州，這樣具有慈善性質的義莊、義田、祠田也有不少。如明代徐聞人駱效忠，「增置義田，以贍宗族之貧者。」〔註7〕清代海康人、例貢生蕭國相，「其父（蕭）顯祖嘗捐田十一石為本支祠堂祭祀、教讀之需。國相繼而行之，期於合族被其澤。將舊捐田經理生息，增置田七石，又捐己田二十八石置諸族祠，每歲除祭祀修祠外，餘租均為二十等，養老、宗子、族正、周困之穀各一，大學之穀六，小學之穀二，科資（科舉資費）之穀三、倉儲之穀五，倣古義田之制，立為規條勒石，族之人多賴之。」〔註8〕

這顯然是受儒家「施由親始」宗法血緣觀念影響的結果，受益者僅為同族之人。儘管有此局限，但這些義舉、義士仍受到當時官府及民眾的肯定和好評、尊敬，「時高其義」，其中一些義士因為富有義心而被古代雷州人祀於鄉賢祠中，敬之如神明。正如一些學者所言：「他們在鄉間皆有較好的口碑，

〔註4〕 《嘉慶雷州府志》卷16，《人物志》，第421頁。
〔註5〕 《嘉慶雷州府志》卷16，《人物志》，第429～430頁。
〔註6〕 《嘉慶雷州府志》卷16，《人物志》，第430頁。
〔註7〕 《嘉慶雷州府志》卷16，《人物志》，第421頁。
〔註8〕 《嘉慶雷州府志》卷16，《人物志》，第429頁。

向有『善士』或『善人』之美譽。因此,他們創建義莊,即使出於宗法觀念等方面的因素考量,其對於同族貧困者的救濟幫助,也是屬於民間慈善事業的重要組成部分」。〔註9〕

2、對身陷困境的鄉鄰施以援手

明清時期,雷州不少義士施與的對象並不限於宗族成員,而是及於鄉鄰他族。義舉內容涉及在生活上資助他人;在學業上資助他人子弟入學就讀以及施棺為死難鄉人營葬。如清代海康人程世則,「晚年家漸饒裕。有同姓數家居其村,不事生產,(程世則)割己田十數畝以贍之,數家之子孫至今猶賴以存活」〔註10〕。

程世則周濟的僅是同姓人家,並非自己族人。明代海康人、庠生莫天然,「樂義好施,曩(過去,以往)雷(州)民饑甚,君(莫天然)周(濟)之,捐金三百八十兩,生者哺(養育),死者瘞(掩埋),合郡均受其惠。」〔註11〕一些外出任官的雷州人,自身生活儉樸,所得俸祿除事親外,其餘則用於資助同鄉的貧困者。清代雷州籍清官陳璸,出仕之前,家庭貧困,就曾得到多位海康義士的無私援助。吳馬期及譚宏略即為其中二人。吳馬期,清初海康人,「尤宏獎士類,為諸生時,設帳於家,一時學者從之」,「陳璸其高足也,璸故貧,馬期教而兼養,迄于大成」〔註12〕。譚宏略亦海康人,貢生,「生平輕財樂施」,「陳璸微時,一切讀書應試之資皆其伙助(幫助)」〔註13〕。可以說,沒有這些義士的慷慨援助,家貧的陳璸不可能得到良好的教育,自然也不可能通過科舉考試進士及第,成為有清一代著名的封疆大吏。

3、讓利施惠於人

古話說:「天下熙熙,皆為利來;天下攘攘,皆為利往」,說明了趨利是人的重要本性。因此,面臨利益而不爭,甚至對於自己應得的利益而不取,主動讓人,就是一種難得的義舉。此類義舉在明清時期的雷州地區屢見不鮮。如明代雷州人駱廷用,「暗然好修,恬於聲利,二次讓貢與同門黃玹、陳端」〔註14〕。貢生是明清兩代科舉制度中,由府、州、縣推薦品學兼優的生員到

〔註9〕 周秋光,曾桂林:《中國慈善簡史》第190~191頁。
〔註10〕 《嘉慶雷州府志》卷16,《人物志》,第432頁。
〔註11〕 《嘉慶雷州府志》卷18,《藝文志》,第532頁。
〔註12〕 《嘉慶雷州府志》卷16,《人物志》,第423頁。
〔註13〕 《嘉慶雷州府志》卷16,《人物志》,第432頁。
〔註14〕 《萬曆雷州府志》卷17,《鄉賢志》,第416頁。

京師國子監學習。獲得貢生身份（資格）不僅是莫大的榮耀，而且對於本人仕途也大有影響，而駱廷用兩次將這樣的機遇讓與同窗學友！

有借有還本為天經地義之事；借而不還常常成為人際間矛盾糾紛的緣起。現實生活中，因借而不還遂使朋友、兄弟、親戚反目成仇，甚至由此而引發的刑事案件並不罕見。然而，明清時期，雷州人中借貸而不責償還的義士卻並不少見。如明代徐聞人鄧植，「鄉有貧者貸不取償」〔註15〕；明代遂溪人洪化龍，「鄰鄉有借貸者，與之，不問其償」〔註16〕；林棐，海康人，「慕義好施，周知鄰族貧乏……築江濱館，每年就學者四五十人，不責修贄。門人赴京，乏資者，（林）棐將己田質於人，取銀以贈門人，宦歸不償，竟不取」〔註17〕；徐聞人陳奇貴，「生平好周人急，重義舉，有告貸者輒與之，久不能償，即焚其券」〔註18〕。借貸而不責（索）償等同於捐資助人，雖然其中有主動與被動之差別。借而不償通常是因為貧困，無力償還；借貸而不責人償還，則體現了借貸者的富於義心。

在醫療條件還很落後的明清時期，有一些善醫者，不是利用醫術騙人錢財，而是施醫給藥而不取值，救人命於病痛之中，也是一種可貴的義舉。如清代遂溪人周文珍，曾任遂良書院山長，治學授徒之餘，「兼精醫（術），有病者予以（藥）方，往往見效，然從無受謝」〔註19〕；徐聞監生林魁春也「素習醫，自備藥材在家，鄰有疾，處方給藥不取值」〔註20〕。

4、為人申冤，化解鄰里矛盾糾紛

鄰里之間在生活、生產過程中，常會因為各種原因產生矛盾。這種矛盾，當事人雙方往往都不易解決；矛盾不解決，怨隙難免越來越深，以致整族整村持械相鬥，長年不息，成為一方治安隱患。此時，如有義士從中調解斡旋，或許可以使劍拔弩張的雙方趨於和解，化干戈為玉帛，長年糾紛一朝化解。

清前期海康就有這樣一位義士——陳士奇。據載，「陳士奇，字英相，海康人，原籍瓊山，康熙初以海外多寇，避地來雷（州），於南田村居焉。去村半里許，有太平村，譚族居之；又半里許，有新橋村，馮族所居也。時雷（州）

〔註15〕《萬曆雷州府志》卷17，《鄉賢志》，第417頁。
〔註16〕《嘉慶雷州府志》卷16，《人物志》第419頁。
〔註17〕《萬曆雷州府志》卷17，《鄉賢志》，第414頁。
〔註18〕《嘉慶雷州府志》卷16，《人物志》，第432頁。
〔註19〕《道光遂溪縣志》卷9，《列傳》，第649頁。
〔註20〕《嘉慶雷州府志》卷16，《人物志》，第432～433頁。

亦多土寇。二族並饒於訾（資），各募丁壯備攘奪。然故有隙，動輒聚眾械鬥。（陳）士奇周旋兩姓間，曲爲譬解，卒歸於好。」「士奇既釋兩姓之爭，自是鄉里或有齟齬，輒相與質之。（陳士奇）數言調處，亦無不相悅以解者」，成爲眾人信賴的矛盾糾紛調解人〔註21〕。

這樣居中調解，使民眾糾紛得以平息，社會得以安寧的義士還有不少。如清代海康人丁騰章，「嘗（曾）有兄弟鬩牆，勢將成訟。（丁騰章）極力理諭，卒使（兄弟）如初」〔註22〕；清代徐聞人吳昭宣，爲村民「排難解紛，凡所當爲，抱公憤，竭囊資，悉無吝悔」〔註23〕；林棋華，官授兵部職方司主事，致仕歸鄉後，「鄉里有不平事，善排解，人服其公明」〔註24〕；鍾震國，「居家周濟族鄰，鄉人有不平事善爲排解，闔（合）邑欽之」；陳文彬，「錦囊兵變，賴（陳文）彬調之得解」〔註25〕。

5、災後義賑

明清時期，雷州地區多有災害發生。災害來臨，不僅破壞了雷州人的生產條件，也使許多雷州人陷於貧困飢餓之中，掙扎在死亡線上。這當兒，應由官府進行賑災。然而，由於官府財政困難，我們發現，災後官賑很罕見，而多見的卻是民間義士進行的義賑，使不少災民得以渡過災荒。此類記載於方志中也屢屢可見。如：柯時復，海康人，明萬曆丙申（1596）年，「荒疫並作，（柯時復）罄產買穀以賑，更煮粥通衢以食饑民，作義冢以掩殍（餓死的人）胔（腐爛的屍體）」〔註26〕；鄧宋濂，海康人，「性慷慨好施予。康熙壬辰（1712年）、癸巳（1713年），連年饑荒，（鄧宋濂）出谷以濟，並設飯於門，俟饑者過輒與之食」；海康人宋仕偉，「樂善好施，每以歲饑賑粟，鄉里間稱善人」〔註27〕；徐聞監生彭宗英亦樂善好施，不僅無償資助貧困人家子弟入學，延師教之，「而救荒解難亦往往竭力周恤」〔註28〕；遂溪人楊翥，「生平好義舉，每遇歲歉輒竭力出賑」；海康人陳餘備，

〔註21〕《嘉慶雷州府志》卷16，《人物志》，第424～425頁。
〔註22〕《嘉慶雷州府志》卷16，《人物志》，第430頁。
〔註23〕《宣統徐聞縣志》卷13，《人物志》，第549頁。
〔註24〕《宣統徐聞縣志》卷13，《人物志》，第549頁。
〔註25〕《宣統徐聞縣志》卷13，《人物志》，第550頁。
〔註26〕《萬曆雷州府志》卷17，《鄉賢志》，第415頁。
〔註27〕《嘉慶雷州府志》卷16，《人物志》，第432頁。
〔註28〕《嘉慶雷州府志》卷16，《人物志》，第428頁。

「每遇歲饑輒出谷以濟貧，一時好義之名聞於當道」；徐聞人林魁春，「篤於行善。乾隆戊寅（1758 年）己卯（1759 年）歲大荒，徐（聞）民逃亡甚眾。魁春屬（囑）其里之老而慰安之，每年捐穀百餘石以資接濟，里人得以保存」〔註29〕。

更感人的是，一些雷州義士不僅在本土雷民遭災時及時捐資賑濟，即使是聞知鄰近地區遇災，也急於施與救濟。如徐聞附生、義士陳炳機，「乾隆年歲荒，載穀三百餘石渡瓊州（今海南），稟請道憲賑濟窮民」〔註30〕。

6、捐資興教助學

雷州地區學校教育的興起較遲，地方志中有明確記載者始於北宋。然而，自學校教育興起，雷州地區即迅速形成了重學重教的良好的社會氛圍。至明清時期，不僅府學、縣學、書院等官辦教育並興，社學、義學等基礎教育及私人教授也都同時並存，並且教育成效顯著，人才輩出，移風易俗，已有「海濱鄒魯」的美譽。這其中，雷州地區義士的捐資助學是功不可沒的。

雷州由於近海，風雨多且猛烈，房屋（尤其是草木結構的房屋）易受摧毀。故學校數年或十數年即需修葺。修葺支費龐大，官府撥款極有限，因此，每週府學、縣學修葺或興建，常常是由官員帶頭捐俸，然後士民紛紛慷慨解囊，使工程得以順利完成。這是規模較大、參與士民眾多的義舉。此外，民間義士個人行為的捐資助學，事例還有許多。

有不僅重視自家子弟教育，見他人子弟有堪造就而因家貧不能延師受教，而慷慨資助之，使他們得受教育者。如彭宗英、清代徐聞監生，「性純厚，樂於成就人才，見族黨鄰里子弟有堪裁成而貧不能讀者，則與之膏火，延師教之」〔註31〕；吳世璉亦為清代徐聞監生，「性敦篤，仗義疏財，尤好引獎士類。邑（縣）有蔡如璧、程書成，少穎悟，力不能讀，世璉延師教子，招之同學，仍時時周恤其家，二人卒成歲貢。其餘類此者不一而足。」〔註32〕年青學子學成以後，最大的願望是通過科舉考試晉身入仕。而科舉考試得赴省城甚至京城應試，這需要一筆不菲的費用，「苟非家有贏餘，未易束裝就道」〔註33〕。這成了學優而貧窮人家子弟的最大心病。一些義士的捐資相助，為

〔註29〕《嘉慶雷州府志》卷16，《人物志》，第432頁。
〔註30〕《宣統徐聞縣志》卷13，《人物志》，第551頁。
〔註31〕《嘉慶雷州府志》卷16，《人物志》，第428頁。
〔註32〕《嘉慶雷州府志》卷16，《人物志》，第433頁。
〔註33〕《道光遂溪縣志》卷11，《藝文志》，第726頁。

這些學子的成才鋪平了道路。

7、為民請命除害

民眾遭遇迫害，無處申冤，這時候，有人挺身而出，為民鳴冤，解民疾苦，便被民眾視為義士、義舉。這樣的義士在造福於民的同時，可能自己會受到迫害或暗算，但義士常常將此置之度外。如明朝弘治年間（1488～1505），徐聞遭遇動亂，縣治被迫遷至海安所，藉軍隊以維持治安。當時軍強民弱，民眾常受兵弁欺凌，敢怒不敢言。士人勞文盛認為要擺脫兵弁欺凌，惟有將縣治回遷賓樸，「乃倡義呈復賓樸」。縣治回遷有損兵弁既得利益，「武弁有中傷之者，以知幾（機）獲免」〔註34〕。王錫扁，清乾隆時遂溪舉人，「錫扁為諸生時，稔知江場鹽戶竈丁久為商人所苦。乾隆二十二年，乃具疾苦狀聞之府縣並省垣，大吏令本場鹽聽民自煮自賣，照例完納課餉」。志家讚譽這是「錫扁之惠也」〔註35〕。可謂一人而造福一方了。

明代，海康人陳時雍只是一名士人，「時內宦（宦官）趙蘭鎮守珠池，恣行剝掠，民苦之。（陳時）雍率士類抗言於當路，（趙）蘭竟革去，大為雷（州）、廉（州）造福」，後被「祀鄉賢」〔註36〕。趙蘭是明朝正德年間被派到雷州來負責為朝廷採珠的宦官，倚恃著皇帝的撐腰，目空一切，為所欲為，毫無顧忌。當時，雷州知府王秉良，是一位有所作為，深受雷州人民愛戴的好官。面對趙蘭在雷州的胡作非為，他義憤填膺，想將趙蘭板倒。然而，事與願違。最終被板倒的不是趙蘭，反而是王秉良自己！他被逮捕至京師，投入牢獄。地方志記載：「時守珠內宦趙蘭氣焰甚熾，公（王秉良）每與之（趙蘭）抗，民恃以安。（趙）蘭因銜公，誣構以私（以權謀私），逮至京下獄。蘭勢益張，奪富民產，捕無辜民陳應魁樸殺之。眾民激變，訟於當路，竟無如（趙）蘭何。」〔註37〕堂堂一知府尚且鬥不過宦官，陳時雍以區區一士人而敢挺身而出與之抗爭，其結果將如何，相信陳時雍是深明的；但他還是義無反顧，為民除害，將個人一切置之度外！

明清時期雷州地區義士眾多，義舉盛行，不僅內容涉及面廣，受惠人眾，還有幾點值得一提的：一是「好施與」者並非全是知書識禮且富有的人士，

〔註34〕 《宣統徐聞縣志》卷13，《人物志》，第548頁。
〔註35〕 《道光遂溪縣志》卷9，《列傳》，第649頁。
〔註36〕 《萬曆雷州府志》卷17，《鄉賢志》，第412頁。
〔註37〕 《萬曆雷州府志》卷15，《名宦志》，第378頁。

不少本身生活貧困者也加入了義舉的行列。如勞文盛，徐聞人，「生平好施與，雖囊篋蕭然，而有求輒強應之，人深銜其德」〔註38〕；彭翰魁，「家貧不具饘粥，欣如也，以舌耕（授徒）餬口，終歲所得修金，遇窮不能自贍者，推以與之，無吝色」〔註39〕。甚至一些地位低下的僕人也富有義心，有義舉。方志中「人物志」後附設「義僕」傳，即為其例。二是義士的義舉是經常性而非偶而為之的，而且涉及面廣，醫治病人，救濟困窮，為人排難解紛，只要他們認為是義舉，都義無反顧地投身其中。「性倜儻，好義舉，每遇公益，捐貲（資）首倡」，「尤潛心歧黃術（醫術），嘗設醫館濟人，四方活者不計數。……處鄉里，排紛解難，人咸怙服，稱明決焉」〔註40〕。這是志書對清代徐聞義士吳仁達的述評。事實上，這樣好義舉的義士在明清時期的雷州地區處處可見。三是許多出仕在外的雷州士大夫將雷州人樂善好施的精神品格帶到了異地他鄉，以自己微薄的俸祿作為「慈善基金」，對異地他鄉的貧困者、遇難者進行周濟、善後或資助貧困學生；或對水災遇溺者捐俸治棺瘞之；而當他們致仕回鄉時，許多人都是「囊橐蕭然」！這樣的事例在地方志「鄉賢志」中有案可稽。這些雷州籍官員在他鄉的義舉，不僅贏得了他鄉人的好評，對他們的為官行政也大有助益；一些人還被當地民眾祀於名宦祠中。

二、明清時期雷州地區義舉盛行的原因及其社會意義

筆者認為，明清時期雷州地區民間義士眾多，義舉盛行，並非偶然現象，而是由多方面因素共同促成的。

首先是明清時期雷州地區經濟的發展，為義舉的盛行奠定了物質基礎。

經濟基礎決定上層建築，對某種社會思潮、社會現象有深刻甚至是決定性的影響，這是唯物史觀的基本內容之一。具有樸素唯物主義思想的偉大史學家司馬遷曾說：「君子富，好行其德」；「人富而仁義附焉」（《史記‧貨殖列傳》）。通過對明清時期雷州地區義士身份地位及家庭境況進行考察，我們可以發現，熱衷於義舉的義士中，家境殷實富有者佔了多數。如，以「鄉有貧者貸不取償」而受人敬重的徐聞人鄧植「為徐邑（聞）望族」。一方「望族」自然是富有之家；「性好施與」，曾「捐田以濟族之貧者」，又「割田以資」學

〔註38〕 《萬曆雷州府志》卷17，《鄉賢志》，第417頁。
〔註39〕 《道光遂溪縣志》卷9，《列傳》，第649頁。
〔註40〕 《宣統徐聞縣志》卷13，《人物志》，第551頁。

校課業的徐聞義士鄧士元，可知也是殷實人家；以「好施與」而著稱的明代
海康義士莫天然、莫天賦，之所以能設「祭田」、「義田」以助族人，又設「科
資田」以助邑（縣）人士之赴舉者，除了富於愛心、義心外，還因為其「家
富有」；以「好周人急」、「義在能與（施與）」的海康義士陳其瑋，亦是「家
素裕」〔註 41〕。雖然明清時期好行義舉者中也有貧困者的身影，但這樣的義
士畢竟數量少，其義舉受益者也有限。這是經濟條件的制約所致。

其次是儒學教育的深入普及。

從宋代以來，封建統治者對於地方教育事業的發展都極重視。在雷州，府
學及遂溪、徐聞兩縣儒學都興建於宋代；海康縣儒學也於元代興辦。除府、縣
儒學外，還有幾所書院及散佈各縣城鄉的義學（社學）。這些層次有別的學校教
育，其主要內容都是儒學。儒學宣揚的是孝、悌、仁、義等道德規範，其中，
儒學對於「義」又特別重視。《論語》中就有許多論述、倡導「義」的說教，如
《為政篇》的「見義不為，無勇也」；《子張篇》的「士見危致命，見得思義」；
《憲問篇》的「見利思義，見危授命」；《里仁篇》的「君子喻於義，小人喻於
利」，等；此外，儒學典籍《春秋》、《荀子》、《孟子》等也都大力鼓動人們重義
輕利，使「錢財如糞土，仁義值千金」的觀念深入人心。此外，儒學宣揚的孝、
悌、仁等倫理美德又與「義」密不可分：孝者敬老，悌者愛幼，仁者愛人，所
有這一切都是「義」。換言之，儒學教導人們要富於愛心，當他人遭遇困難、不
幸時，應力所能及地施以援手，助人渡過難關，營造和諧社會，這樣的人才堪
稱仁人義士。明清時期，雷州地區學校教育普及，儒學理念深入雷州士民人心。
如白若金在明嘉靖年間任遂溪縣儒學教諭，他「以師道教士，士皆修飾名節，
以禮義篤行為先」〔註42〕。這就使雷州地區眾多士人養成了「守儒素，遠勢利」
的品格。如清代徐聞士人蘇其章，自少刻苦求學，以科名自期，由副榜而舉人
而官翰林檢討，「雖受祿漸積，富有家訾（資），猶甘淡泊，守儒素風特。邑（縣）
有義舉，修文廟，建義學，不惜重貲襄厥成」〔註43〕。正如學者所言：「秦漢以
後，中國社會逐漸形成了以儒家為主流，釋、道等為支流的傳統文化，它們是
中國慈善思想主要的來源。」〔註44〕這就是明清時期好行義舉者大多受過良好

〔註41〕《嘉慶雷州府志》卷16，《人物志》，第419～425頁。
〔註42〕《嘉慶雷州府志》卷10，《名宦志》，第314頁。
〔註43〕《宣統徐聞縣志》卷13，《人物志》，第547頁。
〔註44〕周秋光，曾桂林：《中國慈善簡史》，第8頁。

的教育，其身份多爲「監生」、「庠生」、「貢生」、「增生」的原因所在。通過這些士人的義舉，又對普通民眾造成影響，帶動更多的雷州人熱衷義舉，形成了一種較普遍的社會良好風氣。

再次是雷州地方官及本地義士義舉的示範影響。

自宋以來，大批異地籍官員到雷州府、縣來任官。期間，每遇雷州發生自然災害，雷民生活艱難，或公益事業需要振興，而政府又財政困難，難以動用公帑進行賑濟或支持時，不少官員（包括一些暫時委任代理的「居攝」官員）就慷慨解囊，捐俸相助。這樣的事例在地方志「名宦志」中可謂俯拾即是，不勝枚舉。

這些官員的義舉，從內容上說，涉及賑濟饑民、修飾學宮、資助士人中的貧困者，自購牛種以佐貧窮之民，還有「葬死恤生」、「捐金考課」、「置學田以助科舉」等等。這些官員的慷慨捐俸行義，深受雷州士民敬仰，在方志中，「雷人思之不置」、「士頌民懷」、「士民立碑誌思」之類用語觸目皆是。這無疑爲雷州士民，尤其是以官員爲學習模範的士人樹立了良好的榜樣，促使雷州士民「見賢思齊」，起而仿傚之。例如，明代海康赤嶺村莫天然等士人的義舉，就顯然受到該縣知縣沈汝梁捐俸助學義舉的影響。據方志記載，明萬曆十年，海康知縣沈汝梁捐俸金一百七十金（兩）爲縣儒學置學田；萬曆二十八年，莫天然「捐金一百兩，欲置學田，歲收租入官以資科舉費」；「已而林生鳳起、周生彪以東井邁特田二號進（捐獻）」；莫天然「聞之益以己置安攬西廳田二號，計值一百兩入來，添前兩項田中」。此外，莫天然還捐資「聿修祠寢，仿文正公（南宋雷州知府薛直夫）立義莊（貢士莊），計畝不啻（止）數百頃，爲之追報，爲之養賢贍貧」，其仿傚名宦義舉（薛直夫曾捐俸立二蘇祠以紀念祭祀蘇軾、蘇轍二賢士，又捐俸置田立貢士莊以資助雷州士人應科舉試）的事實更是昭然若揭〔註45〕。

其他雷州士民的義舉，同樣不可避免地受到這些名宦義舉直接或間接的影響。

義舉似乎還具有「傳染性」。其表現之一是：不少義舉的受益者或義士的受業者也成爲義舉的奉行者。陳璸即爲典型之一例。前述，陳璸出自貧窮人家，在接受基礎教育階段曾得到吳馬期、譚宏略等義士的資助；當他通過科

〔註45〕《嘉慶雷州府志》卷18，《藝文志》，第531～532頁。

舉考試進士及第，出任福建巡撫時，陳璸作出了一項偉大的義舉：「疏請撥巡撫公用銀充兵餉，（朝廷）不允，仍請並所積俸銀解粵，為郡東洋修築海堤工費」。東洋海堤是雷州人民生命及生產的安全保障，由於受海潮及颱風衝擊，常築常圮，而修復又耗費巨大，官帑難以支持。陳璸此一義舉得到康熙帝批准，「因舉其事，堤工鞏固，此大有造於桑梓者也」。曾受業於陳璸的陳其瑋，又以「好周人急」而著稱。其表現之二是，父祖行善，子、孫亦熱衷於義舉。「蕭國相，例貢生，海康人，其父顯祖嘗（曾）捐田十一石為本支祠堂祭祀、教讀之需；（蕭）國相繼而行之，期於合族被其澤」；徐聞人鄧士元，「性好施與，嘗捐田以濟族之貧者，念學校課業無需（無經濟來源），割田以資之。其子孫恪守遺訓，可謂不忝箕裘矣」〔註46〕，都是其中之例。

官府對義舉的表彰及民間對義士的推崇，也助長了明清時期雷州地區義舉成風。

為鼓勵士民熱心公益慈善事業，協助遭遇困境者渡過難關，明清兩代地方官府對於士民的各種義舉給予表彰，以樹立榜樣，使之在民眾中起風化作用。如顧汝鐸，雷州衛人，性孝且義，「三世之喪躬自襄（辦理）之，更以及親族之未葬者，屢為督學所獎賞，由選貢入太學」；遂溪人洪化龍，「鄰鄉有借貸者，與之，不問其償。崇禎壬申歲，闔邑制錦表其世德。癸未歲，縣尹朱盛淐辟薦優行。知府王允康特嘉獎勵」；海康人莫天然「好施與」，設祭田、義田資助族人，還設「科資田」以資助同邑人士之赴科舉者。莫天然受到鄉里人的嘉譽及官府的表彰，「令譽播於一時。萬曆間，屬使者行部，廉（察訪）得善狀，為請孝弟（悌）茂才爵一級以示旌獎」；海康人黃憲，「與兄分產多年。兄卒後，生事零落，諸姪男女十餘人不能自存。（黃）憲仍撫養之，秀者命之讀，魯者命之耕，一切婚嫁視若己子；又人各分田數畝，命其各自治生。或歲荒不給，仍周贍不吝。巡撫王安國旌其門，曰：『誼（義）周一本』（義及一族）」〔註47〕。地方在向高一層次學校（國子監、太學）選舉生員時，生員的義舉也成為考察條件之一。志家在編纂志書時，對這些好行義舉的義士也多加頌揚，還常將他們的後裔在學業、仕途上的順遂說成是義士「積德」的結果。這頗有「善有善報」、「積善之家必有餘慶」的意味。對於相信「報應」說的士民是頗有激勵作用的。

〔註46〕 《嘉慶雷州府志》卷16，《人物志》，第 420～429 頁。
〔註47〕 《嘉慶雷州府志》卷16，《人物志》，第 416～429 頁。

　　除官府的表彰旌獎外，還有鄉里的輿論推崇、鄉民的敬仰。其方式多種多樣，或是義士卒後將他們置於「鄉賢祠」或「忠義孝弟（悌）祠」中拜祭，視之為神明；或是口碑頌揚，所謂「令譽播於一時」、「邑人仰其高風」、「聞者莫不多（頌揚）其義」；或是賦詩作文、刻石勒碑，使其義舉事迹傳之久遠，如「樂善好施，每以歲饑賑粟」的義士宋仕偉，「省大吏錫（賜）匾旌（表彰）之，孝廉丁兆啓誌其事於墓碣」〔註48〕。

　　官府的表彰以及民間的頌揚推崇，對於行義者是一種莫大的榮耀；對於普通士民又是一種激勵，使之「見賢思齊」、「擇善而從」。

　　第四，義舉是富有人家保護其私有財產的唯一有效的辦法。災荒時期，民眾生命危在旦夕。在面臨絕境之時，盜竊乃至搶掠之事便難以遏止。當眾人群起而攻之，對見死不救、「為富不仁」的富有人家實施公開的搶劫甚至縱火，不僅富有之家徒喚奈何，即使官方出兵彈壓，亦未必有效。因此，危機時刻捨得捐出部分錢財，對罹難鄉民進行救濟，既能博得「行義」的好名譽，又能保護部分私有財產，可謂一舉兩得。清雍正七年（1729），雍正帝曾發佈一道《諭富戶》的勸諭文告，謂：「從來遇歉荒之時，貧民肆行搶奪，先眾人而受其害者，皆為富不仁之家也。迨富家被害之後，官法究擬，必將搶奪之貧民置之重典，是富戶以斂財而傾其家，貧民以貪利而喪其命，豈非兩失之道，大可憫惻者乎！朕為此勸導各富戶等，平時當以體恤貧民為念，凡鄰里佃戶中之窮乏者，或遇年穀歉收，或值青黃不接，皆宜平情通融，切勿坐視其困苦而不為之援手。如此，則富戶濟貧戶之急，貧戶感富戶之情，居常能緩急相周（濟），有事可守望相助，忮（嫉妒）求之念既忘，親睦之心必篤，豈非富戶保家之善道乎？從來家國一理，若富戶能自保其身家，貧民知其衛夫富戶，一鄉如此，則一鄉永靖；一邑（縣）如此，則一邑長寧。是富戶之自保其家，尤富戶之宣力於國也。」「是以特頒諭旨告誡爾等富戶：為富戶者當知己之得於天者甚厚，當存濟人利物之心，行救困扶危之事，敦睦宗族，周恤鄉鄰，下逮佃戶傭工，皆加惠養，則人人感其德意，即可消患於未萌。況積善之家必有餘慶，種福果於天地之間，子孫必常享豐厚，豈不美歟！」要求「各省督撫將朕此旨通行該屬之鄉紳士民人等共知之，料朕赤子良民必不負朕期望之誠意也。」〔註49〕可見，危機時刻從事「義舉」，不僅可使罹難鄉民得以渡過難關，同時也可以使富戶保住部分財

〔註48〕《嘉慶雷州府志》卷16，《人物》，第432頁。
〔註49〕《嘉慶雷州府志》首卷，《典謨志》，第49～50頁。

富，還可使國家免除大動亂之發生，一舉多得。

民間義士及其義舉，是我國傳統慈善事業的重要組成內容之一。儘管存在著諸如資金少及受益者有限等種種局限，但由於從事義舉者人數眾多，歷時長久，其對社會對民生的積極意義還是不可少覷的。

首先是有利於階級矛盾的緩和，社會秩序的維穩。

封建社會是建立於階級對立基礎之上的。統治階級利用其掌握的國家機器和權力，對被統治階級進行壓迫、剝削，使被統治者處於貧困境地，生活艱難。這是階級矛盾的根源，也是農民階級奮起反抗鬥爭的重要原因之一。尤其是一旦遭遇天災或人禍（動亂），更使勞動人民處於死亡線上。這時候，勿謂官府財政困難不能開倉賑濟，即便有能力施賑，由於報災、勘災等種種制度的限制，災民也難以得到及時有效的救濟[註50]。而民間的義賑，卻不受此限制，可以及時展開，對災民無異於雪中送炭，有利於地方安集流散，協助災民渡過難關。例如，海康人丁鴻猷是清初一位義士，「康熙初年，土盜楊二、張彪等肆虐，宗族逃散。鴻猷多方安集，無產者給之田，不能娶者助之財，俾（使）奠厥（其）居。壬辰、癸巳歲饑，視族里（宗族鄉里）之困者量口而與之穀，所全活甚眾」[註51]；丁騰章，「乾隆己酉年（1789年），饑，鄉人大困。（丁騰章）乃儉食出穀以倡（賑），力勸有穀之家酌量共濟之。不能舉火者賴以存活。閭里稱善人焉。」[註52]又如清代海康義士陳其瑋，「家素裕，好周人急，以社務紛擾，差役叫囂，自捐貲抵補，不使為鄉里累。壬辰、癸巳歲凶，傾困（糧倉）出粟以濟之」；徐聞義士林魁春在災荒之年也捐穀百餘石以接濟饑民[註53]。這些義舉，「既起著安老助孤、扶貧濟困的作用；同時又起著梳理社會人際關係、緩和社會矛盾、穩定社會秩序的作用。」[註54]

〔註50〕明清時期，地方發生災害以後，朝廷即通過從縣州到府、府到省，再到朝廷，自下而上的逐級報災機制，以瞭解各地的災情。接到災報之後，如遇重大災害，朝廷還要遴選委員會同地方官員親赴災區，深入田間地頭，逐村、莊、區實地勘查災情，並要求受災戶填寫「災單」，最後將各村落情況匯總，以確定該區域的「被災分數」。以上事務完畢，才可以傳令地方放賑。由於官賑手續繁瑣，頗費時日，常常未能及時有效地救災民於危機，於是，一些富有義心並具備一定經濟實力者便自行賑濟災民。

〔註51〕《嘉慶雷州府志》卷16，《人物志》，第424頁。

〔註52〕《嘉慶海康縣志》卷6，《人物志》，第153頁。

〔註53〕《嘉慶雷州府志》卷16，《人物志》，第425、第432頁。

〔註54〕《中國慈善簡史》，第7頁。

　　義士的善行義舉還使一些原來不利於社會治安的無賴偷盜作惡之徒受到感化而浪子回頭，棄惡從良。以下數例可見一斑：海康人程名儒，「尤勤勤於宗族之際」，致力於周濟宗族，「族中有無賴子浪蕩不務生產，（程名儒）時切戒之。（無賴子）久悟。名儒卒，（無賴子）捶胸號泣曰：『天不欲使人遷善耶，何爲奪此與人爲善之人也！』百日內不離喪次，若孝子焉」；上述丁鴻猷義舉多多，「嘗（曾）有盜夜竊，（丁鴻猷）覺而謝（謂）之曰：『爾（你）飢寒，何不告我而爲此？』予錢一千，戒以改行。盜謝（道歉）而去，後果從善」；徐聞監生彭宗英，樂善好施，「鄉鄰有穢行者，一生未嘗敢見其面也」〔註55〕。

　　其次是推動了雷州地區教育事業的發展，人才的輩出。

　　在古代，官學是主要的教育機構。官學的興建、修葺及教學的維持，當然離不開官帑的支持。但雷州爲邊郡，相對於內地富裕郡縣，財政相對困難；而雷州濱海多風雨，學校設施易於損壞，故而屢興屢廢，屢廢屢興，支費浩大，官帑無力支付，唯有依靠士民的慷慨解囊，捐資助學。地方志「學校志」、「建置志」中，就有大量自宋以來包括明清時期雷州士民踴躍捐資襄助府、縣儒學興建、修葺的記載。可以說，沒有這些士民的捐獻義舉，雷州地區的學校教育是難以維持的，人才輩出更難以設想。

　　此外，府、縣儒學生徒在就讀及應舉過程中，還常常遇到各種障礙，尤以家庭貧困，生活艱苦爲「瓶頸」。當時人就曾說：「巧婦不能以無米炊。從公（按，指拜師求學）而困枵腹（喻飢餓），筆耕而嗟鮮飽，誰能堪此？是以學田膏火亦在所必需。」〔註56〕另外，學成之士要赴省城、京師應考，千里迢迢，鉅額的盤纏（路費）也使不少士人不得不放棄赴考。爲解決雷州士人這些難題，不少雷州義士（包括官員）或爲學校捐資購置學田以供學士膏火之資，或爲貧困生徒捐俸捐資，以助其學，甚至助其完婚，使之安心於學業。如何文振，清代徐聞人，「武舉人，慷慨好義，通邑（縣）向（過去）無科資（科舉經費），（何文）振始置鄉、會試賓興（按，「賓興」本義指赴科舉考試的一種禮儀，此指科舉應試基金），先自釀金（籌錢）多數，首倡勸捐，集眾腋裘充之。士之乏資者咸藉以興（成才），至今食德未艾。」〔註57〕這僅是眾多義舉助學之一例。

〔註55〕 《嘉慶雷州府志》卷16，《人物志》，第424～430頁。
〔註56〕 《宣統徐聞縣志》卷5，《學校志》，第484頁。
〔註57〕 《宣統徐聞縣志》卷13，《人物志》，第548頁。

私學的興辦及造就人才亦體現了義舉襄助的意義。在清代，徐聞有一位感人的助學義士，他就是吳昭寔。志載，「國（清）初，徐地（聞）未靖，知學者少。（吳昭寔）乃建校延師，招徠多士。凡有艱（於）膏火者皆力爲任。其猶（尤）德之者如歲貢黃方中、廩生吳國棟、庠士王國宗，少好學，貧無資，（吳昭寔）因供膏火，給衣食，且爲營娶完室，各給田十畝贍之。三子（人）率以文學顯，皆（吳昭）寔栽培力也。」〔註58〕私學承擔著基礎教育的使命，爲府、縣儒學輸送優秀生員。不少雷州貧窮士人（包括著名的雷州籍清代封疆大吏陳璸）正是通過私學而官學而科舉才得以成才的。

明清時期，雷州城鄉還存在許多「義學」。義學由士民捐資籌辦，不取或少取費用，亦使眾多雷州貧困子弟得以入學，接受初步教育。

士民義舉不僅使眾多貧寒士子得以接受教育，更在精神上激勵他們奮發向上。《萬曆雷州府志》卷十《學校志‧海康儒學》在記述邵兼捐銀五十兩爲海康縣儒學置學田，「歲入其粒以業（資助）貧乏」時，謂：「不惟困窮者獲其所資藉，益奮於學；即縉紳黎庶莫不踴躍，蒙恩之士不忍泯泯無傳也」。

再次，義舉的盛行改善了雷州地區的交通條件。

《萬曆雷州府志》卷八《建置志》「論曰」云：「民不病涉（不爲過河過海煩惱），橋渡急焉」。雷州濱海，多河溪，無橋渡，民寸步難行。明清時期，雷州地區大量橋渡是由民間義士捐資籌建並維持的：或獨力出資建造，或集體捐資營建、重修，爲雷州人的生活生產創造了便利條件。

如海康縣有麻含橋，「（距縣城）西十五里，路通海康所，舊橋傾圮，行者病涉。永嘉（今浙江溫州市）商人陳世高捐財砌石橋二間（座），長二丈五尺，闊八尺，往來稱便」；又有芝林西橋（又稱「西山橋」），位於芝林村之西。明正德年間，「義民張鵬捐貲（資）伐石建橋二間（座），長三丈，闊一丈，東通錦囊，北通郡城」；另有芝林東橋，「亦張鵬所創，石橋三間，長五丈，闊一丈，路通錦囊所」；又如海康仙居橋，「北五十里，平岡中火鋪官路合流之衝，舊架棧道易壞。（明）萬曆三十年，指揮梁拱極捐俸不足，募緣鳩工，砌石橋三間（座），長五丈，闊一丈左右，石欄，行者便之」〔註59〕。

明清時期遂溪縣境內的許多橋梁亦爲民間義士興建或重修。方志記載中，頻頻出現的是「捐金」、「捐貲（資）」、「捐俸」、「捐造」、「倡捐」、「捐修」

〔註58〕《宣統徐聞縣志》卷 13，《人物志》，第 549 頁。
〔註59〕《萬曆雷州府志》卷 8，《建置志》，第 254 頁。

等用語。如：湖處橋，「國朝（清）乾隆六年貢生黃若璋重修」；橋西橋，「（乾隆）三十八年彭廷實、彭經建修」，「嘉慶九年，彭克正、彭國治重修」；「道光十年監生彭龍池、生員彭玉粲重修」；文章子橋，「職員陳允璠建；乾隆二十年，（陳允）璠子、貢生（陳）廷敬重修」；後溪橋，「嘉慶十五年陳芳泉、朱雲裳募建」；僚客橋，「道光甲午年（1834）庠生李斐然建」〔註60〕，等等。這些橋梁，從承建（修）人僅為紳士而非官員來看，其經費所出顯然為私人捐資──或富有者個人捐資獨力所為，或由其人出面倡捐，募集眾人捐資完成。

徐聞縣各地橋梁建設狀況亦大體如此。一些橋梁，最初雖為官資興建，而其後損壞則由民間義士捐資重修。如徐聞大水上橋，位於縣東十里，元朝大德年間縣主簿吳均順主持興建，長十五丈，闊二丈；「乾隆六年，生員韓燕拔重修；光緒二十年龍屯（村）吳姓倡修」。這兩次重修都是依靠民間捐資。大水下橋與大水上橋相近，亦為元大德年間官資興建，「明正德十年生員董朝綱捐資重造」。許多鄉村中（間）的橋梁更多的是民眾個人或集體捐資興建及維持的。如謝家橋，位於「縣西北一百二十里，明嘉靖間鄉人謝德等建；萬曆二十四年生員謝鴻恩捐貲（資）重造；乾隆間貢生謝書禮重修為堰」；溫張橋，位於「縣東福田墟東北，乾隆二十年監生翁祥槐、鄒玉璧捐建」；邁採溪橋，「縣西北三十里，嘉慶十三年生員謝之實、監生駱良能等倡首捐建」。一些義士一人捐資建造或修葺了多座橋梁，如林魁春，清康熙年間修葺英印橋；創建檳榔園橋和居梅橋（三橋均在縣東北十里）〔註61〕。徐聞武舉人何文振亦熱心公益事業，「又修廟宇，甃（用磚砌築）橋梁，莫不解囊佽助（襄助）」〔註62〕。徐聞監生鍾元瑄也「好義舉，嘗（曾）建灘頭、合溪二橋」〔註63〕。

古代雷州地區還有許多渡口。渡口要修築碼頭，要購置渡船，是雷州人不可缺少的重要交通設施之一。這些設施的興建及維護同樣得益於義士的義舉。茲僅以《道光遂溪縣志》卷四《津渡》所記為例，即可管窺之。該篇共記遂溪縣古代津渡31處，極簡略，僅記所處位置；其中四處有略詳記注，均可見官紳士民的捐建（修）義舉。如，通明渡，原來「其渡頭淤濘，人多病

〔註60〕 《道光遂溪縣志》卷4，《橋梁志》，第563頁。
〔註61〕 《宣統徐聞縣志》卷3，《建置志》，第467～468頁。
〔註62〕 《宣統徐聞縣志》卷13，《人物志》，第548頁。
〔註63〕 《嘉慶雷州府志》卷16，《人物志》，第432頁。

涉」。明萬曆年間，把總續蒙勳出資，伐石砌築並修路，路抵調蠻村，計長四百餘丈，往來便之；曾家渡，原來也是「渡頭淤濘難行。乾隆五十四年，監生沈爾秀建土壩數百丈，渡頭皆砌以石。五十九年又倡捐，伐石鋪路。歲久復圮。道光十三年，進士周植重修，往來便之」；麻參渡，「原東海司方載揚率士民築建」；桃花渡，「康熙間桃花村陳元光等募建，造渡船一隻，另創茅屋一間爲渡夫居所」。

雷州其他兩縣此類事例亦多有之，不一一臚列。值得特別一提的是，雷州與瓊州（今海南島）的交通，因爲瓊州海峽的阻隔，爲兩地之民往來造成極大不便。清代徐聞監生鍾元瑄的義舉爲兩地之人解決了此一大難題。據《嘉慶雷州府志‧人物志》載，鍾元瑄「造海渡船一隻，置租十餘石爲船夫工食」，「瓊海往來，有無力買舟者便之」。從鍾元瑄「好義舉」及置租爲船夫工食看，此船渡客大約是免費的。

三、結　語

明清時期，通過上述民間士民自發的義舉，雷州地區部分貧困者、災民得解燃眉之急。對於那些生活陷入了困境甚至絕境者或家庭來說，義舉給了他們援助，使他們有了戰勝困難的信心、勇氣和條件。

封建時代，統治者對於「義」在維持社會穩定，構建安定社會方面的重要意義已有深刻的認識，故對禮、義、廉、恥大力提倡之。清雍正五年（1727年），雍正帝曾頒佈「諭禮義廉恥辯」，強調「士人貴有禮義廉恥」，「爲人臣者行義達道，兼善天下」，「欲爲臣，盡臣道，而其道曾不外禮義廉恥之四端。士人者……豈可徒知禮義廉恥之小節而不知禮義廉恥之大者乎！」「朕願與大小諸臣交相儆勉，詳思禮義廉恥之大者，身體力行，則人心風俗蒸蒸日上，而唐虞三代之治庶幾其可復見也。」〔註64〕

在雷州，明清時期重義而樂善好施者人數眾多，從義士身份而言，已不僅僅局限於受過良好教育的官宦，還包括眾多未入仕的在校士人、普通商賈、僧侶道士、平民百姓也加入了民間慈善事業的行列。這就使明清時期雷州地區民間社會的慈善義舉發生了顯著的變化：由個別官宦的善行義舉而趨向眾多士民的樂善好施，呈現出大眾化的傾向和特點。

〔註64〕《道光遂溪縣志》卷1，《典謨志》。

在我國，目前還存在著大量的貧困者。這些貧困群體的存在是社會不穩定、不和諧的潛在因素，許多偷盜、搶劫、傷人等治安、刑事案件的發生都直接或間接與此相關。發展經濟當然是解決問題的關鍵；而義舉以濟貧救困、排解糾紛、助興公益爲職志，對於緩和社會矛盾，穩持社會穩定，樹立良好文明風氣，同樣有著重要的意義。

有人說：「在中國募捐難，是一個不可迴避的問題」，「中國雖然有樂善好施的傳統美德，但是，自古及今，聚斂財富的觀念卻也是深入到中國人的文化骨髓。有錢大三輩，捨財如割肉。這是造成慈善機構募捐難的根本原因之一。」〔註65〕此言不謬。司馬遷在《史記‧貨殖列傳》中說：「天下熙熙，皆爲利來；天下攘攘，皆爲利往。夫千乘之王，萬家之侯，百室之君，尚猶患貧，而況匹夫編戶之民乎！」這樣一種趨利患貧的思想在古代雷州似乎並不盛行。明清時期，雷州地區之所以義舉盛行，募捐不難，一個重要原因是民風淳樸，士民貴德賤利，重義輕財。「擎雷（雷州）去上都（京師）幾萬里，海隅風氣與中華（原）迥異，然而田疇盈眺，綠陰蔽野，民居其間，鑿井耕田，以食以養，日脯爲市，市間有廊，各貿有無，交易而退。所以泉貨少流於民間，民亦少貯於財貨，故其俗得乎眞淳之性也。」〔註66〕說的是宋代雷州的民風淳樸。「徐聞遜（遠離）京師，民重耕牧，薄聲利，有太古風」。〔註67〕說的是明代徐聞一地的淳樸民風。其實，這種「重耕牧，薄聲利」的良好社會風氣在明清時期雷州社會中是普遍存在的。封建統治者也重視「精神文明」的建設，如前述皇帝對禮義廉恥的極力倡揚，官員義舉的示範，官府對於士民義舉的表彰，等等。這就造成了明清時期雷州地區士民義舉的盛行，似乎「散發文化」比「聚斂文化」的影響更大一些。

然而，「在改革開放和社會主義現代化進程中，由於一段時間只注重抓經濟建設而忽視思想教育，忽視精神文明建設，以致出現不少問題，有的問題還相當嚴重。諸如拜金主義、享樂主義、個人主義在許多領域不斷滋長蔓延，導致了道德嚴重失衡。人們的仁義、誠信等道德意識在逐漸弱化，而對利益則趨之若鶩，甚至爲達到目的不擇手段，從而形成『道德滑坡』現象。」〔註68〕因此，

〔註65〕楊淦，傅缺編著：《漫話慈善》，第 43 頁。
〔註66〕《嘉慶雷州府志》卷 18，《藝文志》，第 487 頁。
〔註67〕《宣統徐聞縣志》卷 15，《藝文志》，第 587 頁。
〔註68〕周秋光，曾桂林：《中國慈善簡史》，第 15 頁。

筆者認爲，在這樣的時勢之下，對明清時期雷州地區社會重義輕利、士民熱衷種種義舉的歷史現象進行考察研究，探討其成因，總結其經驗，仍然是有現實意義的。

參考文獻

1. （清）雷學海修，陳昌齊纂：《嘉慶雷州府志》，《日本藏中國罕見地方志叢書》，嘉慶十六年（1811年）刻本，湛江師範學院圖書館藏。

2. （明）歐陽保等纂修：《萬曆雷州府志》，《日本藏中國罕見地方志叢書》，萬曆四十二年刻本，書目文獻出版社，湛江師範學院圖書館藏。

3. 周秋光，曾桂林：《中國慈善簡史》，北京：人民出版社，2006年。

4. 喻炳榮修，朱德華，楊翊等纂：《道光遂溪縣志》，《中國地方志集成·廣東府縣志輯》，上海：世紀出版集團、上海書店出版社2003年，據道光二十八年（1848年）刻本影印，湛江師範學院圖書館藏。

5. （清）王輔之修，駱克良等纂：《宣統徐聞縣志》，《中國地方志集成·廣東府縣志輯》，上海：世紀出版集團、上海書店出版社2003年，據宣統三年（1911年）刻本影印，湛江師範學院圖書館藏。

6. （清）劉邦炳修，陳昌齊纂：《嘉慶海康縣志》，《中國地方志集成·廣東府縣志輯》，上海：世紀出版集團、上海書店出版社2003年，據嘉慶十六年（1811年）刻本影印，湛江師範學院圖書館藏。

7. 楊淦，傅缺編著：《漫話慈善》，北京：新華出版社，2006年。